Knaur

Von Josef Kirschner sind außerdem erschienen:

Manipulieren – aber richtig
Hilf dir selbst, sonst hilft dir keiner
Die Kunst, ohne Überfluß glücklich zu leben
Die Kunst, ohne Angst zu leben
So hat man mehr Spaß am Sex
So planen Sie Ihr Leben richtig
Die Kunst, glücklich zu leben
Das Lebenstraining
So wehren Sie sich gegen Manipulation
So nützen Sie Ihre eigenen Kräfte besser
So machen Sie auf sich aufmerksam
So lernen Sie, sich selbst zu lenken
So lernen Sie, sich selbst zu lieben

Über den Autor:

Josef Kirschner, 1931 geboren, ist Vater zweier Söhne und wohnt mit seiner Familie in einem Bauernhaus in Österreich. Er war erfolgreich als Journalist und Fernsehmoderator tätig, außerdem Gast an der Harvard University und Lehrbeauftragter an der Wiener Universität. Sein Spezialbereich ist der Aufbau von Selbsthilfegruppen.

Josef Kirschner

Die Kunst, ein Egoist zu sein

Das Abenteuer, glücklich zu leben –
auch wenn es anderen nicht gefällt

Knaur

Besuchen Sie uns im Internet:
www.droemer-knaur.de

Vollständige Taschenbuchausgabe März 2000
Droemersche Verlagsanstalt Th. Knaur Nachf., München
Dieser Titel erschien bereits unter der Bandnummer 7549.

Copyright © 1976 Verlag Schoeller & Co., Locarno
Alle Rechte vorbehalten. Das Werk darf – auch teilweise –
nur mit Genehmigung des Verlags wiedergegeben werden.
Umschlaggestaltung: Agentur Zero, München
Umschlagabbildung: Photonica, Hamburg/Shihoko Kamakura
Satz: Ventura Publisher im Verlag
Druck und Bindung: Elsnerdruck, Berlin
Printed in Germany

Meinen Eltern,
meiner Frau,
meinen Kindern
und den wenigen Freunden,
die ich habe

Inhalt

*Warum es besser ist, ein Egoist zu sein, als sich immer
nur auf die Hilfe anderer zu verlassen* 13
*Einige Hinweise, wie Sie aus diesem Buch den
größtmöglichen Nutzen ziehen können* 15

1. Jeder ist ein Egoist, aber nur wenige beherrschen
   die Kunst, das Leben zu führen, das sie führen
   möchten 20

   1. Das Leben führen, das wir führen möchten 22
   2. Das Leben führen, das anderen gefällt 23

*Die sechs stärksten Widerstände in uns selbst, die
unserer größten Selbstentfaltung im Wege stehen* 25
   1. Wir wälzen die Verantwortung für uns auf andere ab,
      statt sie selbst zu tragen 26
   2. Wir glauben anderen mehr als uns selbst, weil wir nicht
      selbst erkennen, was für uns richtig ist 29
   3. Die Heuchelei aus Gefälligkeit läßt unsere wahren
      Gefühle immer mehr verkümmern 30
   4. Es fehlt uns die Bereitschaft, unser Recht auf Glück und
      Selbstentfaltung zu verteidigen 32
   5. Wir lassen die stärkste Kraft verkümmern, mit der
      wir uns aus der Abhängigkeit befreien könnten: die
      Phantasie 34
   6. Die Unfähigkeit, das Wichtige zu tun und auf
      Unwichtiges leichten Herzens zu verzichten 36

*Das faszinierende Abenteuer, sein Leben selbst in die Hand
zu nehmen und nicht mehr auf andere angewiesen zu sein* 38

2. Wie Spannung und Phantasie darüber entscheiden, ob wir uns einen Wunsch erfüllen oder ihn frühzeitig im Keime ersticken 42

*Welche Folgen es haben kann, wenn wir uns
mit Ersatzbefriedigungen zufriedengeben* 48
*Wie eine 43jährige Frau über Nacht ihr eintöniges Leben
durch eine einfache Entscheidung zum größten Abenteuer
machte* 52
*Fünf bewußte Schritte, die einen Wunsch zu seiner
Erfüllung führen und uns Befriedigung verschaffen* 56
Der erste Schritt zur Erfüllung eines Wunsches ist die
Bereitschaft, ihm eine Chance zur Entfaltung zu geben . 56
Der zweite Schritt zur Erfüllung eines Wunsches ist die
Entscheidung, alle Zweifel auszuschalten 57
Der dritte Schritt zur Erfüllung eines Wunsches besteht
darin, unserer Phantasie ungehemmten Lauf zu lassen .. 59
Der vierte Schritt zur Erfüllung eines Wunsches ist die
Entscheidung für die beste aller gefundenen
Möglichkeiten................................... 61
Der fünfte Schritt zur Erfüllung eines Wunsches besteht
darin, sich mit der Idee zu identifizieren, die Spannung
zu nützen – und zu handeln 61

3. Wie alle Menschen nach Sicherheit und innerem
   Halt suchen und nur wenige sie finden 64

Der Vorteil, ein Konzept zu besitzen, nach dem
   wir die Ereignisse des Tages filtern können 70
Die vier entscheidenden Punkte, für sich das
   einzig richtige Konzept zu finden 75
1. Punkt: Erkennen, was ich möchte 77
2. Punkt: Erkennen, wozu ich imstande bin 79
3. Punkt: Wunsch und Fähigkeit in Einklang
   mit der Realität bringen 81
4. Punkt: Entscheiden, worauf ich verzichten muß,
   um das zu erreichen, was ich erreichen möchte 83

4. Das Konzept, immer zuerst an sich zu denken
   und dann erst an die anderen 86

Ein Konzept, wie man das Beste aus dem macht, was man
   hat und ist, statt ständig nach Neuem zu streben 91
Das Konzept, für alles, was wir tun, selbst die
   Verantwortung zu übernehmen 95
Ein Konzept, andere an sich zu gewöhnen, statt
   immer nur auf andere Rücksicht zu nehmen 103
Ein Konzept ist kein Allheilmittel, aber es gibt uns
   größtmögliche Sicherheit für die Bewältigung aller
   Probleme 108

5. Der entscheidende Grund, warum sich so viele
   Menschen ein ganzes Leben lang vom Zwang
   zur Leistungssteigerung abhängig machen 112

*Wie sich ein paar Leute dazu entschlossen, den Nutzen
   ihrer Leistung höher einzuschätzen als den Gewinn an
   Prestige* 116
Erstes Beispiel: Wie ein Teilnehmer sein Auto
   auf den Prestigewert überprüfte und zu welchen
   Schlußfolgerungen er dabei kam 118
Zweites Beispiel: Ein Ehepaar erzählt, welche Folgen
   sein prestigebewußtes Denken für die 14jährige
   Tochter hatte 119
Drittes Beispiel: »Was die sexuelle Leistungsfähigkeit am
   häufigsten blockiert, ist die Vorstellung, es werde
   Leistung erwartet« 122
*Warum so viele Frauen ihre Männer zu immer mehr Leistung
   antreiben. Und wozu es führen kann, wenn Männer ihr
   Prestige höher einschätzen als das Glück ihrer Ehe* ... 127
1. Die Überzeugungsmethode 130
2. Die Methode der konsequenten Alternative 131

6. Jeder Mensch hat sein Revier. Wenn er es nicht
   verteidigt, ergreifen andere Stück für Stück davon
   Besitz 138

Die Methode der Unterwerfung 141
Die Methode der Unterwanderung 144
Die Methode der Verführung 146
*Wie sich Mitleid in Haß verwandelte,
   nur weil eine Frau nicht nein sagen konnte* 148
*Die zwei wichtigsten Voraussetzungen, die man braucht,
   um sein Revier erfolgreich verteidigen zu können* 153

1. Die Bereitschaft zur Verteidigung 154
2. Die Bereitschaft zum Verzicht 156
Warum die große, ewige Liebe nur allzuoft
   mit einer riesigen Enttäuschung endet 159
Die drei wichtigsten Maßnahmen, die wir zur Verteidigung
   unseres Reviers ergreifen können 163
1. Signalisieren Sie dem Angreifer, daß Sie zur
   Verteidigung bereit sind 163
2. Lassen Sie den Angreifer wissen, unter welchen
   Bedingungen Sie bereit sind, mit ihm einen
   Kompromiß zu schließen 165
3. Verzichten Sie lieber auf etwas,
   ehe Sie sich damit erpressen lassen 168
Ein praktisches Beispiel, wie andere von uns Besitz
   ergreifen, wenn wir nicht auf der Hut sind 172

7. »Ich tue das, was mir Freude macht. Und ich habe an allem, was ich tue, Freude« 178

Nichts sollte uns daran hindern, aus Arbeit mehr für uns
   herauszuholen als nur Geld und Anerkennung 183
Warum es notwendig ist, sich mit Dingen anzufreunden,
   vor denen wir uns am meisten fürchten 186
Warum es so wichtig ist, sich den natürlichen Ablauf der
   Dinge zunutze zu machen, statt dagegen anzukämpfen . 190

Warum Ihnen niemand die wichtigen
   Erfahrungen des Lebens ersparen kann.
   Egal, ob Ihnen das paßt oder nicht 195

8. Warum es notwendig ist, Wichtiges von
   Unwichtigem zu unterscheiden und unsere
   Entscheidungen daran zu orientieren 202

*Warum es besser ist, sich zehn unnütze Freunde vom Hals
   zu schaffen, ehe man einen neuen gewinnt* 206
*Nichts sollte uns davon abhalten, zu allen wichtigen
   Dingen in unserem Leben Stellung zu beziehen und
   eigene Wertmaßstäbe zu entwickeln* 212
*»Bring die kleinen Dinge in Ordnung, und die großen
   folgen ganz von selbst«* 217
*Alles hat seine Zeit, alles braucht seine Zeit. Wer sich
   danach richtet, hat es leichter im Leben* 222

9. Die Strategie der kleinen Schritte,
   um ein großes Ziel zu erreichen 230

*Wer die Willenskraft überschätzt, kennt die
   Macht der geduldigen Beharrlichkeit nicht* 234
*Warum es keinen Grund gibt, irgend jemand
   mehr zu respektieren als uns selbst* 239

Nachwort 247

Warum es besser ist, ein Egoist zu sein, als sich immer nur auf die Hilfe anderer zu verlassen

Wir leben in einer Zeit der großen Versprechungen, die nicht eingehalten werden. Noch nie haben uns so viele Leute und Institutionen ihre Hilfe angeboten und uns im Stich gelassen, wenn wir sie wirklich brauchen.

Falls auch nur ein Bruchteil aller Versprechungen eingelöst worden wäre, müßten wir alle schon längst wunschlos glücklich sein. Die meisten Menschen sind es nicht. Und warum? Weil sie immer nur darauf warten, daß jemand kommt und ihnen hilft.

Diese Menschen haben nicht begriffen, daß wir alle Egoisten sind. Sie verstehen die Spielregeln nicht, die unser Zusammenleben bestimmen. Sie lauten:

- Jeder ist sich selbst am nächsten. Vor allem jene, die vorgeben, sich für uns verantwortlich zu fühlen.
- Alle versuchen ständig, andere für ihren Vorteil einzuspannen. Dazu gehören auch die Menschen, die uns besonders nahestehen.
- Wer sich auf die Versprechungen seiner Mitmenschen verläßt, macht sich von ihnen abhängig.
- Wer selbst nicht weiß, was er im Leben wirklich erreichen will, wird niemals mit den Problemen fertig, die ihm das Leben täglich beschert.
- Niemandem wird etwas geschenkt. Alles, was wir erreichen wollen, hat seinen Preis, den jeder selbst bezahlen muß.

Obwohl wir alle Egoisten sind, haben nur wenige gelernt, das Beste für sich daraus zu machen. Die meisten Menschen klammern sich an die fixe Idee, diese Welt würde von Liebe und

Freundschaft, von Fairneß und Ehrlichkeit, Verständnis und gegenseitigem Respekt beherrscht. Der Gedanke allein, zuallererst an sich selbst zu denken, löst bei vielen schon Schuldgefühle aus. Sie sagen: »Wo kämen wir denn hin, wenn alle Menschen Egoisten wären?« Die Antwort lautet: Wenn sich jeder mehr um sich selbst kümmerte als um die anderen, gäbe es weniger unglückliche Menschen.
Es gäbe nicht so viele, die ihre Zeit damit vergeuden, anderen die Verantwortung für ihre Unzufriedenheit in die Schuhe zu schieben. Niemand braucht diese Menschen zu bedauern. Sie sind selbst schuld an allem, was ihnen widerfährt.
Wer nicht bereit ist, sein Leben selbst zu bewältigen und das persönliche Glück mit Zähnen und Krallen gegen alle zu verteidigen, die ihn daran hindern wollen, hat nicht die geringste Chance, daß sein Leben ihm Erfüllung bringt.
Was immer auch von der Notwendigkeit geredet wird, sich der Mitwelt anzupassen, es sollte niemanden darüber hinwegtäuschen, daß nur wir selbst für uns verantwortlich sind. Es mag für einige Zeit Befriedigung bringen, unsere Ideen, unsere ganze Arbeitskraft und unseren Leistungswillen für Ziele einzusetzen, die andere festgelegt haben. Wenn wir aber nichts mehr zu geben haben, wird sich niemand mehr um uns kümmern.
Der Fortschritt – was immer man auch darunter versteht – mag unsere Gesellschaft weiterbringen. Doch was hat der einzelne davon, wenn er vorzeitig auf der Strecke bleibt? Ein Schicksal, das jeden von uns an jedem Tag bedroht.
Deshalb ist es das Recht jedes einzelnen, sich seiner eigenen Wünsche und Ziele, seiner wahren Bedürfnisse und Freuden bewußt zu werden und sie sich an jedem Tag zu erfüllen. Damit er sich nicht eines Tages sagen muß: Ich habe gelebt, aber es war nicht mein Leben.

Einige Hinweise, wie Sie aus diesem Buch den größtmöglichen Nutzen ziehen können

Die Kunst, ein Egoist zu sein, wird an keiner Schule, keiner Universität und auch nicht in Abendkursen gelehrt. Das ist durchaus kein Zufall. Der Grund ist, daß niemand wirklich daran interessiert ist, andere zu unabhängigen, über sich selbst nachdenkenden Menschen zu machen. Denn wer nicht weiß, was er im Leben erreichen will, ist ein dankbares Opfer für andere, die ihn ausnützen wollen. Und genau das haben alle mit uns vor.
Es darf deshalb niemanden wundern, wenn er bei der Verwirklichung einiger Hinweise, die dieses Buch enthält, bei seiner Mitwelt auf Schwierigkeiten stößt. Auf den folgenden Seiten sind allerdings auch genügend Anregungen enthalten, wie jedermann diese Schwierigkeiten in Vorteile verwandeln kann.
Wer nur dafür lebt, bei anderen beliebt zu sein, muß enttäuscht werden. Er hat das falsche Buch gekauft. Dieses wird ihm nicht weiterhelfen. Ausgenommen natürlich, er ändert im Verlaufe der Lektüre seine Meinung.
Es muß auch gesagt werden, daß die Kunst, ein Egoist zu sein, sich nicht auf irgendwelche theoretischen oder wissenschaftlichen Erkenntnisse stützt. Sie basiert vielmehr auf Erfahrungen, die jeder, gleichgültig wer und was er ist, selbst in seinem Leben macht.
Der Nachteil vieler Menschen allerdings ist, daß sie sich ihre Erfahrungen, auch wenn sie noch so schmerzhaft waren, nicht für ihr weiteres Leben zunutze machen. Damit befinden sie sich in Gesellschaft Millionen anderer. Die Leute, die diese Welt regieren, mit eingeschlossen.
Auf den folgenden Seiten finden Sie eine Fülle von Erfahrungen, Erkenntnissen, Beispielen und Schlußfolgerungen, die nur einem Ziel dienen sollen: daß Sie sich aus dem Dargelegten das heraus-

holen, was Ihnen von Nutzen ist. Sie sollen sich jedoch nicht dazu verleiten lassen, kritiklos etwas als richtig anzusehen, nur weil es anderen richtig erscheint. Sie sollen es für sich modifizieren und praktisch anwenden. Nicht irgendwann einmal. Sondern möglichst sofort. Wenn es möglich ist, noch heute.

Dieser Hinweis ist wichtig. Denn es kann sich in unserem Leben nichts, aber auch wirklich nichts verändern, wenn wir eine Erfahrung nicht unverzüglich praktisch nützen. Das ist der Nachteil so vieler schöner wissenschaftlicher Erkenntnisse und Theorien: Sie werden so lange zerredet, angezweifelt und widerlegt, bis sie kaum noch einen praktischen Nutzen haben.

Wenn dieses Buch einen Wert besitzt, dann liegt er darin, Sie zum Handeln anzuregen. Und weniger darin, Ihr Wissen um einige Erkenntnisse bereichert zu haben.

Es muß erwähnt werden, daß diesem Buch ein anderes voranging. Es trägt den Titel »Manipulieren, aber richtig«. Ziel dieses Buches war es vor allem, die Leser zu ermuntern, die Methoden der Manipulation, mit denen sie ständig beeinflußt werden, für die Durchsetzung ihrer eigenen Ziele anzuwenden.

In gewissem Sinne ist »Die Kunst, ein Egoist zu sein« eine Ergänzung dieser Zielsetzung. Es geht hier allerdings nicht darum, andere zu beeinflussen, sondern sich selbst.

Zu den permanenten Aufforderungen, denen wir ausgesetzt sind, gehören jene ausführlichen Rezepte, wie wir uns in die Gemeinschaft einordnen sollen. Sie alle setzen voraus, daß wir damit einen Teil unseres Selbst aufgeben und andere von uns Besitz ergreifen lassen. Als ob die Mitwelt nicht schon längst von uns genug Besitz ergriffen hätte.

In diesem Buch ist ausführlich davon die Rede, wie wir uns der Besitzergreifung durch andere entziehen können, wenn sie für uns von Nachteil ist. Ausführlich werden auch Methoden beschrieben, uns von Abhängigkeit freizumachen, um zu einer optimalen Selbstverwirklichung zu gelangen.

Es muß allerdings darauf hingewiesen werden, daß es hier nicht um die Erlernung einiger weniger Methoden geht. Dem, der sich ernsthaft mit der Kunst, ein Egoist zu sein, beschäftigt, wird mehr abverlangt: das Verständnis für die Notwendigkeit einer egoistischen Einstellung zum Leben und zu seiner Mitwelt.

Die Aufforderung, bewußt und konsequent Egoist zu sein, mag manchen schockieren. Was uns jahrelang von anderen als falsch hingestellt wurde, soll plötzlich richtig sein? Dies weist auf die Wurzel unserer Zweifel hin: *Andere* haben uns gesagt, wir sollten keine Egoisten sein. Wie uns überhaupt ständig andere darauf zu motivieren versuchen, was sie für richtig halten.

Wer den Zeitpunkt für gekommen sieht, nicht mehr von anderen die Maßstäbe der Beurteilung festlegen zu lassen, sondern es selbst zu tun, macht einen entscheidenden Schritt im Verständnis der Kunst, ein Egoist zu sein.

Es kann durchaus sein, daß die Beschäftigung mit ihr zu völlig veränderten Lebensgewohnheiten führt. Wer einmal anfängt, sich intensiv mit sich selbst zu beschäftigen, wird Freude daran gewinnen. Sein Selbstbewußtsein wird zunehmen. Die Meinung anderer über ihn wird an Bedeutung verlieren.

Es kann auch der Fall eintreten, daß jemand die Notwendigkeit erkennt, sich von seinem bisherigen Job zu trennen, von einigen nutzlosen Freunden oder seinem Ehepartner. Oder er macht in Zukunft viel mehr als bisher aus seiner Arbeit, seinen Beziehungen oder aus seiner Ehe.

Was immer Sie auch in Ihrem Leben verändern wollen, tun Sie es, wenn Sie es für richtig halten. Und fragen Sie sich nicht tausendmal, ob es den anderen gefallen könnte.

Wenn Sie diese Einstellung erreichen sollten, hat dieses Buch einen Nutzen für Sie gehabt. Es soll Sie von nichts anderem überzeugen und zu nichts anderem verführen als dazu, Ihr Leben mit allen Kräften nach Ihren Möglichkeiten selbst zu bestimmen.

1

Jeder Mensch hat zwei Möglichkeiten, sein persönliches Glück zu finden. Entweder er führt ein Leben im Schutze der Gemeinschaft, indem er sich ihr anpaßt. Der Preis, den er dafür bezahlt, ist ein hohes Maß an Abhängigkeit von anderen. Oder er führt das Leben, das er selbst führen möchte, und trägt dafür selbst die volle Verantwortung.
Wer sein Glück selbst bestimmen will, steht zwei Gegnern gegenüber. Einerseits der Mitwelt, die ständig von uns Besitz ergreifen will. Andererseits den Widerständen in uns selbst.
Die sechs wichtigsten Widerstände sind:

1. Das Bestreben, die Verantwortung für uns selbst auf andere abzuwälzen.
2. Anderen mehr zu glauben als uns selbst.
3. Die Heuchelei von Gefühlen aus Gefälligkeit.
4. Die fehlende Bereitschaft, unser Glück zu verteidigen.
5. Wir lassen unsere stärkste Kraft verkümmern: die Phantasie.
6. Die Unfähigkeit, das Wichtige vom Unwichtigen zu unterscheiden.

Jeder ist ein Egoist, aber nur wenige beherrschen die Kunst, das Leben zu führen, das sie führen möchten

In den Köpfen der meisten Menschen ist die Vorstellung verankert, daß für sie nichts wichtiger sei, als sich der Mitwelt anzupassen. Nur in der Gemeinschaft scheint sich ihr Leben zu erfüllen. Hier finden sie die Anerkennung und Sicherheit, nach der sie sich sehnen. Jeder einzelne der Gemeinschaft hat aber nur das eine Ziel: aus dem Zusammenleben mit den anderen möglichst viel für sich herauszuholen. Möglichst viel an Glück, Befriedigung und Selbstentfaltung.
Niemanden darf es wundern, daß er in diesem Bestreben mit den anderen ständig in Konflikt gerät. Als Angreifer, wenn er versucht, andere zu seinem Vorteil auszunützen. Als Verteidiger, wenn andere zu ihrem Nutzen von ihm Besitz ergreifen wollen.
In diesem natürlichen Spiel des Zusammenlebens, in dem jeder möglichst viel für sich gewinnen will, bleiben jene auf der Strecke, die es nicht verstehen, sich durchzusetzen.
Ein Handicap dabei ist der Glaube an eine Welt, die es nicht gibt. Er drückt sich in Schlagworten wie den folgenden aus, mit denen man uns von früher Jugend an gefüttert hat:

- Denke nicht an dich. Nimm Rücksicht auf die anderen. Wir alle sitzen in einem Boot.
- Nur wenn du anderen hilfst, wird auch dir geholfen.
- Im Interesse der Gemeinschaft mußt du die eigenen Interessen zurückstellen.
- Alle für einen, einer für alle.
- Sei immer für andere da, sie werden es dir danken.

Die Welt, in der die Gemeinschaft alles ist und der einzelne nichts, ist eine Erfindung von Leuten, die andere für ihre eigenen Interessen gefügig machen wollen. Als Lohn versprechen sie Frieden und Einigkeit, Sicherheit und Glück und auch sonst alles, wonach wir uns sehnen. Was ist von diesen Versprechungen bisher eingetreten? Sehen Sie sich um, dann wissen Sie, was daraus geworden ist.

Nüchtern müssen wir erkennen:

- Wer immer nur Rücksicht auf andere nimmt, ohne an sich selbst zu denken, wird ausgenützt.
- Nachgiebigkeit wird als Schwäche ausgelegt und verleitet andere dazu, uns weiter auszubeuten.
- Niemand hilft uns, wenn er nicht selbst dabei einen Vorteil sieht. Und sei es nur der, sein schlechtes Gewissen zu beruhigen.

Die Schlußfolgerung liegt nahe: Der Nutzen, den eine Gemeinschaft aus den Opfern einzelner zieht, ist nichts weiter als der Nutzen, den einige wenige aus der Gemeinschaft ziehen.

Beim Zusammenleben der Gemeinschaft stehen uns zwei Möglichkeiten offen: Wir können die Interessen der Gemeinschaft über unsere eigenen stellen und Opfer bringen, die vorwiegend anderen nützen. Oder wir können unseren eigenen Interessen Vorrang einräumen, um das Leben zu führen, das wir gerne führen möchten.

Lassen Sie uns die Konsequenzen abwägen, die jede dieser Möglichkeiten mit sich bringt:

1. Das Leben führen, das wir führen möchten

Es bedeutet vor allem, sich auf sich selbst zu verlassen und nicht auf andere. Denn keiner kennt unsere wahren Wünsche und Bedürfnisse besser als wir. Keiner hat ein größeres Interesse an ihrer Befriedigung als wir selbst.

Es bedeutet weiter, sich mehr mit dem zu beschäftigen, was uns gefällt, als damit, was anderen gefallen könnte. In dem Bestreben, es zu erfüllen, ist es notwendig, unsere besten Kräfte für uns selbst zu mobilisieren, statt sie zum Nutzen anderer einzusetzen.

Es ist ganz natürlich, daß wir uns damit den Angriffen der Mitwelt aussetzen, die uns für sich und ihren Vorteil in Beschlag nehmen will. Sie möchte, daß wir ihre Maßstäbe befolgen, statt nach eigenen Vorstellungen zu handeln.

Ihre Familie beispielsweise möchte, daß Sie ein besorgter Vater sind, der kein Opfer scheut, es seinen Lieben gutgehen zu lassen.

Ihr Vorgesetzter ist darauf bedacht, daß Sie seine Anweisungen befolgen, auch wenn es Ihnen mehr Arbeit bringt.

Die Firma möchte, daß Sie den Posten ausfüllen, den sie Ihnen bietet. Auch wenn er Ihnen nicht die Aufgaben stellt, die Sie befriedigen. Die Wirtschaft schließlich erwartet, daß Sie sich für das neueste Produkt entscheiden, das Ihnen mehr Prestige bringt – dafür müssen Sie aber auch mehr bezahlen.

Damit wir diese Angriffe abwehren und das Leben verteidigen können, das wir führen möchten, müssen wir die Fähigkeit entwickeln, uns gegen die Mitwelt entschlossen zu behaupten.

2. Das Leben führen, das anderen gefällt

Es wäre durchaus falsch zu behaupten, dieses Leben sei für die Menschen nicht lebenswert. Tatsache ist, daß es den meisten vollkommen genügt. Sie finden genügend Sicherheit, indem sie sich der Gemeinschaft und ihren Regeln anpassen und das tun, was man von ihnen verlangt.

Natürlich ist das nur eine Sicherheit, die ihnen sofort wieder entzogen werden kann, wenn sie aus der ihnen zugedachten Rolle fallen. Aber es ist vielfach nur eine Frage der Zeit, bis sie sich daran gewöhnt haben, eigene Vorstellungen von ihrem Leben den Forderungen der Mitwelt anzupassen.

Was als Ersatz dafür geboten wird, genügt den Ansprüchen, die sie stellen. Hier sind einige der oft benützten Ersatzangebote:

- Bewunderung für Fleiß und Leistung und alles, was man sich dafür leisten kann. Auch wenn man es in Wahrheit gar nicht braucht.
- Ein bequemes Leben in dem Rahmen, den andere stecken.
- Lob und Anerkennung für die Opfer, die man für andere bringt.

Diese Opfer sind der Preis für ein Leben, wie es anderen gefällt. Sie bestehen in erster Linie darin, daß die meisten unserer schönsten Wünsche und Träume, unserer geheimen Sehnsüchte und Bedürfnisse unerfüllt bleiben, weil wir auf andere Rücksicht nehmen müssen.

Es steht natürlich jedem frei, sich für eine der hier aufgezeigten Möglichkeiten zu entscheiden. Er selbst hat schließlich dafür die Folgen zu tragen.

Sicher ist, daß es immer eine Minderheit sein wird, die danach strebt, aus dem einen Leben, das uns zur Verfügung steht, mehr zu machen als das, was andere für uns übriglassen. Viele scheitern jedoch in ihrem Bemühen, weil sie die Widerstände nicht erkennen, die ihnen dabei im Wege stehen.

Es sind einerseits die Widerstände, die uns unsere Mitwelt bereitet. Dann aber auch die, die sich im Laufe der Zeit bei uns selbst aufgebaut haben. Es sind die Lehren von Anpassung, Gehorsam und Unterordnung, denen wir uns freiwillig fügen. Es sind die etablierten Verhaltensnormen, Moralklischees und die ständige Angst, erworbenes Prestige, Sicherheit und die Anerkennung durch andere aufs Spiel zu setzen.

Die sechs stärksten Widerstände in uns selbst, die unserer größten Selbstentfaltung im Wege stehen

Die Kunst, ein Egoist zu sein, geht von der grundlegenden Einsicht aus: Beschäftige dich mit dir selbst mehr als mit den anderen Menschen, und verwirkliche gegen alle Widerstände, was du für dich als richtig erkannt hast.

So einfach ist das. Man braucht nur danach zu handeln, und schon könnte das Leben ganz anders aussehen. Warum geschieht es eigentlich nicht öfter? Weil es immer noch anstrengender ist, eine einfache Lösung in die Tat umzusetzen, als einer Lösung überhaupt auszuweichen. Die sicherste Art, ihr auszuweichen, ist, eine Lösung erst gar nicht zu suchen.

Deshalb leben so viele Menschen mit Problemen, die sie ohne große Schwierigkeiten bewältigen könnten. Wenigstens im ersten Stadium ihres Auftretens. Aber was sagen die Leute? Sie sagen: »Ach was, es wird schon wieder vorübergehen.« Oder: »Ich habe so viel zu tun, daß ich keine Zeit habe, mich um solche Kleinigkeiten zu kümmern.«

Zeitmangel, Überarbeitung, Rücksichtnahme auf andere, das sind die beliebtesten Entschuldigungen dafür, den eigenen Problemen aus dem Wege zu gehen, bis sie sich im Laufe der Zeit zu mächtigen Widerständen ausgewachsen haben, die unser Leben bestimmen.

Wir sind unfähig, Lösungen für unsere Probleme zu finden, solange sie noch auf einfache Weise zu bewältigen wären. Wenn sie uns dann über den Kopf gewachsen sind, schieben wir die Verantwortung dafür auf andere ab.

Wohl kaum ein Beispiel ist für diese Verhaltensweise typischer als das folgende:

- Ein Leben lang tun Millionen Menschen alles, um ihre Gesundheit zugrunde zu richten. Wenn schließlich die ersten schweren Gebrechen auftreten, sollen die Ärzte helfen.
- Ärzte gehören – wie Rechtsanwälte, Banken, Politiker, Richter oder der Staat – zu jenen Institutionen, von denen die Menschen Lösungen für Probleme erwarten, denen sie selbst bis zum letzten Augenblick aus dem Wege gegangen sind.
- Der Arzt kuriert in den meisten Fällen unsere Krankheit dort, wo sie in Erscheinung tritt. Er verschreibt uns ein Medikament, das unseren Kopfschmerz vorübergehend heilt. Dafür greifen Bestandteile dieses Medikaments andere Organe an. Wie zum Beispiel ein bekanntes schmerzstillendes Mittel Schädigungen der Niere verursacht.
- Solche Folgen, die sich vielleicht später einmal einstellen werden, kümmern uns im Augenblick nicht. Was wir brauchen, sind schnelle Lösungen. Diese Lösungen werden uns auch prompt geliefert. Sie kurieren den Schmerz oder ein Bedürfnis des Augenblicks. Aber auf Dauer können nur wir selbst uns helfen.

Der erste Schritt, den wir dazu tun können, ist die Beschäftigung mit jenen sechs starken Widerständen in uns, die uns daran hindern, selbst mehr für unser Glück zu tun, statt auf Wunder zu warten, die andere vollbringen sollen.

1. Wir wälzen die Verantwortung für uns auf andere ab, statt sie selbst zu tragen

Kürzlich unterhielt ich mich einige Stunden mit einem jungen Mann, der beschlossen hatte, sich scheiden zu lassen. Ich machte zaghafte Versuche, diesen Schritt noch einmal zur Diskussion zu stellen. Vergebens. Nichts konnte ihn davon abbringen.

Dreizehn Monate vorher hatten wir uns bereits einmal unterhalten. Damals teilte er mir mit, daß er eine wundervolle Frau gefunden habe, die Hochzeit sei schon vorbereitet. Ich versuchte, ihn darauf hinzuweisen, daß für eine Ehe vielleicht auch noch ein paar andere Voraussetzungen gegeben sein sollten. Er sagte nur, darüber sei er sich völlig im klaren. Sein Entschluß war gefällt. Und er war endgültig.

Selbstverständlich war er jetzt unglücklich über das Scheitern seiner kurzen Ehe. Dreizehn Monate hatten ihm jedoch genügt, sich über eines völlig klarzuwerden: Diese vorher so wundervolle Frau war doch nicht die richtige für ihn. Sie verstand ihn nicht. Alle seine Versuche, Probleme gemeinsam aus der Welt zu schaffen, scheiterten an ihrem fehlenden Verständnis.

In etwas mehr als einem Jahr gab er wieder auf, was für ein ganzes Leben konzipiert war. Nur weil ein paar schnelle Versuche des Zusammenlebens nicht gelungen waren. Er jedenfalls hatte damit ein Alibi. Schuld war der andere.

Jeder hat dafür Verständnis, wenn ein Architekt, ein Baumeister, ein Mechaniker, eine Schneiderin, eine Ärztin drei, fünf oder zehn Jahre dazu brauchen, um den erwählten Beruf zu lernen. Über sich selbst einiges zu lernen und diese Lehrzeit über einige Fehlschläge hinweg durchzustehen, dafür nehmen sich die wenigsten Menschen die Zeit: zu lernen, wie man seine tatsächlichen Wünsche erkennt und ein Konzept entwickelt, sie durchzusetzen. Wie man aus Fehlschlägen Vorteile zieht. Oder wie man eine Entscheidung fällt und alle Kräfte mobilisiert, sie zu verwirklichen.

Es ist viel bequemer, die Verantwortung von Anfang an anderen in die Schuhe zu schieben. Damit wir später, wenn wir nicht mehr weiterkommen, ein glaubhaftes Alibi für unser Versagen haben. Auf diese Weise ist es zu einem allgemein beliebten Gesellschaftsspiel geworden, für alles rechtzeitig einen Verantwortlichen zu suchen. Irgendeinen. Nur nicht sich selbst.

- Die Ärzte sollen uns helfen, wenn wir jahrelang unsere Gesundheit ruiniert haben.
- Der Staat wird uns schon auf irgendeine Weise Sicherheit und Wohlstand verschaffen. Möglichst so, daß es uns keine Mühe macht.
- Selbst den Urlaub lassen wir von einem Reisebüro planen, damit wir keine Probleme damit haben, selbst dafür zu sorgen, was uns wirklich Erholung bringt.
- Wir kaufen tausend Dinge, ohne die wir genausogut leben könnten. Aber wir müssen sie einfach haben, weil andere sie auch besitzen. Wenn wir sie uns nicht leisten können, nehmen wir Kredite auf und machen uns jahrzehntelang von den Geldgebern abhängig. Damit sie uns die Verantwortung für unser unersättliches Wohlstandsbedürfnis abnehmen.

Das ist die einfache Art, jedem Risiko aus dem Wege zu gehen. Wenigstens für kurze Zeit. Bis wir schließlich nicht mehr Herr unseres eigenen Lebens sind. Wir haben alles, was uns glücklich und unabhängig machen könnte, anderen verpfändet.
Und warum kann es soweit kommen? Weil wir uns nicht dazu entscheiden können, die Verantwortung für alles, was wir wollen und tun, selbst zu tragen. Allein und bis zur letzten Konsequenz. Diese Erkenntnis wird für jeden selbstverständlich sein, der einsieht, daß nur er selbst die Lösung für alle seine Probleme finden kann. Was andere ihm anbieten, ist nur vorübergehender Ersatz, dessen Preis auf lange Sicht in keinem annehmbaren Verhältnis zu dem erwarteten Nutzen steht.

2. Wir glauben anderen mehr als uns selbst, weil wir nicht selbst erkennen, was für uns richtig ist

Die Menschen sind ständig in ganzen Scharen unterwegs, um jemanden zu finden, der ihnen die Richtung weist. Sie selbst halten sich nicht für befähigt, sie zu erkennen. Sie sagen: »Wie könnte ich, ich bin ja nur ein unbedeutender, schwer arbeitender Mensch.« Oder: »Ich halte mich an gescheitere Leute, die es wissen müssen.« Als ob gescheite Leute befähigter wären, ein glückliches Leben zu führen, als weniger gescheite.
Wenn die hilflos Suchenden eine Botschaft erhalten, die ihnen sagt: »Geht nach links, nur dort ist euer Ziel«, werden sie dorthin gehen. Allerdings erst, wenn sie sich davon überzeugt haben, daß sie in Gemeinschaft genügend anderer sind. Denn geteiltes Schicksal erscheint ihnen leichter zu ertragen.
Wenn der Marsch zu beschwerlich wird, suchen sie nach Wegweisern für einen bequemeren Pfad. Wenn er verkündet: »Links ist falsch, rechts müßt ihr gehen, dort liegt euer Heil«, werden sie ihm willig folgen. Ihre Dankbarkeit ist so groß, daß man sie überall hinschicken könnte. Sie sind damit zufrieden, weil sie nicht wissen, wohin sie in Wahrheit wollen.
Heilverkünder aller Art, Politiker, Werbeleute und überhaupt alle, die eine einzig richtige Wahrheit zu verkünden haben, machen sich das zunutze. Sie wissen genau, was den Menschen fehlt. Es ist die Fähigkeit, für sich selbst zu denken und zu erkennen, was für sie richtig ist.
Wer sich auf diese Weise von anderen leiten läßt, kann niemals das Leben führen, das er führen möchte. Denn bei allem, was er sich wünscht, muß er sich fragen: »Was werden die anderen dazu sagen?« Wenn es ihnen nicht gefallen könnte, wird er seine sehnlichsten Wünsche und natürlichsten Bedürfnisse unterdrücken. Vermutlich wird er sogar in manchen Fällen ein Schuldgefühl entwickeln, daß er solche Wünsche und Bedürfnisse über-

haupt hat. Denn er lebt unter dem Zwang, alles als Unrecht anzusehen, was andere ihm nicht erlauben.

Dabei gibt es nichts und niemanden, der ihn daran hindern könnte, seinen eigenen Weg zu gehen. Vorausgesetzt natürlich, er beherrscht die Kunst, sich von anderen unabhängig zu machen.

3. Die Heuchelei aus Gefälligkeit läßt unsere wahren Gefühle immer mehr verkümmern

Zu jenen Widerständen, die uns daran hindern, so zu sein, wie wir sein möchten, gehört die Heuchelei von Gefühlen. Sie stört nicht nur unser Verhältnis zu anderen Menschen. Sie bringt uns auch ständig in Konflikt mit uns selbst.

Wir reden gemeinhin von »unseren Gefühlen« und ignorieren dabei völlig, was sich dahinter verbirgt:

- Da sind einmal die echten Gefühle. Wobei diese Bezeichnung schon fragwürdig ist, weil die meisten Menschen längst nicht mehr unterscheiden können, welche ihrer Gefühle »echt« sind und welche nicht.
- Es gibt Gefühle, die zu zeigen uns gesellschaftliche Normen erlauben, und andere, die unterdrückt werden, um nicht bei der Mitwelt Anstoß zu erregen.
- Viele Gefühle empfinden wir überhaupt nicht. Wir täuschen sie jedoch vor, um uns einer allgemeinen Stimmung anzupassen oder anderen durch diese Heuchelei gefällig zu sein.
- Gefühle, die nichts weiter sind als ein taktisches Manöver, das andere beeindrucken oder gefügig machen soll.
- Unerwähnt soll auch nicht bleiben, daß wir uns nicht selten in die unbestimmbare Welt der Gefühle flüchten, nur um der nüchternen Welt der Realität vorübergehend zu entkommen.

Kaum jemand wird von sich behaupten können, er kenne nicht alle hier erwähnten Formen aus eigener Erfahrung. Wer aber ist imstande, dabei echt von unecht zu unterscheiden?
Für einen Egoisten, werden Sie jetzt denken, ist es doch völlig gleichgültig, ob er echte oder unechte Gefühle zeigt. Hauptsache, es nützt ihm.
Was aber soll es nützen, wenn beispielsweise eine Frau ihrem Mann zehn Jahre lang eine innig liebende Gattin vorspielt, nur weil sie die bequeme Sicherheit der Ehe nicht aufs Spiel setzen will? Das bedeutet nichts anderes als zehn Jahre lang Abhängigkeit. Weniger von ihrem ahnungslosen Mann als von ihrem geheuchelten Gefühl.
Ich kenne so eine Frau. Ich werde nie ihre Verzweiflung vergessen, als sie mir gestand: »Zehn Jahre lang habe ich meinem Mann etwas vorgespielt, was nie vorhanden war. Wenn wir miteinander schliefen, wollte er immer von mir hören, ob ich ihn liebe. Ich habe ihm tausendmal gesagt: ›Ich liebe dich, ich liebe dich.‹ Aber in Wahrheit empfand ich nichts, absolut nichts. Er war mir von Anfang an gleichgültig.«
Sie hatte – und das behaupte nicht etwa ich, sie selbst sagte es – ihren Mann nur geheiratet, um von ihren Eltern fortzukommen und versorgt zu sein. Jedes Opfer schien ihr dafür gerechtfertigt; auch ein Gefühl zu zeigen, das nicht vorhanden war. Sie bekam schließlich alles dafür, was sich eine Frau erträumen kann. Nahezu jeder Wunsch wurde ihr erfüllt. Geld spielte keine Rolle.
Zehn Jahre später allerdings bedeutete ihr das alles nichts mehr. Ganz im Gegenteil. Sie wollte auf alles verzichten. Aber sie schaffte auch das nicht, weil sie sich nicht dazu aufraffen konnte, ihrem Mann die Wahrheit zu sagen. Sie war nicht nur die Gefangene ihrer Heuchelei. Sie war auch die Gefangene ihrer Rücksichtnahme.
Und das soll für einen Egoisten erstrebenswert sein, dessen

größtes Ziel es ist, ein freies Leben zu führen, das ihn glücklich macht?
Natürlich ist der geschilderte Fall ein extremes Beispiel. Aber für die meisten von uns vergeht kein Tag, an dem wir nicht in irgendeiner Form mit unserer Gefühlswelt in Konflikt gerieten. Aus Mitleid. Aus Rücksichtnahme. Weil wir Begeisterung spielen und genau das Gegenteil empfinden. Dabei kann es durchaus sein, daß wir in diesem Augenblick wirklich glauben, wir seien begeistert. Wir glauben es, weil wir es glauben wollen. Es ist der bequemere Weg, als jemandem zu sagen: »Hören Sie einmal. Sie mögen an diese Sache glauben, die Sie mir da schmackhaft machen wollen. Aber mich läßt sie völlig kalt.«
Der andere könnte von uns enttäuscht sein. Er könnte es uns übelnehmen. Er könnte uns seine Gunst und Anerkennung entziehen.
Deshalb möchten wir, daß er von uns sagt: »Der ist großartig. Ehrlich begeistert von der Sache. Keiner von diesen Leuten, die an allem etwas auszusetzen haben.«
Vielleicht ist das nur ein ganz alltägliches Beispiel. Aber es kann nach zehn Tagen oder zehn Jahren ähnlich enden wie der Fall jener Frau, den ich eben geschildert habe.

4. Es fehlt uns die Bereitschaft, unser Recht auf Glück und Selbstentfaltung zu verteidigen

Die schöne glückliche Welt bleibt für uns bloß ein Traum, wenn wir nicht beständig darum kämpfen. Viele Menschen sind bereit, für andere alles einzusetzen. Ihre ganze Energie, ihre Phantasie, ihre Gesundheit. Sie bringen vielerlei Opfer. Nicht nur körperlich, sondern auch, indem sie alles verleugnen, was ihnen am Herzen liegt.
Nur wenn es um sie selbst geht, um ihr Glück, ihre Freiheit und

Selbstentfaltung, dann setzen sie sich in den Lehnstuhl und warten. Ihr grundlegender Irrtum ist: Sie meinen, wenn sie wie verrückt für andere kämpfen, für das Wohl der Firma, für die allgemeine Gerechtigkeit, für das Glück der Familie, dann müßten sie für sich selbst nichts mehr tun.
Wir alle neigen dazu, uns so sehr mit der Gemeinschaft zu identifizieren, daß wir meinen, das Wohl dieser Gemeinschaft bedeute automatisch auch unser persönliches Wohl. Eher ist das Gegenteil der Fall. Je mehr wir dafür opfern, damit etwa unsere Firma oder die Familie sich entfalten kann, um so geringer wird unsere eigene Entfaltungsmöglichkeit.
Nehmen wir folgenden Fall: Die Hausfrau X wird nicht müde, ihrer Familie das Leben bequem zu machen. Sie bemüht sich, für die Probleme ihres Mannes Verständnis zu haben. Sie umhegt ihre Kinder. Täglich räumt sie die Unordnung auf, die ihre Sprößlinge hinterlassen haben. In der Gewißheit: »Mutter wird es schon in Ordnung bringen.«
Ich brauche darüber nicht mehr zu sagen. Jeder kennt das Bild der vielgeplagten Hausfrau. Es gehört zu den Klischeevorstellungen unserer Zeit, die sich als unantastbare Vorbilder aus früheren Jahrhunderten überliefert haben.
Um es in aller Deutlichkeit zu sagen: Diese Rolle der vorbildlichen Hausfrau ist nichts weiter als die bequeme Flucht vor der Notwendigkeit der Selbstbehauptung. Sie ist das Alibi für das eigene Unglück. Man kann immer sagen: »Ich bin mit den anderen so beschäftigt, daß mir für mich selbst keine Zeit mehr bleibt.«
Das erweckt Lob und Anerkennung. Notfalls auch Anteilnahme. Diese vorübergehende Selbstbestätigung enthebt uns der Mühe, mehr für unser eigenes Wohl zu tun.
Wer sich damit zufriedengibt, sosehr man ihn auch lobt, bedauert oder als Vorbild hinstellt, kann nicht frei, ausgefüllt oder glücklich sein. Er ist unfähig, sich das zu erkämpfen und es zu vertei-

digen, was er selbst tun möchte. Er gerät in einen selbstgewählten Kreislauf, der ihm immer neue Opfer abverlangt.

Er räumt anderen Leuten die Probleme aus dem Wege. Dadurch werden die eigenen Probleme immer größer. Je mehr sich die anderen daran gewöhnen, daß jemand sich für sie aufopfert, um so mehr laden sie auf ihn ab. Sind sie dankbar dafür? Keineswegs. Sie sind ungehalten, wenn man einmal an sich selbst denkt und ihren ständig steigenden Forderungen nicht gerecht wird.

Das gilt für die aufopfernde Hausfrau. Es gilt auch für die nimmermüden Mitarbeiter, die Arbeitstiere, die unentbehrlichen Sekretärinnen, die »Mädchen für alles« und auch sonst alle anderen, die nichts weiter im Sinne haben, als sich für andere zugrunde zu richten.

Wenn sie sich nicht damit begnügen wollen, eines Tages ausgelaugt und verbittert auf einem Abstellgleis des Lebens zu enden, von ihren Nutznießern vergessen, gequält von verspäteten Selbstvorwürfen, bleibt ihnen nichts anderes übrig, als beizeiten ihre Kräfte für sich selbst zu mobilisieren und ihre eigenen Lebensvorstellungen zu verteidigen. Statt sie anderen zu opfern.

5. Wir lassen die stärkste Kraft verkümmern, mit der wir uns aus der Abhängigkeit befreien könnten: die Phantasie

Um es offen auszusprechen: Wenn wir sagen »Was für alle anderen richtig ist, muß auch für mich richtig sein«, ist das nichts weiter als Bequemlichkeit. Statt unsere eigenen Wünsche zu erkennen und durchzusetzen, passen wir uns der Allgemeinheit an.

Wenn wir leben möchten wie Curd Jürgens oder die englische Prinzessin Anne, ist das nur ein Abklatsch. Auch das führt nicht zu unserer Selbstentfaltung.

Jeder, dies sollten wir erkennen, ist einmalig in seiner Persönlichkeit. Warum versuchen wir nicht, das Beste daraus zu machen?

Natürlich stimmt es, daß wir alle ein Teil der Gemeinschaft sind, in der wir leben. Aber es liegt nur an uns, ob wir uns in diesen Grenzen den Rahmen schaffen, in dem wir uns nach eigenem Ermessen frei entfalten können. Dieser Vorgang beginnt mit der freien Entfaltung unserer Phantasie.

Sie unterdrücken die Vorstellung, sich von den Abhängigkeiten freizumachen, die andere Ihnen aufzwingen möchten, statt diese Vorstellung zu hegen und zu fördern, bis sie so mächtig geworden ist, daß sie Sie ganz von selbst zum Handeln zwingt.

Nichts in dieser Welt, was Menschen geschaffen haben, hätte entstehen können, wenn es nicht irgendwann einmal ein einzelner mit aller Kraft seiner Phantasie erdacht hätte. Diese Kraft jedoch kann sich nur entfalten, wenn man ihr die Möglichkeit dazu verschafft. Ein einziger Satz eröffnet diese Möglichkeit. Es ist der Satz: »Für mich gibt es kein Unmöglich.« Wer sich daran hält, setzt den Motor in Gang, der uns erreichen läßt, was andere für unerreichbar halten.

Auf diese Weise wird seit Tausenden von Jahren die Welt verändert. Warum sollten wir, Sie und ich, auf Grund dieser Erfahrung nicht auch unsere eigene kleine Welt verändern können?

Aber was tun wir?

Wir suchen nach fremden Vorbildern, weil wir uns nicht dazu entschließen können, das Vorbild in uns selbst zu finden. Statt eigene Maßstäbe für unser Handeln zu entwickeln, ordnen wir uns den Maßstäben anderer unter. Wir legen die Grenze der Entfaltung unserer Phantasie dort fest, wo andere sagen: »Das darf nicht sein. Das kann man nicht.«

Weil wir uns nicht vorstellen können, mehr zu erreichen als andere, erreichen wir es auch nicht. Wir reihen uns damit freiwillig in ein mittelmäßiges Leben ein und unterdrücken die Sehn-

sucht nach einem Leben, das uns ein Höchstmaß an Befriedigung bringt.
Dabei schlummert in jedem die Kraft, das zu ändern. Er braucht diese Kraft nur zu nützen.

6. Die Unfähigkeit, das Wichtige zu tun und auf Unwichtiges leichten Herzens zu verzichten

Was uns alle immer wieder verwirrt, ist das große Angebot, mit dem uns die Mitwelt verleiten will. Alles wird uns so präsentiert, als sei es für uns unentbehrlich. Doch die tatsächliche Bedeutung der meisten dieser Angebote besteht in dem Nutzen, den die anderen dabei haben. Wir sind nur ihr Mittel zum Zweck.
Wer sich blind auf die Wertungen verläßt, die andere den Dingen geben, wird bald nicht mehr wissen, was für ihn selbst wichtig ist.
Wer hingegen selbst festgelegt hat, wie er sein Leben gestalten will und was zu seinem Glück erforderlich ist, besitzt einen eigenen Maßstab der Wertung. Wenn ihm jemand mit noch so überzeugenden Argumenten etwas aufschwatzen will, braucht er sich nur zu fragen: »Nützt mir das bei der Verwirklichung meiner Ziele, oder ist es nur für andere wichtig?« Auf diese Weise vergeudet er nicht Zeit und Energie mit Unwichtigem und kann sich ganz dem Wichtigen widmen.
Ich kenne eine Menge Leute, die nicht müde werden, »mit der Zeit zu gehen«, wie sie es ausdrücken. Sie müssen immer das haben und tun, was gerade modern ist. Auch wenn es genau das Gegenteil dessen ist, was gestern noch modern war.
Die so vielgerühmte Fähigkeit der schnellen Anpassung an den Trend der Zeit dient vorwiegend dazu, die Unfähigkeit zu verbergen, sich mit den beständigen Werten unseres Lebens zu beschäftigen. Vor allem mit dem Wichtigsten – mit sich selbst.

Diese Leute können einem stundenlang erklären, warum es so bedeutend ist, für Biafra, Vietnam, die Freiheit in Chile oder was sonst gerade die Welt bewegt, zu diskutieren und zu demonstrieren. Angesichts der Vorgänge in der großen, weiten Welt – sagen sie – sei es unverantwortlich, an seine eigenen kleinen Probleme zu denken. Weniger bequem, aber dafür wirkungsvoller, ist allerdings eine viel näher liegende Erkenntnis: Wer seine eigenen Probleme nicht löst, wird wenig dazu beitragen können, die Probleme der Welt zu lösen.

Wie aber könnten wir unsere Probleme lösen, wenn wir sie und uns selbst nicht wichtig nehmen?

Wer sich auf die Appelle verläßt, mit denen andere uns von dem überzeugen wollen, was ihnen wichtig erscheint, darf sich nicht wundern, wenn er eines Tages feststellen muß, wie sinnlos er die schönste Zeit seines Lebens vergeudet hat.

Das Ausweichen auf unwichtige Dinge ist für viele Menschen eine bequeme Entschuldigung, Wichtiges auf später zu verschieben. »Heute«, sagen sie, »habe ich noch tausend andere Dinge zu erledigen. Aber morgen mache ich es.« Vor lauter Angst, vieles zu versäumen, versäumen sie das Entscheidende.

Morgen, das ist für sie die große Hoffnung. Morgen werden sie tun, wozu sie sich heute nicht entscheiden konnten. Dabei ist es für alles, was heute wichtig ist, morgen schon zu spät. Genauso, wie viele Nebensächlichkeiten eine einzige wesentliche Entscheidung niemals aufwiegen können. Deshalb wundern sich auch so viele Menschen, die tagaus, tagein eifrig ihre Pflicht erfüllen, daß es Leute gibt, die mit einer einzigen wichtigen Tat nahezu mühelos ihr Ziel erreichen. Wie bringen sie das zuwege? Ganz einfach: Sie haben erkannt, was für sie wichtig ist, und lassen sich durch nichts davon abbringen, es zu tun.

Das faszinierende Abenteuer, sein Leben selbst in die Hand zu nehmen und nicht mehr auf andere angewiesen zu sein

Vor Schluß dieses Kapitels ist es angebracht, Sie auf etwas hinzuweisen. Sie kennen jetzt die sechs wichtigsten Widerstände, die uns daran hindern, das Leben zu führen, das wir führen möchten. Sie sollten also fortan niemals mehr mit gutem Gewissen sagen können: »Andere sind schuld daran, daß ich nicht so leben kann, wie ich möchte.« Oder: »Ich möchte so vieles anders machen, warum schaffe ich es bloß nicht?«

Jetzt wissen Sie sicherlich mehr darüber. Es wird Ihnen weiterhelfen. Vorausgesetzt, Sie sagen nicht: »Alles, was da zu lesen war, ist schön und gut. Mein Fall allerdings liegt ganz anders.« Und dann zählen Sie zwei Dutzend Gründe auf, warum Sie auch in Zukunft nichts für sich tun können.

Vergessen Sie auch nicht: Etwas in Ihrem Leben zum Besseren zu verändern kann nicht Sache dieses Buches sein. Dafür tragen allein Sie die Verantwortung.

Es liegt an Ihnen, ein faszinierendes Abenteuer daraus zu machen. Für manche mag es erstrebenswert sein, für Veränderungen in der Welt oder den Umsturz unserer Gesellschaft zu kämpfen. Vielleicht gelingt es einmal, was sie beabsichtigen. Die Zukunft ist lang, und es ist ein schöner Trost, daß unsere Nachfahren es einmal besser haben.

Das Abenteuer, von dem hier die Rede ist, ist weniger anspruchsvoll. Es ist die ganz persönliche Revolution, die jeder bei sich selbst entfachen kann. Er selbst ist ihr Nutznießer. Nicht irgendwann einmal, sondern heute schon. Es ist ein Aufstand gegen die Unterdrückung, der wir ausgesetzt sind. Durch andere und durch uns selbst. Durch Widerstände, vor denen wir zurückschrecken, weil wir sie überschätzen.

Vor ein paar Jahren, als dieses Thema gerade groß in Mode war, beschäftigten sich die Meinungsforscher wieder einmal damit, die geheimen sexuellen Wünsche einiger tausend Deutscher zu ermitteln. Ich kann mich nicht mehr an alle pikanten Details erinnern, die später in einem Bericht veröffentlicht wurden. Die Aussage eines 42 Jahre alten verheirateten Kaufmanns allerdings ist mir im Gedächtnis haftengeblieben.

Der Mann sagte unter anderem: »Ich träume seit Jahren davon, einmal mit meiner Frau ins Grüne zu fahren und sie dort auf einer Wiese nackt zu verführen. Mir hat allerdings bisher immer der Mut dazu gefehlt, es ihr zu sagen. Wahrscheinlich würde sie mich für völlig verrückt halten.«

Weil ihn seine Frau für völlig verrückt halten könnte – wohlgemerkt »könnte«, denn er weiß ja gar nicht, was sie tatsächlich darüber denkt –, deshalb unternimmt er nichts, um sich diesen jahrelang gehegten Wunsch zu erfüllen.

Sie mögen über diesen Mann mitleidig lächeln. Aber im Grunde genommen ist das die tägliche Realität unseres Lebens. Nicht die sogenannten großen Dinge der Welt, die bedeutenden Ideen und Entdeckungen sind es, die unser kleines persönliches Glück ausmachen. Es sind die scheinbar unbedeutenden Widerstände und die Art, wie wir mit ihnen fertig werden.

Im Jahre 1974 starb der amerikanische Flugpionier Charles Lindbergh. Er wurde zum Helden einer ganzen Nation, nachdem er 1927 in einem winzigen Flugzeug den Atlantik überquert hatte.

Damals war dieses Abenteuer eine weltweit bewunderte Tat. Was bis heute daran noch immer Beachtung verdient, ist die Entschlossenheit, mit der Lindbergh alle Widerstände bewältigte, um diesen wagemutigen Flug durchführen zu können.

Sein Vater war Kongreßabgeordneter aus dem Staate Minnesota. Ein recht eigenwilliger Mann. Er erzog seinen Sohn dazu, sich auf sich selbst mehr zu verlassen als auf irgend jemand anderen.

Er pflegte zu sagen: »Ein Junge ist ein Junge. Zwei Jungen sind ein halber Junge. Drei Jungen sind überhaupt kein Junge mehr.« Kein Wunder, daß im Leben des kleinen Charles Eigenschaften wie Einordnung, Anpassung und Abhängigkeit keine große Rolle spielten. Ihn faszinierte das Fliegen, das damals noch als ein verantwortungsloses Abenteuer angesehen wurde. Allein irgendwo oben in einer Maschine zu sitzen, das war genau nach seinem Geschmack. Was heißt Geschmack – es wurde zu seiner großen Leidenschaft, zum Lebensinhalt, zur höchsten Erfüllung für ihn. »Da oben«, sagte er, »da genieße ich das Gefühl, auf einer höheren menschlichen Ebene zu leben als die Skeptiker unten auf der Erde, die mich für verrückt halten, weil ich dieses Risiko auf mich nehme.«
Die anderen mochten ihn für verrückt halten, sie mochten ihn belächeln, er war davon überzeugt: »Lieber lebe ich ein Jahrzehnt so, wie es mir den größten Spaß macht. Wenn mich dann der Teufel holt, war mir jedes einzelne Jahr davon mehr wert als ein langes Leben in Mittelmäßigkeit.«
Er wurde immerhin 70 Jahre alt.
Was wäre aus dem Glücksgefühl, der Befriedigung bei der Erfüllung seines größten Wunsches geworden, wenn dieser Charles Lindbergh auf die Leute gehört hätte? Vermutlich genau das, was bei den vielen Menschen auch der Fall ist, die sich davon abhalten lassen, ihre Sehnsüchte zu erfüllen und ihr Leben bis zur Neige auszukosten.
Und alles nur, weil sie sich ständig sagen: »Was werden die anderen dazu sagen?« Oder: »Ich bin doch eine Null, ich schaffe es nie.«

2

Jeder Wunsch, den wir haben, ist mit einer Entscheidung verbunden. Wieder haben wir zwei Möglichkeiten:

- Alle verfügbaren Kräfte einzusetzen, um ihn zu verwirklichen und damit Befriedigung und Glück zu erlangen.
- Ihn zu unterdrücken, weil er nicht den Maßstäben entspricht, denen wir uns angepaßt haben.

Folgende fünf Schritte helfen uns, alle Kräfte und Möglichkeiten bewußt zu nützen, um jedes Vorhaben erfolgreich zu verwirklichen:

1. Die Bereitschaft, jedem Wunsch eine Chance zur Entfaltung zu geben.
2. Die Entscheidung, alle Zweifel auszuschalten.
3. Der Phantasie ungehemmten Lauf zu lassen.
4. Die Entscheidung für die beste aller gefundenen Möglichkeiten.
5. Zu handeln.

Wie Spannung und Phantasie darüber entscheiden, ob wir uns einen Wunsch erfüllen oder ihn frühzeitig im Keime ersticken

Für viele Menschen ist es zu einer alltäglichen Routine geworden, ihre schönsten Wünsche zu unterdrücken, noch ehe sie ihnen eine Chance boten, sich zu erfüllen.

Der erwähnte Kaufmann, der einmal seine Frau im Grünen verführen möchte, ist solch ein Mensch. Seine Phantasie mag sich daran erregen, wie es sein könnte. Doch irgend etwas hemmt ihn, diese Phantasie dafür einzusetzen, sich Wege zur Durchsetzung seines Wunsches auszudenken.

Dieser Wunsch versetzt ihn zweifellos in einen Zustand der Spannung, der nach Lösung und damit nach Befriedigung drängt. Aber der Kaufmann unterdrückt diese Spannung schon im Keime, noch ehe sie so stark geworden ist, einen Entschluß zum Handeln herbeizuführen.

Es ist die gleiche Spannung, die ihn erfaßt, wenn er einem Kunden irgend etwas verkaufen will. Sie regt ihn zu besonderer Aufmerksamkeit an. Sie schärft seine geschäftlichen Instinkte und läßt ihn hellhörig werden für Hinweise, die er sich zunutze machen kann. Wenn es um einen geschäftlichen Abschluß geht, läßt er dieser Spannung freien Lauf. Genauso, wie er seiner Phantasie jeden Spielraum läßt, um Möglichkeiten zu finden, das Geschäft zu seinen Gunsten zu beeinflussen.

All das findet im Falle seines sexuellen Traumes nicht statt. Er unterdrückt die nützliche Entfaltung von Spannung und Phantasie. Ein Hemmungsmechanismus wird wirksam, der seine Entscheidung zum Handeln hemmt.

Wir alle machen solche oder ähnliche Erfahrungen täglich. Jene Initiative, die wir vielleicht in beruflichen Dingen entfalten, fehlt uns bei privaten Entscheidungen. Oder umgekehrt.

Woran liegt das?
Es liegt an den Maßstäben, die uns die Mitwelt diktiert und deren Einschränkungen wir auf uns nehmen, ohne sie gründlich nach egoistischem Nutzen zu prüfen. Lieber nehmen wir Opfer und Verzicht in Kauf. Oder geben uns mit Kompromissen zufrieden, die uns mehr Nachteile als Vorteile bringen.
Der zitierte Kaufmann hat vermutlich überhaupt keine Hemmungen, einen Geschäftspartner übers Ohr zu hauen. Das ist nach den allgemein akzeptierten Maßstäben im Geschäftsleben erlaubt. Wer es fertigbringt, ist stolz darauf, einen Vorteil für sich herausgeholt zu haben.
Seine ihm von Kindheit an anerzogene Vorstellung des ehelichen Geschlechtsverkehrs hingegen unterliegt viel engeren Grenzen des Erlaubten. Tatsächlich ist es ja immer noch so, daß auch in dieser angeblich so freizügigen Zeit für ungezählte Ehepaare das intime Beisammensein nicht anders denkbar ist als im dunklen Schlafzimmer und nach einem eintönigen Ritual, das die Frau geduldig über sich ergehen läßt.
Man kann sagen, daß alle unsere Wünsche, nachdem sie uns bewußt geworden sind, eine Kontrolle zu durchlaufen haben. Dies möchte ich die *Killerphase* jedes Entscheidungsprozesses nennen. Hier werden die Wünsche nach gespeicherten Verhaltensmaßstäben geprüft, bewilligt oder abgelehnt.
Zwei Möglichkeiten bieten sich:

1. Die Entscheidung, alle verfügbaren Kräfte dafür einzusetzen, den Wunsch zu verwirklichen und damit Befriedigung und Glück zu erlangen.
2. Die Entscheidung, den Wunsch zu unterdrücken, weil er nicht den Normen entspricht, denen wir uns angepaßt haben.

In dieser Killerphase entscheidet sich, was mit unseren Wünschen geschieht. Sie werden zugeben, daß die Kenntnis dieser Vorgänge für jedermann von außergewöhnlicher Bedeutung ist. Hier entscheidet sich, oft in wenigen Augenblicken, Glück und Niederlage. Manchmal auch der weitere Verlauf unseres ganzen Lebens. Trotzdem sind den wenigsten Menschen diese Zusammenhänge überhaupt bewußt. Sie wissen ganz genau, wie sie ihre Autos, Waschmaschinen und Fernsehapparate zu bedienen haben. Doch der Prozeß ihrer Entscheidungen, der für sie ungleich wichtiger ist, entzieht sich ihrer gezielten Beeinflussung.

Sie überlassen ihn vorübergehenden Stimmungen und den äußeren Einflüssen, denen sie gerade ausgesetzt sind. Oder dem Grad der Bequemlichkeit, den sie im Laufe der Zeit erreicht haben. Oder sie haben überhaupt schon resigniert und sagen sich voll Selbstmitleid: »Ich habe alle meine großen Träume vom Glück schon längst begraben. Irgend etwas stand ihrer Erfüllung immer im Wege.« Dies aber war nur die eigene Unfähigkeit, sich für das Richtige zu entscheiden.

Mit anderen Worten: Die Menschen tun vorwiegend das, was ihnen die geringste Mühe macht. Im Zweifelsfalle ist das die Unterdrückung ihrer Wünsche.

Die Kunst, ein Egoist zu sein, kann jedoch niemandem Nutzen bringen, der es solchen Zufällen überläßt, ob seine Wünsche in Erfüllung gehen oder nicht. Deshalb ist es notwendig, sich eingehend damit zu beschäftigen, wie wir den beschriebenen Entscheidungsvorgang bewußt und gezielt beeinflussen können.

Nehmen wir an, der Ehemann A erhält von seiner Firma das Angebot, einen Posten zu übernehmen, der ihn in der Hierarchie einen beträchtlichen Schritt weiterbringt. Er ist mit mehr Prestige verbunden und mit mehr Geld, für das er sich mehr kaufen kann. Natürlich auch mit mehr Arbeit, mehr Streß und Verantwortung. Nehmen wir weiter an, daß dieser Verlockung bei A der natürliche Wunsch entgegensteht, sich im Leben etwas zu gönnen, es zu genießen und Zeit für alle Dinge zu haben, die er selbst gerne tun möchte, ohne auf die Interessen anderer Rücksicht zu nehmen.

Tatsächlich hat er sich auch in den vergangenen Jahren alles geschaffen, was ihm dieses Leben ermöglichen könnte.
Durch das Angebot der Firma ist die Erfüllung dieses Wunsches gefährdet. Das Problem muß gelöst werden. Es tritt in die Killerphase des Entscheidungsprozesses ein. Die Frage ist: Entscheidet sich A für die Unterdrückung seines langgehegten persönlichen Lebenswunsches oder verzichtet er auf das attraktive Angebot?
Dem persönlichen Wunsch stellen sich zahlreiche Widerstände entgegen, unter anderen solche:

- A fragt sich: Wenn ich diese einmalige Chance versäume, wird man mir in der Firma nie wieder ein solches Angebot machen. Das könnte das Ende meiner Karriere bedeuten. Ich werde auf ein Abstellgleis gedrängt. Was wird meine Frau und was werden unsere ganzen Bekannten dazu sagen?
- Er denkt: Eine Ablehnung würde niemand verstehen. Sie käme einer Niederlage gleich. Wenigstens in den Augen der anderen.
- Seine Phantasie gerät in Höhenflüge, wenn er sich ausmalt, was ihm das Angebot alles bringen würde. Bewunderung, Status und Triumph. Er würde sich und der Familie Dinge leisten können, um die er andere bisher beneidet hat.

Nichts ist nach der allgemeinen Vorstellung von Männlichkeit für einen Mann schwerer zu ertragen, als auf einen Sieg zu verzichten, der ihn weiter nach oben bringt. Diese Siegvorstellung reizt die Eitelkeit eines Mannes genauso wie das Angebot einer umworbenen Frau, ihn allen Mitbewerbern vorzuziehen. Für solche Triumphe ist er zu den größten Opfern bereit. Die wenigsten können der Verlockung widerstehen, zumindest für kurze Zeit von anderen bewundert und beneidet zu werden. Wenn der Siegestaumel schon längst verblaßt und alle damit verbundenen Nachteile deutlich geworden sind, wird er immer noch davon zehren.

Sie begegnen dieser Erscheinung überall, wo Männer beisammensitzen und von »früher« und ihren großen Zeiten und Taten reden. Natürlich unterliegen auch Frauen diesem Zwang nach Bewundertwerden. Sie reden von den Jahren, als sie noch schön und begehrt waren, ehe sie sich für Mann und Familie aufzuopfern begannen. Unser Mann A fällt also eine für seine Umwelt verständliche Entscheidung und nimmt das Angebot an. Jeder wird sagen: »Ich bewundere dich.« Oder: »Mensch, bist du ein Glückspilz.« Oder: »Jetzt hast du es geschafft.« Solche Schmeicheleien lassen ihn alle Gedanken daran vergessen, welche Pläne er selbst für sich hatte.

Möglicherweise hat er richtig gehandelt. Allerdings einzig und allein nach den Maßstäben, die andere für richtig halten. Ihnen hat er sich angepaßt.

In Wirklichkeit steht seine Entscheidung natürlich im Widerspruch zu seinem wahren Wunsch. Seine Bereitschaft, sich den Vorstellungen der Mitwelt anzupassen, veranlaßte ihn, das zu unterdrücken, was sein eigentliches Bedürfnis war.

Es ist ganz klar, daß er sich damit in größte Abhängigkeit bringt. Denn je höher einer die Karriereleiter klettert, um so mehr hat er zu verlieren und um so härter muß er kämpfen, um oben zu bleiben. Es verstärkt sich auch seine Angst, daß ihm alle jene, die ihn jetzt bewundern, im Falle eines Mißerfolges ihre Anerkennung wieder entziehen. Um das zu verhindern, muß er einfach Erfolg haben, ob er will oder nicht.

Eine Entscheidung wie diese, in deren Mittelpunkt die Wahl zwischen eigenem Wunsch und der weitverbreiteten Norm »Arbeit und Erfolg sind das Wichtigste im Leben eines Menschen« steht, ist auf die einfache Tatsache zurückzuführen: Die Maßstäbe der Mitwelt sind in den meisten von uns viel stärker verankert als unsere eigenen. Wir sind so sehr auf Erfolg, Leistung und Prestige fixiert, daß wir uns gar nicht vorstellen können, wie wir ein Leben in Ruhe und Glück, in größtmöglicher Unabhängigkeit

von anderen, ohne Hast und nach eigenen Wünschen meistern könnten.
Sofort fallen uns dazu Attribute ein, vor denen wir von Jugend an gewarnt wurden. Attribute, mit denen andere uns belegen könnten, wie:

- Der könnte seiner Familie viel mehr bieten, aber er ist zu faul, um mehr zu arbeiten.
- Er wäre ganz brauchbar, aber ihm fehlt die Disziplin, sich in eine Gemeinschaft einzuordnen.
- Wir hätten ihm jede Möglichkeit gegeben, weiterzukommen. Aber er hat uns bitter enttäuscht.

So und auf viele andere Arten wird jemand mit Verachtung bestraft, der sich der Anpassung entzieht, die seine Mitwelt von ihm fordert.
Die Verachtung ihrer Mitwelt fürchten viele Menschen tausendmal mehr, als sie sich selbst und ihre Unabhängigkeit lieben. Deshalb finden sie es durchaus normal, ihre Wünsche zu opfern.

Welche Folgen es haben kann, wenn wir uns mit Ersatzbefriedigungen zufriedengeben

Ehe wir in unseren Überlegungen weitergehen, fasse ich bereits Gesagtes zum besseren Verständnis noch einmal zusammen:
Jeder Wunsch, den wir haben, verlangt nach Befriedigung. Diese Befriedigung vermittelt uns das Gefühl von Glück. Je größer die Schwierigkeiten waren, die wir zu überwinden hatten, um ans Ziel zu kommen, um so stärker wird später das Selbstvertrauen sein, das wir gewonnen haben.
Jeder Wunsch, den wir uns nicht erfüllen, vermindert unser Selbstvertrauen und die Fähigkeit, sich durchzusetzen. Wir können uns durch Anpassung die Anerkennung anderer erwerben. Im selben Maße jedoch nimmt der Halt, den wir in uns selbst finden, ab.
Die Entscheidung, der Erfüllung eines Wunsches aus dem Wege zu gehen, führt zu keiner Befriedigung. Die Spannung, die jeder nach Erfüllung drängende Wunsch auslöst, bleibt bestehen. Hier mehr darüber, welche Folgen dies haben kann:
Da die Spannung sich nicht durch Befriedigung entladen kann, suchen wir nach einer Ersatzbefriedigung oder wenigstens nach einem Alibi für unser Verhalten.
Jeder von uns kennt solche Situationen. Wir sind der Lösung eines Problems oder der Erfüllung eines Wunsches aus dem Wege gegangen – sofort wird unsere Phantasie aktiviert, um eine glaubhafte Ausrede oder einen Ersatz zu finden. Vor uns selbst und natürlich vor den anderen, deren Anerkennung wir nicht verlieren möchten. Manche Menschen haben auf diesem Gebiet eine wahre Meisterschaft entwickelt. Sie wenden vielfach mehr Phantasie und Energie für die Suche nach einem Alibi auf, als sie für die Bewältigung des eigentlichen Problems benötigt hätten.
Vermutlich kennt jeder genug Beispiele, wie sich Menschen in

eine nur in ihrer Phantasie bestehende Scheinwelt flüchten, um darin Ersatz für entgangene Befriedigung zu suchen.

Jemand brüstet sich beispielsweise anderen gegenüber, etwas vollbracht zu haben, dem er in Wahrheit aus dem Wege ging. Als Ersatz für die entgangene tatsächliche Befriedigung sucht er wenigstens Bewunderung bei der Mitwelt. Er täuscht ihr etwas vor, von dem er annimmt, daß es Bewunderung auslöst. Ganz automatisch begibt er sich damit in Abhängigkeit.

Sie besteht in der Beurteilung durch die anderen, auf die sein ganzes Manöver aufgebaut ist. Wenn die anderen seinen Bluff durchschauen, tritt das Gegenteil seiner Erwartungen ein. Man wird sich über ihn lustig machen. Statt Anerkennung erntet er Verachtung. Jemand, der die Probleme, die mit der Erfüllung seines Wunsches verbunden waren, gelöst hat, ist auf die Anerkennung anderer wenig oder gar nicht angewiesen. Sein Selbstvertrauen ist gestärkt. Er kann sich sagen: »Ich weiß es selbst am besten, daß ich es geschafft habe, und bin zufrieden. Ob es den anderen gefällt, ändert nichts daran.«

Er entzieht sich damit der Abhängigkeit von der Beurteilung durch andere. Der Maßstab, an den er sich hält, ist die erlebte Befriedigung. Das ist die Sicherheit, die er besitzt und die ihm niemand nehmen kann.

Die Anerkennung anderer hingegen wird von vielerlei Motiven bestimmt. Ein Vorgesetzter, beispielsweise, kann damit bewußt eine ihm nützliche Absicht verbinden.

Er wird Ihnen vielleicht sagen: »Was Sie da gemacht haben, finde ich recht gut. Aber dies und jenes hätte noch ein wenig besser sein können.« Er ist nicht daran interessiert, Sie Ihr Selbstvertrauen auskosten zu lassen. Es könnte Ihre Leistungsbereitschaft vermindern und seine Autorität untergraben. Deshalb schmälert er in voller Absicht Ihre Leistung, um Sie weiter anzuspornen.

Wer sich eine Ersatzbefriedigung konstruiert, die ihn von anderen abhängig macht, muß mit der Angst leben, daß seine Scheinwelt

irgendwann einmal entlarvt wird. In diesem Falle wird er möglicherweise mit Resignation reagieren. Den nächsten Wunsch, der nach Entscheidung verlangt, wird er in der Killerphase mit dem weinerlichen Alibi abfangen: »Ich kann tun, was ich will, mir geht doch alles daneben. Also versuche ich es erst gar nicht mehr.«
Es kann auch sein, daß wir als Folge der Entlarvung eines Alibis sagen: »Na, wartet. Heute lacht ihr über mich. Aber ich werde es euch schon noch zeigen.«
Der verletzte Stolz mobilisiert uns zu ausgefallenen Heldentaten, die unsere wahren Fähigkeiten bei weitem übersteigen. In dem Bestreben nach Anerkennung setzen wir sinnlos Kräfte ein, die mit unserem eigentlichen Wunsch schon längst nichts mehr zu tun haben.
Eine Scheinbefriedigung kann sich auch, versteckt und geheimgehalten, ausschließlich in unserer Phantasie vollziehen.
Ich kenne eine verheiratete Frau, die jahrelang zärtliche Liebesbriefe an einen Liebhaber schrieb, den es gar nicht gab. Sie reagierte darin den Wunsch nach Zärtlichkeiten ab, die sie ihrem eigenen Gatten geben wollte. Es war ihr allerdings niemals gelungen, diesen Wunsch zu realisieren. Ihr Mann behauptete vielmehr von ihr, sie müsse wohl frigide sein. Was für ihn wieder das Alibi war, eine Freundin zu haben.
Manche Frauen werden sich an ihre frühe Mädchenzeit erinnern, als sie Freundinnen gegenüber mit ihren ersten Liebeserfahrungen auftrumpften. Ausführlich erzählten sie den bewundernd lauschenden Zuhörerinnen Vorgänge bis ins letzte intime Detail. Dabei war alles nur phantasievoller Ersatz für niemals erlebte Befriedigung.
Gar nicht zu reden von den Männern, die sich Eroberungen und sexueller Höchstleistungen rühmen, die sie in Wahrheit nie zuwege brachten.
Viele dieser Scheinbefriedigungen von Wünschen, die bereits in der Killerphase ihr Ende fanden, bleiben auf lange Sicht ohne

nachhaltige Folgen. Andere allerdings werden zu medizinischen Problemen.

Psychiatrie und vor allem die Psychosomatik, die sich mit körperlichen Krankheitserscheinungen befaßt, die auf seelische Ursachen zurückzuführen sind, beschäftigen sich damit seit Jahren. Der bekannte Wiener Professor für Psychosomatik, Dr. Erwin Ringel, schätzt den Anteil solcher Patienten, die ständig bei Ärzten Hilfe suchen, vorsichtig auf 40 Prozent.

Zu den körperlichen Erkrankungen, die durch seelische Ursachen ausgelöst werden können, gehören nach bisherigen Beobachtungen beispielsweise Asthma, bestimmte Formen von Migräne, Zwölffingerdarmgeschwüre, Impotenz oder Frigidität.

Eine körperliche Erkrankung kann das Ergebnis unbewältigter Wünsche sein. Die Flucht in eine Krankheit ist der Ersatz für entgangene Wunschbefriedigung. Der Aufenthalt im Krankenbett zwingt die Mitwelt, uns wenigstens zu beachten und Anteilnahme zu zollen.

Niemand wird erwarten, daß die hier angeführten Hinweise dazu führen könnten, aus jemandem, der resigniert hat, über Nacht einen glücklichen Menschen zu machen. Doch das Wissen um Zusammenhänge dieser Art ist eine Voraussetzung dafür, Vorgänge bewußt zu beeinflussen, die zu Glück und Befriedigung führen.

Wie eine 43jährige Frau über Nacht ihr eintöniges Leben durch eine einfache Entscheidung zum größten Abenteuer machte

Ich berichte Ihnen jetzt von einem Ereignis, das 1965 in dem italienischen Dorf Rotzo stattfand. Es zeigt auf eine sehr anschauliche Weise, was geschehen kann, wenn einerseits Menschen zu der Entscheidung kommen: »Ich gebe auf und überlasse die Verantwortung anderen.« Und wenn andererseits in genau der gleichen Sache jemand sagt: »Ich finde eine Lösung und tue etwas.«

Dieses Bergdorf Rotzo zählte damals 789 Einwohner, es wurde von einem Rechtsanwalt als Bürgermeister und einem nur aus Männern bestehenden Gemeinderat verwaltet.

Miserabel verwaltet, denn die Gemeinde war so verschuldet, daß die verantwortlichen Funktionäre keinen Ausweg mehr wußten.

Da man damals gerade vor Gemeindewahlen stand, entwickelte der Bürgermeister einen raffinierten Plan. In einer Sitzung des Gemeinderates schlug er vor: »Das einfachste ist, wenn wir alle bei den kommenden Wahlen einfach nicht kandidieren. Dann muß die Regierung einen Verwaltungskommissar einsetzen. Damit dieser Kommissar überhaupt wirtschaften kann, wird die Regierung unser Defizit aus dem großen Steuertopf decken müssen. Wenn das geschehen ist, schreiben wir Neuwahlen aus, lassen uns in unseren alten Ämtern bestätigen und können die Geschäfte wieder übernehmen.«

Dem Gemeinderat erschien das ein hervorragender Vorschlag. Niemand hatte dagegen etwas einzuwenden. Es wurde also beschlossen, daß bei den Wahlen keiner der Herren kandidieren sollte.

Das war die eine Seite der Geschichte. Wie Sie leicht erkennen können, zeigt sie, wie Bürgermeister und Gemeinderat ihre Zeit und Kreativität voll dafür einsetzten, für ein Problem keine Lösung, sondern ein hervorragendes Alibi zu finden. Eine Angewohnheit, die für Abgeordnete in der ganzen Welt nicht untypisch ist, um es einmal sehr vorsichtig auszudrücken. Es wäre, das liegt auf der Hand, sehr unwahrscheinlich gewesen, daß dieselben Männer von Rotzo mit der ihnen eigenen Einstellung die ihnen zur Verfügung gestellten Steuergelder besser verwaltet hätten als vorher ihre eigenen.

Die Herren hatten allerdings nicht mit einer resoluten Dame namens Carla Slaviero gerechnet. Sie war 43 Jahre alt und die Lehrerin des Dorfes. Als sie von dem Beschluß der Funktionäre hörte, war ihr erster Gedanke, daß der beabsichtigte Trick keinesfalls eine dauerhafte Lösung darstellen würde. Ihr Verstand sagte ihr, daß eine solche Lösung nur von den Bewohnern von Rotzo selbst kommen könne.

Natürlich trat dieser Gedanke bei ihr sofort in die uns wohlbekannte Killerphase ein. Einwände tauchten auf wie: »Was kann denn ich, eine Frau, schon dagegen tun?« Da es zu dieser Zeit, wie auch anderswo, noch kaum denkbar war, daß etwa eine Frau das Amt des Bürgermeisters übernahm, geriet natürlich eine so ausgefallene Idee sofort in die Maschinerie der Zweifel. Nicht nur bei der Lehrerin selbst, sondern auch bei den anderen Frauen, mit denen sie über diese Dinge sprach.

Carla Slaviero hätte also durchaus auf die Alibilinie umschwenken und sich sagen können: »Während die anderen alle tatenlos zuschauten, habe ich wenigstens meine warnende Stimme erhoben.« Aber Signorina Slaviero tat das nicht. Um es im Sinne unserer Überlegungen auszudrücken: Sie setzte ihre Energie nicht für das Finden eines Alibis ein, sondern konzentrierte sie ganz auf eine Lösung. Sie beschloß: »Ich tue etwas.« Als das geschehen war, fing sie an, über alle erdenkbaren praktischen Möglichkeiten nachzudenken. Für eine, die ihr am brauchbarsten erschien, entschied sie sich schließlich: Zwei Stunden vor Anmeldeschluß für

die Kandidaten auf ein öffentliches Amt reichte sie eine rein weibliche Liste ein.
Bis die Männer davon erfahren und sich von ihrer Überraschung erholt hatten, war es zu spät, gegen diese außergewöhnliche Initiative etwas zu unternehmen.
Bei den Wahlen wurden 236 ungültige Stimmen abgegeben. Es ist nicht schwer zu erraten, von wem die meisten stammten. Dies konnte allerdings nicht verhindern, daß Carla Slaviero zum Bürgermeister und ihre Geschlechtsgenossinnen in die restlichen Funktionen gewählt wurden.
Es ist verständlich, daß die überrumpelten Männer die Frauenherrschaft von Anfang an mit höhnischen Kommentaren bedachten und sich im Gasthaus gegenseitig versicherten: »Meine Frau ist zwar im Gemeinderat, aber zu Hause bin ich noch immer der Chef.« Und ähnliche Argumente mehr, die Männer eben so vorbringen, wenn sie versagt haben.
Dieses Ereignis von Rotzo erregte damals einiges Aufsehen. Große internationale Presseagenturen, wie etwa United Press International, berichteten darüber in alle Welt. Das zu dieser Zeit noch existierende amerikanische Magazin »Life« widmete Carla Slaviero sogar einen Bericht von zwei Seiten. Darin wurde auch erwähnt, daß sie und ihre Kolleginnen sofort einige schon seit Jahren fällige Entscheidungen getroffen hätten. Ein Kredit zu einem besonders niedrigen Zinssatz wurde aufgenommen, und die Bürgermeisterin ließ einen Plan ausarbeiten, wie Rotzo zu einem Wintersportort ausgebaut werden könnte, um durch Fremdenverkehr Geld in die Gemeindekasse zu bekommen.
Überlegen wir: Eine völlig unbekannte Frau, geboren und aufgewachsen in einem italienischen Bergdorf, aus dem sie ihr ganzes Leben lang kaum weggekommen war, die seit 20 Jahren nichts anderes tat, als Kinder zu unterrichten und ihren Haushalt zu führen! Aus dieser Monotonie riß sie in einem einzigen Augenblick eine simple Entscheidung in das große Abenteuer, das ihr

Leben völlig veränderte. Es war die Entscheidung: »Ich unternehme etwas, weil ich es kann«, statt dem Beispiel ihres Vorgängers zu folgen, der sich dafür entschieden hatte, andere etwas tun zu lassen und die Verantwortung abzuwälzen.

Ist dieses Beispiel nicht der eindrucksvolle Beweis dafür, daß jeder, wirklich jeder, egal wo er ist und was er ist, in seinem Leben und mit seinen Möglichkeiten Dinge tun kann, die er vorher für völlig unmöglich gehalten hat? Vorausgesetzt, er erkennt den Augenblick, in dem er die Entscheidung fällen muß, die eine Entwicklung in Gang setzt, die vom ersten Gedanken über brauchbare Ideen zum erfolgversprechenden Handeln führt. So ziemlich alles, was sich seit Menschengedenken auf der Welt verändert hat, ist auf ähnliche Weise vor sich gegangen.

Fünf bewußte Schritte, die einen Wunsch zu seiner Erfüllung führen und uns Befriedigung verschaffen

Es ist nicht anzunehmen, daß sich die Lehrerin der Vorgänge bewußt war, die von ihrer Entscheidung zum Erreichen ihres Zieles führten. Was sie tat, erfolgte mehr oder weniger intuitiv. Der Zufall spielte mit und schuf günstige Voraussetzungen. Eines jedoch hätte der schönste Zufall nicht bewirken können: ihre Bereitschaft, initiativ zu werden und ihre Vorstellung gegen alle Widerstände durchzusetzen.

Welchen ungeahnten Vorteil, so muß man sich fragen, hat angesichts dieses Beispiels jemand, der diese Vorgänge von Anfang an bewußt und gezielt beeinflußt?

Im wesentlichen sind es folgende fünf Schritte, mit denen wir dies erreichen können:

Der erste Schritt zur Erfüllung eines Wunsches ist die Bereitschaft, ihm eine Chance zur Entfaltung zu geben

Sehr viele Ziele, die wir im Leben erreichen möchten, werden schon in der ersten Phase ihrer Entwicklung im Keime erstickt. Wir sagen: »Eigentlich müßte ich ...« oder »Da sollte man ...«, aber wir drehen den Schlüssel nicht um, der den Motor in Gang setzt.

Der erste Schritt zur Erfüllung eines Wunsches besteht darin, sich zu sagen: »Was immer im Augenblick auch gegen seine Realisierung spricht, ich versuche es trotzdem.« Denn wirklich unmöglich ist nur das, was wir selbst als unmöglich bezeichnen. Diesen Gedanken von vornherein zu verwerfen ist nichts weiter als ein

Alibi, uns nicht anstrengen zu müssen und jedem Risiko aus dem Wege zu gehen.

Der zweite Schritt zur Erfüllung eines Wunsches ist die Entscheidung, alle Zweifel auszuschalten

Weil wir wissen, daß jetzt unser Vorhaben in der Killerphase auf allerlei Widerstände stößt, sollten wir uns von vornherein dafür entscheiden, vorerst alle Zweifel beiseite zu schieben, damit sich unser Wunsch festigt, die positive Phantasie entfalten und die nach Erfüllung drängende Spannung entwickeln kann.
Tatsache ist, daß wir in den meisten Fällen nur einen Bruchteil unserer Kräfte von Anfang an für die Verwirklichung eines Wunsches einsetzen. Wir neigen vielmehr dazu, sofort mit allerlei Einwänden zu reagieren. Wie: »Ganz so einfach wird das nicht sein«, »Was werden da die anderen sagen« und »So etwas habe ich noch nie gemacht«.
Wir dürfen auch nicht vergessen, daß die Entscheidung »Ich will es versuchen« Spannung und Energie mobilisiert.
Es liegt an uns, sie weiter für unser Vorhaben auszunützen. Hier ist ein alltägliches Beispiel dafür, was in uns vorgeht: Ich sitze im Gasthaus und trinke mit ein paar Freunden ein Glas Bier, vielleicht auch zwei. Dann ist plötzlich der Wunsch da, nach Hause zu gehen.
Die Freunde sagen: »Ach, bleib noch ein Weilchen, und trink noch ein Glas mit uns.« Ich stehe vor der Entscheidung, nachzugeben oder das zu tun, was ich für richtig halte. Schon befinde ich mich in einem Zustand der Spannung.
Wenn ich mich jetzt dafür entscheide, doch noch zu bleiben, um mich anzupassen, verdränge ich diese Spannung.
Wenn ich mich dafür entscheide zu gehen, greift die Spannung weiter um sich. Sie springt vom Entscheidungszentrum meines

Gehirns auf den ganzen Körper über. Er stellt sich auf die bevorstehende Aktivität ein.

Der Kreislauf erhöht seine Tätigkeit. Das Herz schlägt schneller. Blut wird in verstärkter Menge aus der Haut und aus den Eingeweiden in die Muskeln und in das Gehirn gepumpt. Die in der Leber gespeicherten Kohlehydrate werden abberufen und überschwemmen das Blut mit Zucker. Die Atemtätigkeit wird lebhafter. Der Körper macht Energien frei für die bevorstehende Aktivität.

Vermutlich merke ich von alledem nichts. Aber wenn ich es weiß, wird mir bewußt, daß mein Körper mich in meinem Vorhaben unterstützt. Ich brauche ihm nur den Befehl zu geben, aufzustehen und zu gehen.

Es liegt also ganz bei mir, die Energien zu nützen, die mir zur Verfügung stehen, um mein Vorhaben auszuführen oder es im Keime zu ersticken.

Wohlgemerkt: Es mag in dieser Phase unseres Entscheidungsprozesses durchaus berechtigte Einwände gegen die Verwirklichung eines Wunsches geben. Sie sollten wir jedoch erst zulassen, wenn wir genug Lösungsmöglichkeiten entwickelt haben, die diese Einwände vielleicht schon von vornherein entkräften.

Deshalb soll der zweite Schritt in diesem Modell des bewußt gesteuerten Entscheidungsprozesses die Entscheidung sein: »Ich schalte alle Ängste, Zweifel und hemmenden Argumente vorerst völlig aus. Ich halte nichts für unmöglich und setze alle Kräfte dafür ein, Lösungsmöglichkeiten zu finden.«

Der dritte Schritt zur Erfüllung eines Wunsches besteht darin, unserer Phantasie ungehemmten Lauf zu lassen

Jetzt sind die besten Voraussetzungen gegeben, die kreativen Kräfte in uns wirksam werden zu lassen. Unsere Phantasie soll sich völlig mit unserem Wunsch identifizieren und die verrücktesten Lösungsmöglichkeiten entwickeln.

Naturgemäß stößt dieser Schritt bei vielen Menschen sofort auf Schwierigkeiten. Wir sind nicht dazu erzogen worden, unsere Phantasie ungehemmt einzusetzen, sondern dazu, sie in Ketten zu legen.

In der Schule beispielsweise erhielten wir schlechte Noten, wenn wir ein Haus, einen Baum oder einen Menschen so zeichneten, wie *wir* ihn sahen. Wir sollten ihn vielmehr so zeichnen, wie es der allgemeinen Vorstellung, also der des Lehrers, entsprach. Wir gewöhnten uns daran, die Aufgabe so zu lösen, daß sie dem Lehrer gefiel. Unsere eigene Phantasie wurde unterdrückt.

Deshalb ist dieser Schritt in unserem Vorgehen mehr als nur die Anwendung einer Technik bewußter Lösungsfindung. Er ist so etwas wie ein Akt der Selbstbefreiung von auferlegten Zwängen.

Die hier aufgezeigte Methode der Ideenfindung ist keineswegs neu. Psychologen, die sich mit Gruppenverhalten beschäftigen, haben ihr die Bezeichnung »Brainstorming« (Gedankensturm) gegeben.

Dabei sitzen Leute beisammen, um gemeinsam ein Problem zu lösen. Jeder spricht seine Gedanken und Ideen frei aus. Sie werden aufgeschrieben oder auf Tonband aufgenommen. Es gibt keine Einschränkungen. Keine Prioritäten sind zugelassen. Es darf also jeder sagen, was er will, und Ideen anderer aufgreifen und weiterspinnen. Vor allem ist keine vorzeitige Kritik erlaubt. Es gibt keinen Grund, warum wir diese Technik, die in solchen Gruppen vorwiegend zum Nutzen von Unternehmen oder Institutionen angewandt wird, nicht für die Lösung unserer eigenen Probleme einsetzen sollten.

Es ist notwendig, uns von der häufig vorhandenen falschen Selbsteinschätzung freizumachen. Die meisten Menschen trauen sich einfach nicht zu, gewagte und unkonventionelle Ideen zu finden. Sie wagen es nicht, den Panzer des allgemeinen Vorstellungsklischees, der ihre Phantasie einengt, zu durchbrechen. Sie bewegen sich in Denkmodellen wie: »Ich mache es so, wie ich es schon immer gemacht habe.« Oder: »Nach meinen Erfahrungen ist das ganz unmöglich.«

Hier geht es jedoch darum, ganz neue Erfahrungen zu machen und die Widerstände zu überwinden, die uns bisher bei der Erfüllung unserer Wünsche hemmten. Nur wer das versteht, hat eine Chance, aus seinem Leben in Zukunft mehr zu machen als bisher.

Deshalb der dritte Schritt: Nichts soll der freien Entfaltung unserer Phantasie im Wege stehen. Jede Idee ist erlaubt, auch die scheinbar verrückteste.

Um unser Gedächtnis nicht mit der Vorstellung zu belasten, wir könnten die eine oder andere gute Idee wieder vergessen, ist es ein nützliches Hilfsmittel, alle Gedanken der Reihe nach aufzuschreiben. Wohlgemerkt: alle Gedanken.

Wir sollten in dieser Phase des Vorgehens keine der Ideen danach untersuchen, ob sie tatsächlich realisierbar ist. Noch besteht kein Risiko, irgend etwas falsch zu machen. Ein Plan ist im Entstehen. Dabei ist es nur von Vorteil, wenn wir möglichst viele Lösungsmöglichkeiten besitzen, die wir später auswerten können.

Der vierte Schritt zur Erfüllung eines Wunsches ist die Entscheidung für die beste aller gefundenen Möglichkeiten

Jetzt ist der Zeitpunkt der Beschränkung und der nützlichen Zweifel gekommen. Zum erstenmal beziehen wir die Realisierung unseres Wunsches in unseren Denkvorgang ein. Wir fragen uns: »Welche der gefundenen Möglichkeiten eignet sich dazu am besten? Welche hat die größte Chance auf Erfolg?«
Es gibt für diese Auswahl keine allgemeingültige Norm. Die Beurteilung wird von den ganz persönlichen Voraussetzungen bestimmt. Diesen muß sich natürlich jeder anpassen. Jedoch so, daß für ihn der größte Nutzen dabei zustande kommt. Die optimale Lösung besteht darin, sich für jene Idee zu entscheiden, die von allen gegebenen Voraussetzungen den vorteilhaftesten Gebrauch macht.

Der fünfte Schritt zur Erfüllung eines Wunsches besteht darin, sich mit der Idee zu identifizieren, die Spannung zu nützen – und zu handeln

Der Zeitpunkt ist gekommen, unser Vorhaben in die Tat umzusetzen. Wir sind darauf vorbereitet:

- Wir haben eine klare Vorstellung, nach der wir vorgehen können. Das gibt uns Sicherheit. Wir sind nicht von Zufällen oder von der Hilfe anderer abhängig.
- Unsere Spannung hat den Höhepunkt erreicht. Sie ist ganz auf Aktivität eingestellt. Wir haben unsere Energie auf »Lösung« programmiert statt auf »Finde ein glaubhaftes Alibi«.
- Ebenso unsere Phantasie. Wir machen den nächsten Schritt nicht ins Ungewisse. Wir haben eine konkrete Vorstellung

davon, wie die Erfüllung unseres Wunsches aussehen soll. Wir sind gespannt darauf, ob uns das Vorhaben gelingt.
- Unter diesen Voraussetzungen ist die größtmögliche Identifikation mit unserem Wunsch und seiner Erfüllung gegeben. Wir können jedes Risiko auf uns nehmen. Es ist kalkuliert. Selbst wenn wir einen Fehlschlag erleiden, was immer geschehen kann, kann er uns nicht entmutigen: Weil unser Vorgehen nach einem genauen Plan vor sich ging, können wir die Realisierung mit diesem Plan vergleichen und feststellen, was wir falsch gemacht haben.

Um diese Erfahrung reicher, können wir unsere Bemühungen wiederholen. So lange, bis sie gelingen.

3

Jeder Mensch sucht ständig nach Sicherheit und innerem Halt, aber nur wenige finden sie. Der Grund liegt darin, daß die meisten Menschen ihre Sicherheit in der Abhängigkeit von anderen suchen und nicht in sich selbst.

Die Sicherheit in sich selbst finden heißt, ein Konzept zu besitzen, nach dem wir alle Einflüsse des Tages prüfen und bewerten. Es ist der Maßstab für unsere Entscheidungen, nach dem wir beurteilen, was der Erfüllung unserer Wünsche nützt und worauf wir verzichten müssen, um ein Ziel zu erreichen.

Die vier wichtigsten Punkte, das für uns einzig richtige Konzept zu finden, sind:

1. Erkennen, was ich möchte.
2. Erkennen, wozu ich imstande bin.
3. Wunsch und Fähigkeit mit der Realität in Einklang zu bringen.
4. Entscheiden, worauf ich verzichten muß, um das zu erreichen, was ich erreichen möchte.

Wie alle Menschen nach Sicherheit und innerem Halt suchen und nur wenige sie finden

Ob wir es wahrhaben wollen oder nicht: In uns allen ist eine ständige Sehnsucht nach Sicherheit. Jemand kann Arzt sein oder Hausfrau, Boß oder Untergebener, Schüler, Funktionär, Verkäuferin oder Manager – jeder sucht unentwegt in seinem Leben nach etwas, woran er sich festhalten kann.

Dieser Rettungsring für die ersehnte Sicherheit kann ein anderer Mensch sein, eine religiöse oder politische Utopie, der Anschluß an eine Gruppe oder die Eingliederung in eine Institution. Manchen genügt schon eine Uniform. Das System, in dem wir leben, hält ungezählte solcher Rettungsringe bereit, an die sich die Menschen klammern wie Schiffbrüchige auf hoher See.

Lassen Sie mich hier nur einige dieser Angebote anführen, bei denen wir Schutz suchen vor den Unbilden des Lebens und der ewigen Furcht, wir könnten allein damit nicht fertig werden:

- Die Berufung auf eine Autorität, hinter der wir unsere Schwächen verbergen.
- Die geltenden Maßstäbe für Schönheit und Mode, denen wir uns anpassen, als könnten wir damit wenigstens nach außen hin unsere Unsicherheit verstecken.
- Der Besitz eines respektierten Statussymbols, das vortäuscht, was wir in Wahrheit nicht besitzen.
- Die Anwendung von Macht gegenüber Schwächeren, damit die Unfähigkeit verborgen bleibt, deren Respekt auf andere Weise zu erringen.

Es ist erstaunlich, welche Opfer viele Menschen auf sich nehmen, um wenigstens ein kleines Stück solch eines Rettungsringes zu erwischen. Sie geben einen Großteil ihrer persönlichen Freiheit dafür hin. Sie ordnen sich bereitwillig allgemeinen Verhaltensnormen unter. Sie verzichten auf die Verwirklichung eigener Wünsche, die ihr Leben lebenswert machen würde. Ein Vorgang, der dem einzelnen die besten Chancen nimmt, sich als der im Leben zu entfalten, der er tatsächlich ist.

Wie Sie sehen, geht es hier nicht um die wohlklingenden, hochtrabenden Begriffe von Freiheit und Sicherheit, von denen so viel geredet wird. Von der Freiheit ganzer Völker oder Gruppen und der Sicherheit, die der Staat uns verspricht oder die wir von ihm erwarten.

Es geht vielmehr um die Unfreiheit, die sich jeder selbst auferlegt, als Preis für ein kleines bißchen *scheinbarer* Sicherheit bei der Bewältigung seiner alltäglichen Probleme.

Es geht um die Einschränkung der persönlichen Entfaltungsmöglichkeit, die wir geradezu freudig auf uns nehmen für ein wenig mehr Geld oder Prestige. Der Triumph der Anerkennung, die uns andere kurzzeitig dafür zollen, genügt uns schon als Ersatz für eine wirklich *dauerhafte* Sicherheit.

Jeder von uns kann Tag für Tag erleben, wie sich die angeführten Zusammenhänge auswirken. Hier ein Beispiel:

Vor ein paar Wochen war ich im Auto auf einer gottverlassenen Landstraße unterwegs. Es war zwei Uhr früh, und weit und breit war kein menschliches Wesen zu sehen. Am Ausgang einer kleinen Ortschaft überfuhr ich in einer langgestreckten Kurve eine durchgezogene Linie in der Mitte der Straße. Da trat unvermittelt aus dem Schatten eines Baumes ein Polizist hervor und hielt mich an. Es entspann sich folgendes Gespräch:

Der Polizist stellte fest: »Sie haben da vorne eine Sperrlinie überfahren.«

Ich sagte: »Ja, das habe ich gesehen.«

Er: »Sie sind sich doch im klaren darüber, daß Sie sich strafbar gemacht haben.«

Einen Augenblick lang war ich in Versuchung, die Rolle des

kleinen reumütigen Sünders zu spielen und dem Mann das zukommen zu lassen, wonach er sich offensichtlich so sehr sehnte: die schmeichelhafte Bestätigung seiner Bedeutung als Autoritätsperson. Vermutlich wäre seine Nachgiebigkeit in dem Maße gestiegen, in dem ich meiner Reue Ausdruck verliehen hätte.
Wie gesagt, ich spielte einen Augenblick lang mit dieser Möglichkeit. Dann aber siegte in mir doch die Neugier, zu sehen, wie er sich vernünftigen Argumenten gegenüber verhalten würde.
Ich sagte: »Für mich ist eigentlich kein Grund dafür zu erkennen, warum ich mich strafbar gemacht haben soll. Die Sperrlinie ist doch nur dazu da, um mich vor anderen Verkehrsteilnehmern und andere vor mir zu schützen. Da weit und breit kein anderes Fahrzeug zu sehen ist, hat dieses Verbot für die gegebene Situation jede Funktion verloren. Warum sollte ich mich also in meiner Fahrweise einschränken lassen?«
Der Beamte sah mich mit erstaunten Augen an. Es schien mir, als könne er sich meinen Argumenten doch nicht ganz verschließen. Dann allerdings reagierte er so, wie zu erwarten war.
Er meinte: »Ich will mich mit Ihnen auf keine lange Diskussion einlassen. Sie haben gegen das Gesetz verstoßen, also muß ich Sie bestrafen.«
Er zog sich hinter die Mauer seiner Autorität zurück, die sein Amt und seine Uniform ihm verliehen. Das ersparte ihm vorerst einmal die Mühe, über die ganze Angelegenheit weiter nachzudenken. Er war so nicht gezwungen, die Verantwortung für eine eigene Entscheidung zu übernehmen, die ihn vielleicht mit seiner angelernten Dienstauffassung in Konflikt gebracht hätte. Er schnitt jeden Versuch einer Verständigung von vornherein ab und tauschte den Rettungsring »Ich habe meine Vorschriften und bin nur stark, wenn ich sie blind befolge« gegen die Freiheit ein, sich eine eigene Meinung zu bilden. Das kritiklose Vertrauen in die Autorität seines Amtes war ihm mehr wert als das Vertrauen in seine ganz persönliche Urteilsfähigkeit.

Es ist natürlich einfach, sich über solche Leute und ihr zwanghaftes Verhalten lustig zu machen. Es gibt uns das Gefühl, wir seien doch immer besser dran als sie. Wir sollten uns aber damit nicht über die Sicherheitszwänge hinwegtäuschen, denen wir selbst uns bereitwillig unterordnen. Und das oft ein ganzes Leben lang.
Die sorgfältig kultivierte sogenannte kritische Einstellung allem und jedem gegenüber, hinter der wir eigene Schwächen zu verbergen versuchen, ist auch nichts anderes als der Rückzug in einen Bereich *scheinbarer* Sicherheit.
Das Prinzip dieses Vorgehens ist höchst einfach: Ich verberge meine eigene Unsicherheit, indem ich durch Kritik und gespielte Überlegenheit die Unsicherheit anderer ausnütze.
Es ist gefahrlos und bequem, Überlegenheit vorzutäuschen, wenn wir für eine Sache nicht selbst die Verantwortung zu übernehmen haben.
Wenn wir einem Kreis gläubiger Zuhörer erklärt haben, wie wir die Staatsfinanzen in Ordnung bringen, die weltweite Wirtschaftskrise beenden würden und den Gegner unserer Fußballmannschaft am vergangenen Sonntag besiegt hätten, können wir mit dem Gefühl nach Hause gehen, daß die Welt in bester Ordnung wäre, wenn wir darin etwas zu bestimmen hätten. In Wahrheit haben wir damit nichts anderes getan, als Sicherheit anderen gegenüber auf Gebieten vorzutäuschen, auf denen sie keiner Kontrolle unterliegt. Wie sicher wir auf den Gebieten sind, die uns direkt und ganz persönlich betreffen, bekommen wir spätestens dann zu spüren, wenn wir für unser nächstes Alltagsproblem wieder einmal keine Lösung wissen.
Die Konfrontation mit der Realität unseres eigenen Lebens bietet letzten Endes die unerbittliche Kontrolle darüber, wie stark der Rückhalt ist, aus dem wir die Sicherheit für unser tägliches Handeln schöpfen. Daran können wir erkennen – vorausgesetzt, wir nehmen es auf uns, ein paar nüchterne Zusammenhänge

aufzuspüren –, in welchem Maße wir Sicherheit nur vortäuschen und welchen Preis wir dafür bezahlen.
Unsere Welt ist schließlich geradezu spezialisiert darauf, uns daran zu hindern, *wirkliche* Sicherheit in uns selbst zu finden. Das ist durchaus verständlich, denn nichts macht den einzelnen für andere so leicht lenkbar wie seine Unsicherheit. Die Methode dieser Art von Manipulation schließt uns alle als Aktive und als Betroffene ein. Andere wenden sie ständig uns gegenüber an, um Sicherheit darin zu suchen. Wir praktizieren sie anderen gegenüber aus genau dem gleichen Grund.
Hier ist die Anwendungsformel:

- Jemand bietet mir eine Sicherheit an, die er mir jederzeit wieder entziehen kann. Dieser »Jemand« mag der Staat sein, eine Institution, der Erzieher, der Arbeitgeber oder auch nur der nächste Vorgesetzte, der darüber entscheidet, wie meine Leistung beurteilt wird.
- Er hält in mir das Bewußtsein wach, daß ich mich nur so lange in Sicherheit wiegen darf, solange ich das tue, was er von mir verlangt.
- Auf diese Weise gewöhne ich mich allmählich daran, die mir angebotene Sicherheit gegen den Preis der damit verbundenen Abhängigkeit anzuerkennen. Die zunehmende Bequemlichkeit hindert mich, aus dieser Abhängigkeit auszubrechen und eigene Maßstäbe für meine Selbstverwirklichung zu entwickeln. Nahezu alles, was ich tue, wird immer mehr von der Angst bestimmt, den Bereich *scheinbarer* Sicherheit zu gefährden, in dem ich dem Wohlwollen anderer ausgeliefert bin.

Das ist die Grundformel der Manipulation mit der Angst um die Erhaltung der persönlichen Sicherheit. Vermutlich wird es uns ein ganzes Leben lang nicht gelingen, uns ihren Auswirkungen vollständig zu entziehen.

Es liegt jedoch bei jedem selbst, alle Möglichkeiten zu nützen, die für ein möglichst hohes Maß an Unabhängigkeit und persönlicher Selbstverwirklichung bleiben. Wir können resignieren und sagen: »Ein wenig Sicherheit trotz damit verbundener Abhängigkeit ist mir lieber als das große Risiko, das ich für mehr Selbstverwirklichung auf mich nehmen müßte.«

Wir können allerdings auch sagen: »Ich habe nur ein Leben und lebe jeden Tag nur ein einziges Mal. Das Beste für mich dabei herauszuholen ist mir jedes Risiko wert.«

Wenn Sie sich für die Resignation entscheiden, können Sie dieses Buch an dieser Stelle getrost zuklappen und zur Seite legen. Wenn Sie sich für das Risiko entscheiden, sollten Sie sich ernsthaft daranmachen, Ihre innere Sicherheit nicht in der Abhängigkeit von anderen zu suchen, sondern bei den Maßstäben, die Sie selbst für Ihr Leben setzen.

Der Vorteil, ein Konzept zu besitzen, nach dem wir die Ereignisse des Tages filtern können

»Tagesereignisse brechen über jeden herein, und wenn man da kein Konzept hat, nach dem man sie filtert, kommt man in die größten Schwierigkeiten.« Der Mann, der das sagte, gewann die Erkenntnis während seines zwanzigjährigen Studiums der politischen Wissenschaft. Henry Kissinger ist sein Name.
Was er sagt, gilt für die Diplomatie, die Politik, den Beruf und das Leben jedes einzelnen von uns. Wer es nicht versteht, alle Einflüsse, die täglich auf uns zukommen, nach eigenen Maßstäben zu filtern, wird von ihnen mitgerissen in einem Strudel der Unsicherheit, in dem seine eigenen Wünsche und Ziele auf der Strecke bleiben.
Zwei Dinge sind es also, die unser Leben prägen. Einerseits die Tagesereignisse, die ständige Konfrontation, die unsere Mitwelt uns aufzwingt. Andererseits ist es das Konzept, nach dem wir diese Einflüsse nach Nutzen und Fertigkeit beurteilen.
Wer dieses Konzept nicht als Rückhalt seines Handelns besitzt, wird in seinem Verhalten vorwiegend von den Einflüssen des Augenblicks bestimmt. Die Sicherheit, die er heute dabei zu finden glaubt, kann morgen schon keine Gültigkeit mehr haben.
Wer ein Konzept besitzt, das auf ein langfristiges Ziel ausgerichtet ist, schafft damit die Voraussetzung, die Verlockungen des Augenblicks richtig einzuschätzen.
Untersuchen wir diese Zusammenhänge an einem praktischen Fall: Ein paar Monate nachdem mein Buch »Manipulieren, aber richtig« auf dem Markt erschienen war, wandte sich ein gewisser Manfred S. um Hilfe an mich. Er hätte Probleme in seiner Ehe, sagte er mir am Telefon, und alle meine schönen Gesetze der Menschenbeeinflussung hätten ihm dabei bis jetzt nichts genützt.

Es sei nun an mir zu beweisen, was ich von allen diesen Dingen wirklich verstünde. Ich gab mir alle Mühe, ihm seine hochgesteckten Erwartungen auszureden. Ich sagte ihm, daß ich weder Psychiater noch Eheberater sei. Ich selbst käme zwar seit 15 Jahren mit meiner eigenen Frau recht gut aus, aber das müsse noch lange nicht bedeuten, daß ich auch für ihn die einzig richtige Lösung wüßte. Aber was immer mir auch an Ausflüchten einfiel, dieser Manfred S. ließ sich nicht abweisen.

Er rief mich noch vier- oder fünfmal an, dann gab ich mich schließlich geschlagen. Ich gebe ganz offen zu, daß es mir nicht allzu schwer fiel, den Erfolg seiner manipulativen Bemühungen anzuerkennen. Er besiegte mich letzten Endes durch die praktische Anwendung des »Prinzips der beharrlichen Wiederholung«, eine Methode des Sich-Durchsetzens, die ich in meinem Buch ausführlich beschrieben habe.

Wir trafen uns also in einem Restaurant. Dort diskutierten wir angeregt bis ein Uhr früh. Dann brachte mich Manfred S. auch noch so weit, die Rechnung für uns beide zu bezahlen. Nie hätte ich gedacht, daß meine Ratschläge zur Manipulation der Mitmenschen eines Tages in so direkter Art auf mich selbst zurückfallen würden.

Das Eheproblem des Manfred S. war leicht zu durchschauen. Es besteht in vielen Ehen, in denen die Frau eines Tages nicht mehr gewillt ist, die dominierende Rolle des Mannes als selbstverständlich hinzunehmen.

Die Situation ist schnell erzählt:

In den drei Jahren dieser Ehe hatte ausschließlich der Mann darüber bestimmt, wann und wie sexuelle Beziehungen stattfanden. Die Frau unterwarf sich anfangs offensichtlich ohne Widerstreben seinen Wünschen. Das wiegte S. in Sicherheit. Er hielt seinen Autoritätsanspruch auf diesem Gebiet für gesichert und sich überdies noch für einen der größten Liebhaber aller Zeiten. Eine häufig zu beobachtende Folge von Selbstüberschätzung bei

Menschen, die ihre Selbstsicherheit aus scheinbaren Augenblickserfolgen ziehen.

Eines Tages nun änderte die Ehefrau ihr Verhalten. Sie sagte ganz einfach: »Laß mich in Ruhe, ich will heute nicht.« Ihr Widerstand beunruhigte ihn anfangs nicht sonderlich. Erst als sie ihn immer öfter, wie er es ausdrückte, »zappeln ließ«, wurde er unsicher. Vollends verwirrte es ihn, als sie dazu überging, eigene Ansprüche zu erheben und seine vermeintliche Autorität in Frage zu stellen.

Das alles traf Manfred S. zutiefst in seinem Stolz. Er wußte einfach nicht mehr, woran er war und wie er sich verhalten sollte. Wenn *er* wollte, wollte *sie* nicht. Wenn *sie* schließlich wollte, fühlte *er* sich gedemütigt und in seinem Herrschaftsanspruch eingeschränkt. Um wenigstens sein Gesicht zu wahren, fand er allerlei Ausflüchte, wie beruflichen Streß, Müdigkeit oder daß er am nächsten Morgen viel Arbeit hätte.

Mir jedenfalls klagte er bei Rindsragout und Rotwein: »Ich war mir vorher meiner Sache so sicher. Aber jetzt hat sie mich einfach in der Hand. Meine ganze Selbstsicherheit ist zum Teufel.«

Und warum das alles?

Weil seine ganze Selbstsicherheit auf zwei wankenden Säulen ruhte. Er verließ sich darauf, daß allein die Tatsache, ein Mann zu sein, ihm bei seiner Frau für alle Zeiten die ersehnte Autorität sichern würde. Andererseits erkannte er nicht, daß er sich durch diese Fehleinschätzung von der Bereitschaft seiner Frau abhängig machte, diese Autorität anzuerkennen.

Als diese Voraussetzung nicht mehr gegeben war, hatte er nichts mehr, woran er sich festhalten konnte. Oder, um es anders auszudrücken, er besaß kein langfristiges Konzept, nach dem er die unerwarteten Ereignisse filtern und ihnen begegnen konnte.

So ein Konzept hätte etwa lauten können:

»Wann immer ich mit meiner Frau schlafen möchte, stelle ich

zuerst fest, ob sie es auch möchte. Lehnt sie ab, berufe ich mich nicht auf meine Autorität, sondern setze alle meine Verführungskünste ein, um sie umzustimmen. Bleiben diese Bemühungen ohne Erfolg, verzichte ich auf mein Vorhaben. Ohne beleidigt zu sein, gebe ich ihr zu verstehen, daß ich ihren Standpunkt respektiere.«

Dieses Konzept hätte ihm für jede der drei denkbaren Augenblickssituationen die Sicherheit einer befriedigenden Lösung geboten:

- Wenn sie beide wollten, wäre von vornherein alles klar gewesen.
- Wenn sie zögerte, hätte er alle Anstrengungen unternommen, sie zu verführen. Das hätte vermutlich ihr Bedürfnis befriedigt, nicht als willenloses Objekt hingenommen, sondern als Frau respektiert zu werden.
- Wenn sie sich trotzdem weigerte, hätte ihm sein Konzept die Sicherheit gegeben, diese Entscheidung zu respektieren.

Wenn Sie Lust haben, können Sie das vorgeschlagene »Liebes-Konzept« auch mit der Erkenntnis eines anderen großen Strategen vergleichen. Sie zeigt nicht minder deutlich, wie wichtig es ist, rechtzeitig die Maßstäbe festgelegt zu haben, nach denen man sich bei der Beurteilung unerwarteter Situationen orientieren kann.

Das folgende Zitat stammt von Sun Tse, einem chinesischen Heerführer aus dem sechsten Jahrhundert vor Christi Geburt. Von ihm ist überliefert, daß er auf Grund seiner hervorragenden Strategie alle wichtigen Schlachten gewann. Er befolgte dieses Konzept:

»Kennst du den Gegner und kennst du dich, so magst du hundert Schlachten schlagen, ohne daß eine Gefahr besteht. Kennst du dich, aber nicht den Gegner, so sind deine Aussichten auf Gewinn oder Verlust gleich. Kennst du weder dich noch den Gegner, so wirst du in jeder Schlacht geschlagen werden.«

Wenn Sie jetzt noch wissen möchten, wie die Geschichte mit Manfred S. und seiner Frau weiterging, so kann ich Ihnen sagen, daß ich ihm das oben erwähnte Zitat von Sun Tse auf die Rückseite der Rechnung schrieb, die ich für uns beide bezahlt hatte. Vorher hatten wir über Lösungsmöglichkeiten der Art diskutiert, wie ich sie auf den vorangegangenen Seiten dargelegt habe.

Er steckte das Stück Papier ein und schien recht zufrieden zu sein. Er vergaß die ganze Sache dann auch bald. Erst wenige Tage ehe ich an diesem Kapitel zu arbeiten begann, erreichte mich eine Ansichtskarte aus Teneriffa: »Herzliche Urlaubsgrüße. Alles okay. Ihr Manfred S.« Ich kann nur vermuten, daß er den Urlaub mit seiner Frau verbrachte.

Einige knappe Hinweise sollen noch einmal zeigen, welchen Vorteil es hat, ein Konzept für unser Handeln zu besitzen:

- Ein Konzept besitzen und es befolgen bedeutet, im voraus zu wissen, wie man sich im Gedränge der Tagesereignisse verhalten will.
- Ein langfristiges Konzept besitzen heißt, ein Sicherheitsnetz zu errichten, das uns bei den Trapezakten des Alltags die Sicherheit gibt, im Notfall aufgefangen zu werden.
- Es heißt auch, rechtzeitig jenen Bereich unserer Fähigkeiten und Möglichkeiten abgesteckt zu haben, der uns einem Wunschziel näher bringt. Damit wir den Verlockungen äußerer Augenblickseinflüsse widerstehen können.
- Wer kein Konzept besitzt, begibt sich in die Gefahr vieler Politiker. Sie haben nur den Erfolg des Tages und den bei kommenden Wahlen im Auge. Unpopuläre Entscheidungen schieben sie so lange auf, bis sie sich zu einem unlösbaren Problem entwickelt haben.

Die vier entscheidenden Punkte, für sich das einzig richtige Konzept zu finden

Wann immer ich in den vergangenen Jahren Leuten begegnete, von denen ich den Eindruck hatte, sie kämen mit ihrem Leben besser zurecht als andere, fragte ich sie nach den Voraussetzungen dafür. Einer dieser Leute bietet ein besonders eindrucksvolles Beispiel dafür, wie ein Konzept dem Menschen helfen kann, kleine und große Probleme im Leben zu meistern.

Der Mann, um den es hier geht, wuchs in ärmlichen Verhältnissen auf dem Lande auf. Nach dem frühen Tod seines Vaters studierte er, wurde Richter, dann Diplomat und Minister.

Es handelt sich um keinen geringeren als den ehemaligen österreichischen Bundespräsidenten Dr. Rudolf Kirchschläger.

Als ich einmal in seinem Büro in der alten Wiener Hofburg zu Besuch war, fragte ich ihn: »Herr Bundespräsident, Sie haben einmal erklärt, Sie seien ein wunschlos glücklicher Mensch. Wie machen Sie das?«

Er dachte ein paar Augenblicke lang nach, dann sagte er in der ihm eigenen bedächtigen Art:

»Ich möchte diese Behauptung einschränken und sagen, daß ich ein *fast* wunschlos glücklicher Mensch bin. Dafür gibt es natürlich eine Anzahl von Gründen. Zwei davon sind sicherlich: Man muß in sich selbst ruhen. Man muß auch mit sich allein etwas anfangen können und sollte sich von äußeren Dingen nicht so sehr abhängig machen.«

Für manchen, der diese Sätze liest, sind das vielleicht nur leere Worte oder abstrakte Wunschvorstellungen. Für Dr. Kirchschläger, der danach lebt, sind sie immerhin der Schlüssel zum fast wunschlosen Glücklichsein. Aus diesem großen Lebenskonzept leitet er die kleinen Konzepte zur Lösung alltäglicher Probleme ab.

Ein Beispiel, das er mir erzählte, betrifft die Kontrolle seines Körpergewichts. Während andere Leute eine Unzahl von Tabletten schlucken, um ihren Appetit zu zügeln, oder sich von Zeit zu Zeit Abmagerungskuren unterwerfen, zu denen ihnen andere raten, löst er das Problem auf folgende Weise:
»Jeden Sonntag nach dem Bad stelle ich mich auf die Waage. Wenn ich 80 Kilo wiege, esse ich in der folgenden Woche genauso weiter wie in der vorangegangenen. Wenn ich mehr als 80 Kilo habe, esse ich eine Woche lang von allem nur die Hälfte. Innerhalb dieser Zeit reduziert sich das Übergewicht wieder auf die für meine Körpergröße idealen 80 Kilo.«
Sie werden vielleicht fragen: »Welchen Zusammenhang soll es denn zwischen diesem für ein Staatsoberhaupt doch recht nebensächlichen Alltagsproblem und seinem Konzept des Glücklichseins geben?«
Ganz einfach: Das eine ergibt sich aus dem anderen.
Er sagte: »Man muß in sich selbst ruhen ... und sollte sich von äußeren Dingen nicht so sehr abhängig machen.«

- Er fragt nicht: »Wer hilft mir bei der Lösung meines Gewichtsproblems? Welche Tabletten werden angeboten, welche Kuren machen andere?« Er fand vielmehr eine Lösung, die ihn von niemand anderem abhängig macht.
- Er überläßt die Entscheidung darüber, wieviel er täglich ißt, nicht dem Zufall oder dem Reiz des Angebotes, sondern richtet sich nach seinem Konzept. Seine Befolgung gibt ihm die Sicherheit des In-sich-selbst-ruhen-Könnens.

Das ist der eine Aspekt, die Zusammenhänge zu überprüfen.
Der andere betrifft die Frage: Welche Voraussetzungen müssen nun eigentlich gegeben sein, um so ein Konzept zu entwickeln? Im wesentlichen sind es vier Punkte, die dafür ausschlaggebend

sind. Jeden einzelnen davon finden Sie auf den folgenden Seiten näher beschrieben.

1. Punkt: Erkennen, was ich möchte

Haben Sie schon einmal die Frage gründlich untersucht, ob Sie wirklich wissen, was Sie im Leben möchten? Nicht, was Sie möchten, um anderen damit zu imponieren. Gemeint sind auch nicht die aus Rücksichtnahme reduzierten Wünsche. Wenn Sie etwa sagen: »Ich möchte nächsten Sommer in Tunis Urlaub machen, denn meine Traumreise zu den Malediven-Inseln kann ich mir doch nicht leisten.« Oder: »Ich kann wollen, was ich will, es geschieht doch immer nur das, was mein Mann sich in den Kopf gesetzt hat.«
Wenn man die Leute nach der Beziehung zu ihren Wünschen einteilt, findet man:

- Es gibt Leute, die tatsächlich genau wissen, was sie im Leben möchten. Und es auch tun.
- Es gibt Leute, die es nicht wissen und es auch nicht wissen wollen. Sie haben ganz einfach Angst vor ihren Wünschen. Sie sagen: »Was ich wirklich möchte, kann ich sowieso niemals bekommen, also denke ich erst gar nicht daran.« Sie ziehen es vor, das zu wollen, was andere auch wollen und was kein Risiko mit sich bringt.

Diese Leute wissen tatsächlich nicht, was sie möchten. Kaum taucht ein Wunsch in ihrem Bewußtsein auf, wird er schon von den Killerfragen im Keime erstickt: »Kann ich das? Darf ich das? Was werden die anderen sagen? Was ist, wenn ich es doch nicht schaffe?«
Wenn diese Leute etwas möchten, ist es fast immer nur das, was andere möchten und nicht sie selbst.

- Schließlich gibt es noch die Leute, die scheinbar ganz sicher wissen, was sie möchten. In Wahrheit aber haben sie keine Ahnung davon. Sie unterscheiden sich von der oben erwähnten zweiten Gruppe nur in einem einzigen Punkt: Sie legen großen Wert darauf, bei den anderen Menschen den Eindruck zu erwecken, sie wüßten genau, was sie möchten. Das verleiht ihnen die Sicherheit, den anderen überlegen zu scheinen.
Ganz bestimmt kennen Sie solche Menschen. Es sind jene, die immer alles wissen. Vor allem aber wissen sie alles besser.

Was hier jedoch mit »Erkennen, was ich möchte« gemeint ist, ist der Wunsch, der allein aus uns selbst kommt und uns selbst betrifft. Es ist durchaus ein Unterschied, ob wir ein paar Kilogramm weniger am Körper haben möchten, weil wir uns dann wirklich wohler fühlen. Oder ob wir hungern, weil wir annehmen, mit ein paar Kilogramm weniger könnten wir anderen Leuten besser gefallen.
Es gibt schließlich auch nicht wenige Menschen, die sich einer quälenden Abmagerungskur nur deshalb unterziehen, um ständig mit anderen darüber reden und sich selbst bemitleiden zu können. Die geheuchelte Anteilnahme der anderen verschafft ihnen die Anerkennung, nach der sie sich sehnen.
Um also erkennen zu können, was wir möchten, bedarf es der kritischen Untersuchung:

- Möchte ich es wirklich?
- Oder möchte ich es nur, um anderen zu gefallen oder als Ersatz für etwas, das ich mir nicht zutraue.

2. Punkt: Erkennen, wozu ich imstande bin

Es gibt, und das ist eher eine Untertreibung, mindestens so viele Menschen, die nicht wissen, wozu sie imstande sind, wie es Menschen gibt, die nicht wissen, was sie möchten.
Auch hier können wir eine Einteilung in drei Gruppen vornehmen:

- In die Leute, die sich und ihre Fähigkeiten grenzenlos unterschätzen.
- In Leute, die sich grenzenlos überschätzen.
- Es gibt natürlich auch einige, die sich selbst richtig einschätzen und alles, was sie im Leben erreichen möchten, danach ausrichten. Sie gehören zu jenen seltenen Exemplaren, die mit sich zufrieden sind und Bücher wie diese erst gar nicht zu kaufen brauchen. Es wäre deshalb reine Platzverschwendung, auf sie hier näher einzugehen.

Es ist – wie wir wissen – durchaus kein Zufall, daß sich so viele Menschen selbst unterschätzen und auch nichts unternehmen, um ihre vernachlässigten Fähigkeiten zu entwickeln. Sie haben vermutlich frühzeitig in ihrem Leben erkannt, daß es ungemein bequemer ist, sich an die Mitwelt anzupassen. Der Maßstab ihres Handelns ist der Durchschnitt, sie erstreben das Mittelmaß und nicht die volle Entfaltung ihrer tatsächlichen Leistungsfähigkeit. Im Sommer 1974 setzten sich in der englischen Stadt Blackpool Lehrer zu einem Meinungsaustausch zusammen. Sie kamen zu dem Schluß, daß jeder fünfzigste ihrer Schüler das Zeug zu einem Genie in sich hätte. Was immer sie auch unter der Bezeichnung »Genie« verstanden, jedenfalls billigten sie den Kindern außergewöhnliche Fähigkeiten zu, die in ihnen schlummerten. Und was geschah mit diesen außergewöhnlichen Fähigkeiten? Die Lehrer mußten bekennen: Sie wurden unterdrückt, nivelliert auf den

Lehrplan, im Mittelmaß erstickt. Bis die meisten dieser genialen Schüler sich angepaßt hatten. In der Überzeugung: Anerkannt werde ich nur, wenn ich gute Noten habe, und nicht, wenn ich meinen wirklichen Neigungen und Fähigkeiten nachgehe und sie weiterentwickle. Sie werden nie erfahren, wozu sie imstande gewesen wären.

Etwa zur gleichen Zeit wurden in dem deutschen Bundesland Baden-Württemberg von 3594 Bewerbern für die Bereitschaftspolizei 16 Prozent abgewiesen. Vielleicht, weil man annehmen mußte, sie hätten nicht das Zeug, gute Polizisten zu werden? Keineswegs. Vielmehr wegen, wie es in einem Bericht darüber hieß, »akuter Rechtschreibschwäche«. In dem Bericht, auf den ich mich beziehe, steht weiter:

»Die Behörde ist im Prinzip unnachgiebig. Wer nicht über genügend Rechtschreibkenntnisse verfüge, könne nicht Polizist werden, auch dann nicht, wenn er sonst über ausgezeichnete Eigenschaften und Fähigkeiten verfüge und es beinahe sicher sei, daß der Mann, der da mit dem Alphabet hadert, einen guten Polizisten abgäbe.« Es darf uns nicht wundern, wenn unter dem Zwang der Einschränkung die meisten Menschen ihre Fähigkeiten danach beurteilen, in welchem Maße sie von anderen anerkannt werden, und nicht nach dem Maße an Befriedigung, die sie ihnen bei voller Entfaltung bringen könnten.

Das Ergebnis: Sie haben sich beizeiten daran gewöhnt, sich und ihre wahren Fähigkeiten zu unterschätzen. Als Ersatz dafür setzen sie sich Ziele, die Anerkennung finden.

Während meiner Tätigkeit an der Universität lernte ich eine Menge junger Leute kennen, deren einziges Ziel es war, den »Doktor« oder irgendeinen anderen respektablen Titel zu erwerben. Sie hatten keine Ahnung, was sie später einmal damit anfangen würden.

Mit Sicherheit kann angenommen werden, daß dieses Urteil über die Bedeutung eines Titels ihr weiteres Leben prägen wird. Sie selbst beurteilen sich danach, welche Geltung er ihnen in den Augen der anderen verleiht, und nicht danach, wozu sie imstande wären.

3. Punkt: Wunsch und Fähigkeit in Einklang mit der Realität bringen

Der dritte Punkt auf der Suche nach einem Konzept besteht darin, das, was wir möchten und wozu wir fähig sind, mit der Realität in Einklang zu bringen. Denn alle unsere Wünsche können sich nur verwirklichen, wenn wir in unser Konzept die Umstände einkalkulieren, gegen die wir sie durchsetzen müssen.
In den vergangenen Jahren übersteigerten Wohlstands ist sehr vielen Menschen die richtige Beurteilung ihrer Grenzen verlorengegangen. Sie haben mehr verdient als je zuvor. Sie konnten sich mehr leisten, als sie jemals erwartet hatten. Die ständig neuen und immer attraktiveren Angebote haben sie dazu verleitet, die Grenzen ihrer Möglichkeiten zu überschreiten.
Sie haben für sich und ihre Familie nicht mehr das angeschafft, was sie sich wirklich leisten konnten, sondern das, von dem sie hofften, daß sie es sich in den kommenden Jahren würden leisten können. Dafür haben sie sich in Schulden gestürzt.
Bei vielen entstand der Eindruck: »Ich kann alles besitzen, was meine Nachbarn und Freunde auch haben.« Was sie sich leisten wollten, wurde nicht von ihren wirklichen Bedürfnissen und Möglichkeiten bestimmt, sondern vom Angebot.
Die Erfüllung ihrer Wünsche stand also nicht mehr in Einklang mit dem, wozu sie imstande waren. Es fehlte der Bezug zur Realität. Ganz abgesehen davon, verstrickten sie sich durch die Überschreitung ihrer Möglichkeiten in eine Abhängigkeit, in der sie auf ihre wirklichen Fähigkeiten kaum mehr Rücksicht nehmen konnten. Viele suchten sich einen Job, der ihnen genug Geld und

scheinbare Sicherheit brachte. Als Ersatz für die Arbeit, die sie *gerne* gemacht hätten.

Wenn ich mit meinem Partner, um einen weitverbreiteten Wunsch als Beispiel heranzuziehen, eine dauerhafte sexuelle Befriedigung erlangen möchte, werde ich dieses Ziel kaum jemals erreichen, wenn ich jede Gelegenheit nütze, um mit irgend jemand anderem ins Bett zu gehen.

Mein Partner, so wie er ist, das ist die Realität. Er mag nicht mehr 18 sein. Sicherlich gibt es schönere, aufregendere oder leidenschaftlichere Menschen als ihn. Die Mädchen in Thailand oder die Männer auf Sizilien mögen bessere Liebhaber sein, von denen wir träumen. Aber die schönsten Träume haben einen Nachteil: Sie verleiten uns dazu, sie mit der Realität zu verwechseln.

Die sogenannten großen Vorbilder unserer Zeit, die Traumberufe und Ideale, von denen Millionen schwärmen, mögen in uns den Wunsch erwecken: So möchte ich sein. Je stärker wir solchen Utopien nachhängen, um so weiter entfernen wir uns von unserer eigenen Realität und um so weniger sind wir imstande, sie zu bewältigen.

Um es auf einen einfachen Nenner zu bringen: Die Grenze aller unserer Wünsche sind wir selbst. Was wir heute sind und wozu wir heute imstande sind. Nicht, was andere sind, was andere scheinbar vermögen oder was wir selbst uns für morgen erhoffen. Manche meinen, das sei zuwenig, um damit glücklich zu sein. Die Realität aber ist: Es ist dennoch alles, was wir zur Verfügung haben. Die Unzufriedenheit der meisten Menschen hat nur den einen einzigen Grund: Sie haben es bisher nicht verstanden, aus der Realität ihres eigenen Lebens das Beste zu machen.

4. Punkt: Entscheiden, worauf ich verzichten muß, um das zu erreichen, was ich erreichen möchte

Es ist ein typisches Merkmal unserer Zeit, daß die Menschen meinen, sie könnten im Leben ständig irgend etwas versäumen. Die unbändige Gier, alles zu wissen, alles zu erreichen und zu besitzen, was ihnen angeboten wird, treibt sie durch ihr Leben wie in einem Hundertmetersprint.

In der Hast, nichts zu versäumen, haben die meisten Menschen die unabänderliche Realität verdrängt: Es gibt nichts in unserem Leben, absolut nichts, für das wir nicht den adäquaten Preis zu bezahlen hätten.

Dieser Preis heißt Verzicht.

Weil wir immer nur an das denken, was wir haben möchten, und so wenig daran, worauf wir dafür verzichten müssen, ist das Leben so vieler von uns von ständigen Enttäuschungen erfüllt.

- Sie möchten viel Geld für wenig Arbeit.
- Sie möchten Unabhängigkeit und machen sich ständig aufs neue von anderen abhängig.
- Sie möchten Gesundheit, ohne auf alles das zu verzichten, was der Gesundheit schadet.
- Sie möchten ein glückliches Familienleben. Aber sie geben der Familie doch nur den winzigen Teil an Zeit, Geduld und Aufwand, den ihnen alle anderen angeblich so ungeheuer wichtigen Verpflichtungen übriglassen.

Sie möchten alles, was andere auch haben, und sie möchten es sofort und möglichst für immer. Natürlich möchten sie auch die ewige Sicherheit und sind maßlos enttäuscht, wenn diese Ewigkeit nur bis zum nächsten Tag anhält.

Und warum das alles?

Die Antwort ist einfach, nüchtern und klar: Sie entscheiden sich für ein Ziel, einen Wunsch, ein Konzept. Aber sie entscheiden sich nicht gleichzeitig und mit genau der gleichen Entschlossenheit und Überzeugung auch dafür, worauf sie verzichten müssen, um das Ziel zu erreichen.

Ein Konzept besitzen, nach dem wir alle Einflüsse filtern, um das einzig Richtige für unser Glück, unseren Erfolg und unsere Selbstverwirklichung zu tun, bedeutet deshalb nichts anderes als:

- Einerseits zu entscheiden, was der Erfüllung dieses Konzepts nützt. Und es ohne Zögern zu tun.
- Andererseits zu entscheiden, was der Erfüllung dieses Konzepts nicht nützt, so verlockend es im Augenblick auch erscheinen mag. Und darauf zu verzichten.

Diese einfache und, wie Sie zugeben werden, geradezu selbstverständliche Erkenntnis ist der Schlüssel zur Sicherheit, nach der wir uns alle so sehr sehnen. Wer das verstanden hat, wird in sich gefestigt sein. Er wird, wie Dr. Kirchschläger es nennt, »in sich ruhen«. Wer es nicht beachtet und sein Leben nicht darauf einstellt, wird – wie Henry Kissinger sagte – ständig »in die größten Schwierigkeiten kommen«.

Ich gebe zu: So einfach und selbstverständlich das alles auch klingen mag, der Verwirklichung stehen vielerlei Hindernisse im Weg. Welcher Art diese Hindernisse sein können und wie wir sie mit Hilfe eines Konzepts und der daraus resultierenden Sicherheit bewältigen können, davon handelt das folgende Kapitel.

4

Wer ständig darauf wartet, was ihm die Ereignisse des Tages bringen, wird immer wieder in Panik geraten. Er lebt in der Angst, daß er ein plötzlich auftauchendes Problem nicht bewältigen kann. Er sucht Trost in der Hoffnung: »Mir wird schon nichts passieren.« Oder: »Irgendwie wird es schon gutgehen.« Oder: »Jemand wird mir schon aus der Patsche helfen.«

Wer ein eigenes Konzept als Maßstab seines Verhaltens besitzt, braucht sich auf niemanden zu verlassen. Er kann jedem Tag mit seinen Problemen ohne Angst und falsche Hoffnung entgegensehen. Er ist auf das Schlimmste vorbereitet.

Auf den folgenden Seiten finden Sie weitere Hinweise darauf, welche Vorteile ein Konzept für jeden von uns haben kann.

Das Konzept, immer zuerst an sich zu denken und dann erst an die anderen

Es ist eigentlich müßig, jemanden aufzufordern, zuerst an sich selbst zu denken. Wir alle tun es ja ohne Unterbrechung. Wir tun es, aber wir haben Hemmungen, es zu einem Konzept zu erheben, nach dem wir konsequent leben. Auf diese Weise geraten wir immer wieder in alle möglichen Schwierigkeiten.

Natürlich ist alles, was wir tun, ein ständiger Kompromiß zwischen unseren Wünschen und der Realität. Aber es liegt an uns, aus jedem dieser Kompromisse das Beste für uns herauszuholen. Dazu ist es notwendig, die Hemmungen zu kennen, die uns im Wege stehen.

Zu diesen Hemmungen gehören Begriffe wie:

- Treue
- Ehrlichkeit
- Solidarität
- Verantwortungsbewußtsein anderen gegenüber.

Sie stehen uns im Wege, wenn wir darangehen wollen, den Egoismus zum Konzept zu erheben. Wir finden es ganz natürlich, ein Egoist zu sein, aber wir fürchten uns davor, als einer zu gelten. Also versuchen wir ständig, nette, anpassungsfähige und rücksichtsvolle Menschen zu sein. Keiner soll uns einen Egoisten schimpfen. So ist es uns anerzogen.

Und warum ist niemand daran interessiert, daß wir zuallererst unseren eigenen Vorteil wahren? Doch nur deshalb, weil er selbst uns zu seinem Vorteil ausnützen will. Das dürfen wir bei jedem voraussetzen, der uns sagt: »Sei doch kein solcher Egoist.«

Wenn wir kein Konzept besitzen, nach dem wir solche und ähnliche Vorwürfe filtern können, werden sie uns immer wieder beunruhigen. Die Vorstellung vom netten Menschen, der bei jedem beliebt sein muß, sitzt tief in uns drin. Sie macht uns zum Nachgeben bereit, auch wenn es für uns von Nachteil ist.

Auf diese Weise bringen uns unvorteilhafte Kompromisse von dem Ziel ab, das wir uns gesetzt haben. Der einzige Trost, der uns schließlich bleibt, ist nur die vage Befriedigung, ein netter Mensch zu sein. Aber die Anerkennung, die wir beim anderen dafür erhalten, hält nicht ewig an. Er weiß jetzt, daß wir durch ein paar geschickte Vorwürfe zum Nachgeben bereit sind. Beim nächsten Mal, wenn er uns wieder braucht, wird er es mit genau derselben Methode neuerlich versuchen. Wir müssen auch jetzt nachgeben, wenn wir bei ihm beliebt sein wollen.

So geraten wir immer mehr in die Abhängigkeit unserer Schwäche, die von anderen ausgenützt wird. Bald werden wir uns mehr mit ihren Sorgen und Problemen beschäftigen als mit unseren eigenen. Wir geben damit leichtfertig die Voraussetzungen aus der Hand, unser Leben selbst zu bestimmen.

Nehmen wir als Beispiel den Begriff Treue.

Wenn Sie für die Firma eine nützliche Arbeitskraft sind, wird man Ihnen nach 25 Jahren braven Schaffens bei einer kleinen Feier eine Urkunde überreichen. Vielleicht auch eine Ansteckadel und eine bescheidene Prämie. Sie werden vor versammelter Belegschaft mit rührenden Worten bedacht und den anderen als Vorbild für besondere Firmentreue hingestellt.

Das mag Sie für alles entschädigen, was Sie im Laufe der Jahre an persönlichen Wünschen und Chancen geopfert haben. Aber stand der Nutzen, den Sie für die Firma darstellten, auch im Einklang mit dem Nutzen, den Treue und Verzicht für Sie hatten? Oder haben Sie aus Bequemlichkeit auf all das verzichtet, was Ihnen das Leben woanders hätte bieten können?

Sie kennen ja die Formel: »Ich gebe dir Sicherheit, aber nur so lange, wie du dich einordnest.« Ein wenig Sicherheit als Ersatz für das größte Kapital, das Sie besitzen: die Freiheit, über Ihr

Glück selbst zu bestimmen und aus Ihrem Leben das Beste zu machen. Das Beste, und nicht bloß das, was andere für Sie übriglassen.

Ich sagte »ein wenig Sicherheit«, denn keine Firma und auch sonst niemand legt auf Ihre Treue besonderen Wert, wenn er Sie nicht mehr braucht. Wenn man etwa »aus Gründen organisatorischer Umstellungen« oder »durch Rationalisierungsmaßnahmen notwendig geworden« – wie es so schön heißt – auf Sie verzichten kann.

Es steht außer jedem Zweifel: Wenn Ihnen jemand die Treue schmackhaft machen will, tut er es nur aus dem einen Grund, weil er sich einen Vorteil daraus verspricht. Wenn jemand von Ihnen verlangt: »Schwöre mir ewige Treue«, will er bloß von Ihnen mit Haut und Haaren Besitz ergreifen. Einige Zeit lang mag Ihnen das schmeicheln. Aber die Ernüchterung wird um so schmerzhafter sein, je weniger Sie darauf vorbereitet sind, daß die Ewigkeit morgen schon zu Ende sein kann.

Dasselbe gilt, wenn man von Ihnen Solidarität verlangt. Oder Ehrlichkeit.

Damit hier kein Mißverständnis aufkommt: Ich will nicht behaupten, daß es für Sie unbedingt vorteilhafter sein muß, immer dann zu lügen, wenn es für Sie von Nutzen ist. Vermutlich haben auch jene Leute nicht immer recht, die behaupten, lügen sei nur dann ein Nachteil, wenn man sich dabei erwischen läßt.

Ich möchte nur darauf hinweisen, daß auch die Ehrlichkeit zu jenen Begriffen gehört, die andere aus rein taktischen Gründen von uns verlangen.

Als ich vor vielen Jahren einige Zeit lang als Lagerarbeiter in einem Warenhaus beschäftigt war, hatte ich einen älteren Kollegen, der geradezu fanatisch darauf bedacht war, jedem Menschen gegenüber absolut ehrlich zu sein. Sein Ziel war es, unseren gemeinsamen Vorgesetzten von seinem Platz zu verdrängen und selbst Chef des Lagers zu werden. Ich bin fest davon überzeugt,

daß er die Qualifikation dazu besaß und seinen Plan mit einigem Geschick auch bald hätte verwirklichen können.
Aber was tat er?
Er marschierte mit stolzgeschwellter Brust eines Tages in das Büro seines Widersachers und teilte ihm mit, daß er für diesen Posten viel geeigneter sei.
»Sagen Sie mir die Wahrheit«, erwiderte der Chef, »Sie möchten meinen Posten haben?«
Ohne Umschweife gab mein Kollege zu: »Jawohl, den will ich, und den bekomme ich auch.«
Er erzählte mir später diese Konfrontation mit leuchtenden Augen. Er sprach dabei von Fairneß, von »kämpfen mit offenem Visier« und ähnlichem. Ich gebe zu, daß mich das alles damals sehr beeindruckte. Etwa einen Monat später wurde er in eine andere Abteilung versetzt, später verließ er dann den Betrieb. Vorher versicherte er mir noch, wie leid das allen noch tun würde und daß, was immer auch geschehen mag, die Wahrheit doch eines Tages siegen würde.
Was diesem Mann für die Verwirklichung seines Zieles fehlte, war nichts weiter als das richtige Konzept. Er besaß einen berechtigten Wunsch, er wäre auch imstande gewesen, den Posten, den er wollte, hervorragend auszufüllen. Aber seine Beurteilung der Realität war getrübt von einem jener Begriffe, die ich am Beginn dieses Abschnitts aufgezählt habe. Daran scheiterte er schließlich. Seine Ehrlichkeit hatte ihm selbst nur geschadet und seinem Gegner genützt.
Es verhält sich, und diese Realität sollten wir nie außer acht lassen, mit der Treue, der Ehrlichkeit, dem Fleiß und allen diesen wunderbar klingenden Begriffen genauso wie mit dem Egoismus. Wenn die ganze Welt voll grundehrlicher, fleißiger, hilfsbereiter Menschen wäre, die ihr eigenes Leben leben und jeden anderen auch sein Leben leben ließen, stünde dem Glück des einzelnen nichts im Wege. In dieser Welt wäre es völlig überflüssig, jeman-

dem zu sagen, er solle sich mehr um sich selbst kümmern als um die anderen.

Aber diese Welt gibt es nicht und wird es vermutlich in absehbarer Zeit auch nicht geben. Es bleibt uns deshalb nichts anderes übrig, als Schutzvorrichtungen aufzubauen, die uns dauerhaft davor bewahren, unsere eigenen Wünsche und Ziele den Interessen anderer zu opfern.

Zu diesen Schutzmaßnahmen gehört das Konzept, immer zuerst an sich selbst zu denken und dann erst an die anderen. Und sich bei jeder Entscheidung ohne Hemmung zu fragen: »Was nützt es mir?« Statt: »Was könnten die anderen dazu sagen?«

Ein Konzept, wie man das Beste aus dem macht, was man hat und ist, statt ständig nach Neuem zu streben

Ich weiß nicht, ob Ihnen der Name Pablo Casals etwas bedeutet. Er war einer der großartigsten Musiker unserer Zeit, ehe er 1974 mit 97 Jahren starb. Er dirigierte, komponierte, unterrichtete und organisierte Festspiele. Er spielte Flöte, Geige, Klavier, Orgel und Cello. Vor allem spielte er Cello.

Der Dirigent Wilhelm Furtwängler hat einmal gesagt: »Wer Casals nicht spielen gehört hat, der weiß nicht, wie ein Saiteninstrument klingt.«

In seinen Lebenserinnerungen schreibt Casals: »Die vergangenen achtzig Jahre habe ich jeden Morgen auf die gleiche Weise begonnen, weil das wesentlich war für mein Leben. Ich gehe ans Klavier und spiele zwei Präludien und zwei Fugen von Johann Sebastian Bach. Da erlebe ich das schier Unglaubliche – ein Mensch zu sein.« Stellen Sie sich das einmal vor. Ein Mann geht achtzig Jahre lang jeden Morgen ans Klavier und spielt zwei Präludien und zwei Fugen von Bach. Das füllt ihn aus und macht ihn glücklich. Es gibt ihm das Gefühl, ein Mensch zu sein.

Er brauchte niemanden, der ihm ehrfurchtsvoll zuhörte und nachher jubelte: »Meister, Sie waren wieder einmal großartig.« Er spielte auch nicht eines Morgens irgend etwas anderes, vielleicht von einem Komponisten, dessen Musik gerade modern war. Ganz im Gegenteil. Je öfter er Bach spielte, je mehr er sich in seine Musik vertiefte, um so mehr gewann er für sich daraus.

Er überließ es auch nicht dem Zufall oder jemand anderem, ob er morgens an sein Klavier ging. Er spielte, ob die Zeiten für ihn gut waren oder schlecht, ob er gerade in seinem Haus in Puerto Rico war oder bei Freunden in New York.

Wissen Sie, warum für die meisten von uns das Leben so voller Unruhe und Unzufriedenheit ist? Drei Gründe können dafür angeführt werden:

1. Weil wir ständig meinen, irgend etwas sei noch viel wichtiger als das, was wir bisher getan haben und tun.
2. Weil wir nie mit uns zufrieden sind und immer anders sein möchten, als wir sind.
3. Weil wir uns nicht die Zeit nehmen, all das, was wir haben und sind, wirklich kennenzulernen, zu genießen, uns daran zu erfreuen und das Beste daraus zu machen, ehe wir etwas Neues anfangen.

Wir lassen uns in einen hektischen Kreislauf einspannen, der uns nie richtig zu uns selbst finden läßt. Man sagt uns: »Wer rastet, der rostet.« Oder: »Wer mit sich selbst zufrieden ist, kommt im Leben nicht weiter.« Dabei ist es genau umgekehrt. Weil wir nicht stehenbleiben, sind wir nicht zufrieden.
Dieser hektische Kreislauf, in dem wir uns bewegen, hat dazu geführt, daß wir die Freude an einer Sache schon wieder verlieren, sobald wir sie erworben haben. Statt jetzt daranzugehen, das Beste daraus zu machen, jagen wir hinter etwas anderem her, das uns noch attraktiver zu sein scheint.
Ich selbst war mir dieser Gewohnheit vor etwa fünf Jahren zum ersten Mal richtig bewußt geworden. Ein alltägliches Ereignis war der Anlaß dazu. Wie jeden Monat war ich in die Stadt zu meinem Friseur gefahren. Ich quälte mich eine halbe Stunde lang durch den Verkehr, dann mußte ich sechs- oder siebenmal um den Häuserblock kurven, um endlich einen Parkplatz zu bekommen. Im Geschäft wartete ich eine weitere halbe Stunde, bis ich an der Reihe war.
Während er meinen Kopf bearbeitete, redete mir der Friseur dann noch allerhand Wässerchen, Friktionen und ähnliche Dinge auf,

mit denen er meine Haare behandeln wollte. Ich sagte zu allem ja, um meine Ruhe zu haben. An der Kasse stellte ich dann fest, daß ich wieder einmal viel mehr Geld ausgegeben hatte, als ich ausgeben wollte.

Auf dem Heimweg beschloß ich, nie wieder zum Friseur zu gehen, sondern in Zukunft aus meinen Haaren selbst das Beste zu machen. Seither verbringe ich im Monat genau zehn Minuten damit, mir die Haare zu schneiden. Das hat mir bis jetzt ungefähr 700 Stunden Zeit erspart, vom Geld ganz zu schweigen. Und ob Sie es glauben oder nicht: Keinem Menschen ist das bisher aufgefallen.

Ich gebe zu, daß es nicht besonders schwierig ist, die wenigen Haare, die mir noch geblieben sind, einigermaßen in Ordnung zu halten. Aber das ist eben mein ganz persönlicher Vorteil, den mir eine einsichtsvolle Natur mit in die Wiege gelegt hat. Andererseits hat meine Entscheidung dazu geführt, daß ich mich keine Minute mehr darum zu kümmern brauche, welche Art von Frisur für Männer gerade in Mode ist oder wie sich andere ihre Haare schneiden lassen.

Ich schreibe diese Geschichte nicht, um alle, die sie lesen, zu einem Boykott ihrer Friseure aufzurufen. Sie war nur für mich der Anlaß, mich eine Woche lang Abend für Abend hinzusetzen und so etwas wie eine Inventur meiner Gewohnheiten zu machen und über jene Dinge nachzudenken, die ich begonnen und nicht zu Ende geführt oder die ich erworben hatte, ohne sie jemals wirklich zu gebrauchen.

Ich nahm ein Stück Papier und schrieb auf der einen Seite oben groß das Wort »Nutzlos« und auf der anderen Seite »Das Beste daraus machen«. Dann ging ich ans Werk. Ich will Ihnen gar nicht lange von den Mitgliedsbeiträgen erzählen, die ich an Vereine zahlte, die ich kaum jemals besuchte, oder von den sechs Mundharmonikas, die unbenützt seit Jahren in einer Ecke lagen. Schließlich kam ich sogar so weit, daß ich mich allen Ernstes

fragte: »Hast du in den vergangenen zehn Jahren wirklich das Beste aus deiner Ehe gemacht?«
Jedenfalls fällte ich nach dieser einen Woche eine Entscheidung, die mir seither mehr genützt hat als vieles von dem, was ich vorher für ungeheuer wichtig gehalten hatte. Es war die Entscheidung: »An jedem Abend meines weiteren Lebens stelle ich mir vor dem Schlafengehen die Frage: ›Hast du heute aus dem, was du hast und bist, das Beste gemacht?‹«
Nennen Sie es ein Konzept oder einen Vorsatz, belächeln Sie es, oder versuchen Sie es selbst einmal auf ähnliche Weise. Was mich betrifft, so kann ich Ihnen versichern, daß mir dieses Konzept, nach dem ich täglich mein Verhalten filtere, dazu verhilft, mehr aus meinem Leben zu machen als jemals zuvor.

Das Konzept, für alles, was wir tun, selbst die Verantwortung zu übernehmen

Zu jenen Begriffen, die uns immer wieder daran hindern, ein gestecktes Ziel zu erreichen, gehört auch die weitverbreitete Vorstellung von Verantwortung.
Wer andere davon überzeugen kann, daß er imstande ist, Verantwortung zu tragen, genießt ein besonderes Maß an Wertschätzung. Dabei spielt es verständlicherweise eine wichtige Rolle, daß diese Verantwortung mit Erfolgen verbunden ist. Der Trainer einer Fußballmannschaft zum Beispiel mag noch so verantwortungsbewußt handeln, wenn seine Mannschaft ständig verliert, gerät er in Gefahr, durch einen anderen ersetzt zu werden.
Dieser Zwang, bei anderen als erfolgreich zu gelten, zieht eine Folge sehr eigenartiger Verhaltensweisen nach sich. So gibt es eine ganze Menge Leute, die verantwortungsbewußte Posten innehaben, obwohl sie dazu gar nicht befähigt sind. Sie haben sich allerdings die Fähigkeit zu eigen gemacht, mit dem Begriff der Verantwortung richtig umzugehen. Sie schieben sie anderen in die Schuhe, wenn etwas schiefgegangen ist, und ziehen sie bei Erfolgen, zu denen sie selbst kaum etwas beigetragen haben, geschickt an sich.
Manchmal gewinnt man tatsächlich den Eindruck, der Begriff von der Verantwortung sei nur deshalb erfunden worden, damit man sie im Bedarfsfalle richtig delegieren, auf andere abwälzen oder damit prahlen kann. Was immer einem gerade von Nutzen ist.
Wer es versteht, sie im Falle eines Fehlschlags glaubhaft auf andere abzuwälzen, besitzt natürlich damit eine Fähigkeit, die ihm bei anderen zu einem gewissen Ansehen verhilft. Wer die Kunst, ein Egoist zu sein, nicht oder nur oberflächlich begriffen hat, würde annehmen, für einen Egoisten sei nichts erstrebens-

werter, als diese Fähigkeit der richtigen Delegation der Verantwortung zu beherrschen.
Wer die Zusammenhänge jedoch versteht, wird sofort erkennen, daß diese Vorgangsweise nichts anderes ist als eine Alibihandlung. Er wird wissen, daß damit niemand wirklich ein Ziel erreichen und Befriedigung erlangen kann. Er mag bis zu einem gewissen Grad Karriere machen, mehr Geld damit verdienen oder Bewunderung ernten. Aber der Preis, den er dafür bezahlt, ist die ständige Angst, ob sein Manöver das nächste Mal nicht doch durchschaut wird.
Ganz abgesehen davon, daß er dabei immer von anderen abhängig ist. Einerseits von den Leuten, auf deren Kosten er seine scheinbaren Erfolge erringt. Andererseits von der Umwelt, deren Anerkennung er braucht.
Wer sich an diesem Spiel der richtigen Verantwortungs-Delegation beteiligt, kommt nie zur Ruhe. Nirgendwo findet er dauerhafte Sicherheit. Hier sind die einfachen Regeln dieses Spiels, das wir ein für alle Male durchschauen sollten:

- Jemand fällt eine Entscheidung oder führt ein Vorhaben durch. Er rechnet von vornherein damit, daß die Sache ein Erfolg oder ein Mißerfolg werden kann.
- Für den Fall eines Erfolges muß er darauf vorbereitet sein, nach außen hin die Verantwortung dafür übernehmen zu können. Für den Fall eines Mißerfolgs muß er rechtzeitig für ein Alibi sorgen.
- Er delegiert also einen Teil der Verantwortung an jemanden, den er im Falle eines Mißerfolgs als Sündenbock benützen kann. Er kann dann sagen: »Ich habe mein Bestes getan, aber der andere hat versagt.« Er sagt es der Umwelt, von der er Wertschätzung oder wenigstens Verständnis erwartet. Er sagt es auch sich selbst so lange, bis er es tatsächlich glaubt. Denn nichts fürchtet er mehr als das Eingeständnis einer Niederlage.

Dieses Eingeständnis würde dazu führen, daß sein ganzes schönes Gebäude der Sicherheit zusammenbricht, das er sich mühsam aufgebaut hat. Es zwingt ihn, immer neue Alibis zu finden. Vor sich selbst und vor anderen. Jeder Erfolg, den er erringt, hängt davon ab.

Dieses raffinierte Spiel wird in allen Bereichen unseres Lebens gespielt. Wir spielen mit, aktiv oder als Opfer. Wer ständig als Sündenbock hingestellt wird, mag sich damit trösten, daß er darin eine wichtige Funktion zu erfüllen hat. Ohne ihn ist dieses Spiel nämlich nicht spielbar.

Es findet tagtäglich an den Arbeitsplätzen statt und in den Familien. Eltern wenden es den Kindern gegenüber an. Und wenn die Jungen der älteren Generation vorwerfen, sie hätte kein Verständnis für den Zug der Zeit, dann ist das auch nichts anderes als ein Alibi. Das Spiel gehört zum festen Repertoire des Politikers und des Managers. Nicht zufällig gibt es immer mehr sogenannte Entscheidungsgremien, in denen bei Fehlschlägen jeder sagen kann: »Ich habe ja nicht entschieden, es war die Mehrheit.«

Wie soll nun ein Konzept beschaffen sein, das mich aus diesem Karussell des Delegierens, Alibifindens und der Unsicherheit befreit? Es lautet schlicht und einfach: »Ich übernehme für alles, was ich tue, selbst die Verantwortung. Wenn ich sie nicht übernehmen kann, lehne ich sie von vornherein ab. Im Falle eines Fehlschlages suche ich die Ursachen dafür zuerst bei mir und nicht woanders.«

Wenn ich alles, was ich entscheide und tue, danach überprüfe und das Konzept konsequent befolge, habe ich folgende Vorteile auf meiner Seite:

- Ich bin nicht mehr von der Anerkennung meiner Leistungen durch andere abhängig, sondern allein von meiner eigenen Beurteilung der Dinge.
- Ich kann meine ganze Energie dafür einsetzen, statt sie für die

Suche nach einem geeigneten Alibi zu vergeuden und damit mein Versagen zu rechtfertigen.
- Ich mache eine Entscheidung und ihre Realisierung ganz allein zu meiner Sache. Das zwingt mich dazu, mich mit ihr voll und ganz zu identifizieren. Je mehr ich mich mit dieser Einstellung in die Lösung einer Aufgabe vertiefe, um so größer wird der Spaß an der Sache. Wer andererseits sozusagen sein Alibi für ein Versagen schon in der Tasche hat, ist nur mit halbem Herzen dabei. Er weiß ja: Wenn es schiefgeht, habe ich die Ausrede vorbereitet. Wozu soll ich mich da noch besonders anstrengen?
- Gelingt ein Vorhaben, für das ich selbst die Verantwortung übernommen habe, weiß ich selbst am besten, daß ich es war, der es zustande gebracht hat. Ich brauche nicht um die Anerkennung der anderen zu buhlen. Das macht mich unabhängig von Lob und Tadel und gibt mir Sicherheit.
- Gelingt das Vorhaben nicht, weiß ich, daß ich trotz meiner Bemühungen einen Fehler gemacht habe. Statt meine Energie jetzt damit zu vergeuden, die Verantwortung auf jemand anderen abzuschieben, kann ich sie dafür einsetzen, die Ursachen des Fehlers bei mir selbst zu suchen.

Auf diese Weise werde ich selbst aus einer Niederlage noch einen Nutzen ziehen. Ich gewinne die Erfahrung, wie ich den einmal begangenen Fehler beim nächsten Mal vermeiden kann.
Das, wie gesagt, sind die wichtigsten Vorteile des Konzepts. Prägen wir es uns noch einmal ein: »Ich übernehme für alles, was ich tue, selbst die Verantwortung. Wenn ich sie nicht übernehmen kann, lehne ich sie von vornherein ab. Im Falle eines Fehlschlages suche ich die Ursachen dafür zuerst bei mir und nicht woanders.«
Ich kann mir sehr gut vorstellen, daß Sie sich an einem Punkt dieses Konzepts stoßen könnten. Und zwar, wo es heißt: »Wenn

ich eine Verantwortung nicht übernehmen kann, dann lehne ich sie von vornherein ab.«

»Das kann ich doch nicht«, werden Sie einwenden, »damit würde ich das Vertrauen meiner Vorgesetzten verlieren. Damit mache ich mich ja unbeliebt.« Es ist durchaus möglich, daß Sie sich damit unbeliebt machen. Allerdings nur bei den Leuten, denen Sie im Bedarfsfalle als Sündenbock dienen sollen. Sie scheuen vor nichts zurück, um Ihnen diese Rolle schmackhaft zu machen. Sie schmeicheln Ihnen und sagen: »Ich weiß ja, daß ich mich auf Sie immer verlassen kann.« Sie stacheln Ihren Ehrgeiz an und tun so, als wäre es für Sie eine große Ehre, daß Ihnen diese Verantwortung überhaupt übertragen wird. Wenn das nichts hilft, sagen Ihnen diese Leute: »Da bin ich aber sehr enttäuscht von Ihnen. Nie hätte ich erwartet, daß Sie mich so im Stich lassen würden.« Oder man erpreßt Sie unverhohlen, indem man Sie darauf aufmerksam macht: »Das werden Sie noch tausendfach bereuen. Sie werden noch an meine Worte denken.«

Alle diese Manöver dienen in Wahrheit nur dem Zweck, Sie als Alibi aufzubauen. Wenn Sie sich von den Schmeicheleien und Versprechungen verleiten lassen, machen Sie sich zu einer Figur im großen Spiel der Verantwortungs-Delegation, bei dem die Verantwortung vor- und zurückgeschoben wird, wie es gerade nützlich erscheint. Wenn Sie aus diesem Spiel aussteigen wollen, müssen Sie verhindern, daß andere Ihnen eine Verantwortung delegieren, die jene eigentlich ganz allein tragen sollten. Das können Sie mit zwei einfachen Schritten:

1. Sie lassen sich niemals von Schmeicheleien, Versprechungen oder Drohungen beeindrucken, sondern prüfen in aller Ruhe, ob Sie die Verantwortung, die man Ihnen übertragen will, auch wirklich übernehmen können. Prüfen Sie die Erfolgschancen der Aufgabe, die man Ihnen überträgt.
2. Wenn Sie dabei zu dem Schluß kommen, daß man Ihnen zwar

die Verantwortung, aber nicht alle Möglichkeiten gibt, das Bestmögliche aus der Sache zu machen, dann erklären Sie ganz einfach: »Entweder ich bekomme alle notwendigen Vollmachten, oder ein anderer übernimmt die Verantwortung dafür.«

Ich habe diese Methode in den vergangenen Jahren Hunderte Male angewandt. Sie hat mir vorwiegend genützt und kaum jemals wirklich geschadet. Als die gefährlichsten Gesprächspartner erwiesen sich dabei jene Leute, die eine Aufgabe übertragen erhielten und weiterdelegierten, weil sie selbst nicht imstande waren, das Problem zu lösen oder auch nur richtig zu verstehen. Ganz bestimmt kennen Sie auch einige solche Leute. Es sind jene, die immer eifrig »jawohl« sagen, weil sie es aus vielerlei Gründen nicht fertigbringen, »nein« zu sagen. Und das ganz einfach deshalb, weil sie Angst haben, ihren Posten, ihr Gesicht oder die Wertschätzung zu verlieren, die sie zu genießen meinen. Oft wissen sie genau, daß ein Auftrag kaum oder überhaupt nicht durchführbar ist. Dennoch nehmen sie ihn gehorsam entgegen.
Ihr erster Gedanke dabei ist: »An wen schiebe ich dafür die Verantwortung ab?«
Wenn Sie vermeiden wollen, das Opfer zu sein, sollten Sie in Zukunft das hier vorgeschlagene Konzept ausprobieren.

- Zeigen Sie offen die von Ihnen erkannten Fehler auf. Machen Sie eigene Vorschläge besserer Lösungen.
- Scheuen Sie sich nicht, freimütig zu erklären: »Wenn es so gemacht werden soll, müssen Sie die Verantwortung übernehmen. Ich kann sie unter diesen Umständen nicht übernehmen.«
- Verlangen Sie eine schriftliche Bestätigung des Auftrags mit der Unterschrift desjenigen, der ihn erteilt.

Scheuen Sie sich auch nicht, über einen Zwischenträger dem eigentlichen Auftraggeber Ihre Einwände und Vorschläge auseinanderzusetzen. Sie werden feststellen, daß er Ihnen in den meisten Fällen dafür dankbar ist, weil Sie ihn davor bewahrt haben, Fehler zu machen.

Das ist eine einfache und nützliche Methode, sich nicht von anderen Verantwortung delegieren zu lassen, die sie selbst nicht übernehmen wollen. Mindestens ebensooft stehen wir allerdings auch vor der Situation, daß wir uns der Verantwortung für unsere eigenen Entscheidungen und Handlungen entziehen möchten. Die Folgen kennen Sie bereits, aber man kann sie gar nicht oft genug wiederholen:

Sie vergeuden nutzlos Zeit und Energie dafür, sich ein Alibi aufzubauen.

Sie sind nur mit halbem Herzen bei der Sache, weil Sie ständig dazu verleitet werden, Schwierigkeiten mit der Begründung auszuweichen: »Ich habe ja ein Alibi. Wenn es schiefgeht, ist es nur halb so schlimm.«

Sie finden keine Zeit, den Ursachen des Fehlschlags auf den Grund zu gehen, und werden ihn deshalb immer wieder machen.

Bis Ihr Publikum Sie eines Tages durchschaut und Ihnen die Anerkennung verweigert.

Was machen Sie dann?

Vermutlich werden Sie eines Tages resignieren und in einige der allseits so beliebten Alibi-Phrasen flüchten, die uns zum gefälligen Gebrauch jederzeit zur Verfügung stehen:

- Unsere Zeit ist schuld an allem.
- Früher war eben alles besser.
- Eines Tages wird sich schon wieder alles zum Besseren ändern.
- Hätte ich doch bloß einen richtigen Mann geheiratet und keinen Versager.
- Keiner gibt mir eine Chance.
- Keiner versteht mich wirklich.

- Man kann sich auf niemanden mehr verlassen.
- Die ganze Gesellschaft müßte man verändern.
- Der schlechte Umgang meiner Kinder ist schuld daran, daß sie mir nicht mehr gehorchen.

Aber was nützt es Ihnen? Sie finden ein wenig Trost im Selbstmitleid. Nichts weiter.
Ein schwacher Ersatz für das, was Sie mit der Verwirklichung des Konzepts erreichen könnten, für alles, was Sie tun, selbst die Verantwortung zu übernehmen.

Ein Konzept, andere an sich zu gewöhnen, statt immer nur auf andere Rücksicht zu nehmen

Ich möchte Ihnen jetzt von einer persönlichen Erfahrung berichten. Auch auf die Gefahr hin, daß Sie mich für einen rücksichtslosen Ehemann und einen Familientyrann halten. Ich verhalte mich dabei ganz im Sinne der Kunst, ein Egoist zu sein, wenn ich Ihnen in diesem Zusammenhang versichere: Es ist mir auch ziemlich egal, wofür Sie mich halten.

Ich war vor ein paar Jahren an einem Punkt angelangt, an dem ich mir sagte: So kann es nicht weitergehen. Ich arbeitete zuviel und fragte mich manchmal, welchen Sinn denn das alles habe. Die Hektik des Geldverdienens, in die ich mich hineingesteigert hatte, ließ mir nicht einmal mehr Zeit, diese Frage wirklich gründlich zu untersuchen.

Mein Magen machte mir Schwierigkeiten. Eines Tages sagte dann auch der Arzt, ich sollte mehr Rücksicht auf mein Herz nehmen. Tatsächlich spürte ich manchmal einen Druck in der Herzgegend. Nachts wachte ich auf und riß das Fenster auf, um besser atmen zu können.

Mir war klar, daß ich etwas unternehmen müßte. Mein Entschluß lautete: »Ich beginne jeden einzelnen Tag damit, eine Stunde nur mir selbst zu widmen.«

Nachdem ich diese Entscheidung getroffen hatte, ging ich daran, Überlegungen anzustellen, wie ich diese eine Stunde verbringen wollte. Zwei Monate lang sprach ich mit allen möglichen Leuten darüber und las Bücher wie »Die Kunst der Selbstbemeisterung«, »Wie funktioniert der Mensch?«, »Atmung und Meditation«, »Das autogene Training« oder »Zen in der Kunst des Bogenschießens«. Ich sammelte alle möglichen Informationen über Körperfunktionen wie Kreislauf, Herztätigkeit und ähnliches. Schließlich besuchte ich einen Kurs für autogenes Training.

Dann erweiterte ich meine erste Entscheidung zu folgendem Konzept:

»Jeden Morgen, sofort nach dem Aufwachen, mache ich 15 Minuten lang gymnastische Übungen. Ich bade in aller Ruhe und dusche mich anschließend kalt. Dann lege ich mich hin, entspanne mich, konzentriere mich auf meine Atmung und mache autogenes Training.«

Ich will dieses Programm hier gar nicht in allen Details erläutern, das könnte Sie sonst in Versuchung führen, es in allen Einzelheiten nachzuahmen. Es ist aber auf mich, meine Möglichkeiten und Bedürfnisse zugeschnitten und sollte keinesfalls als allgemeingültiges Rezept angesehen werden. Wenn Sie sich dazu entschließen sollten, fortan einige bisherige Gewohnheiten abzulegen und täglich eine Stunde für sich zu reservieren, dann sollten Sie Ihr eigenes Konzept dafür entwickeln.

Ich möchte Sie hier jedoch auf ein paar Hindernisse aufmerksam machen, die sich der Verwirklichung eines solchen Konzepts in den Weg stellen können. Wenigstens anfangs, solange Sie es noch nicht bei sich selbst und bei anderen durchgesetzt haben.

Da war vor allem die Vorstellung, daß ein Mann, der sich nicht frühmorgens mit vollem Eifer in die Arbeit stürzt, wohl ein verdammt fauler Bursche sein muß. Ich erinnere mich noch ganz genau, wie eines Morgens die gute Fee, die einmal wöchentlich meiner Frau im Haushalt hilft, unversehens in mein Arbeitszimmer stürzte.

Ich lag gerade völlig regungslos und mit geschlossenen Augen auf der Couch beim autogenen Training. Sie hielt an der Tür erschrocken inne, starrte mich an wie eine ägyptische Mumie und ergriff dann die Flucht. Meine Frau versuchte zwar, ihr zu erklären, worum es ging. Aber die Haushaltshilfe beschäftigte nur die eine Frage: Was muß das für ein Mann sein, der sich gleich nach dem Aufstehen schon wieder auf die faule Haut legt? Gelegentlich erwähnte sie dann auch, nicht ohne eine gewisse Verachtung im Tonfall, daß ihr Mann schon um fünf Uhr früh auf dem Weg zur Arbeit sei.

Ich brauchte tatsächlich einige Zeit, um mit der Vorstellung fertig zu werden, daß mich jemand für einen ausgesprochen faulen Menschen hielt. Und es vermutlich allen seinen Bekannten und Verwandten weitererzählte.

Selbst meiner eigenen Frau war die Sache lange Zeit nicht ganz geheuer. Während sie die Kinder versorgte, einkaufen ging, das Frühstück machte und schon allerhand im Haushalt erledigte, dachte ich nur an mich.

Ich bekam ihr Unbehagen darüber natürlich auch zu spüren. In versteckten Bemerkungen oder manchmal auch durch offene Kritik. Selbst die Kinder erwähnten gelegentlich nicht ohne Geringschätzung, wenn sie an meinem Arbeitszimmer vorbeigingen: »Ach ja, der Vati hat sich wieder hingelegt.« Ich muß ganz ehrlich gestehen: Manchmal war ich wirklich nahe daran, das ganze Programm wieder abzublasen und zur Rolle des eifrig schaffenden Familienoberhauptes zurückzukehren.

Was mich letzten Endes davon abhielt, waren die Auswirkungen, die dieses Konzept deutlich zeigte. Nach ein paar Wochen spürte ich in Brust und Magen keinerlei Schmerzen mehr. Selbst meine Verdauung konnte ich durch die gymnastischen Übungen und das autogene Training regulieren. Durch die Vertiefung meiner Atmung und die zunehmende Fähigkeit, mich immer besser zu entspannen, veränderte sich auch meine gesamte innere Einstellung zu den Dingen.

Wenn früher am Morgen das Telefon geklingelt hatte, war ich aus dem Bad oder vom Frühstück fortgestürzt. Nur, um nicht etwas zu versäumen, was vielleicht für mich wichtig sein könnte. Nachdem ich mich aber dafür entschieden hatte, daß während der einen Stunde für mich nichts wichtiger war als die Durchführung meines Konzepts, kümmerte mich während dieser Zeit das Telefon einfach nicht mehr.

Eines meiner Probleme, das mir immer schon zu schaffen gemacht hat, war das Aufstehen. Ich gehöre zu den Menschen, die gerne lange aufbleiben. Am Morgen kann ich mich dafür nur mit Mühe vom Bett trennen. Ich rückte dieser Eigenheit mit dem autogenen Training zu Leibe, indem ich mir vor dem Einschlafen die Formel einprägte: »Jeden Morgen um Punkt sieben wache ich auf und springe sofort aus dem Bett.«
Das half, aber es löste das Problem noch nicht endgültig. Ich bat deshalb meine Frau, mich beim Aufstehen zu überwachen. Das machte ihr, einer Frühaufsteherin, natürlich riesigen Spaß. Auf diese Weise konnte sie mich, den »großen Meister der Selbstbemeisterung« – wie sie mich scherzhaft nannte –, ihre Überlegenheit in diesem Punkt spüren lassen.
Dieser gemeinsame Berührungspunkt führte allerdings immer wieder zu ausführlichen Gesprächen über meine seltsamen neuen Gewohnheiten, in denen ich ihr erklären konnte, warum ich das alles tat. Bis sie dann eines Tages meinte: »So schlecht ist das eigentlich gar nicht. Ich werde mich auch in Zukunft mittags ein Weilchen hinlegen und autogenes Training machen.«
Eine andere Nebenwirkung betraf meinen größeren Sohn. Seine Bemühungen in Mathematik und Latein waren damals nicht gerade von großem Erfolg gekrönt. Obwohl seine Lehrer versicherten, er könne bei Prüfungen an der Tafel selbst die schwierigsten Probleme lösen – bei Klassenarbeiten versagte er.
Nach langen gemeinsamen Gesprächen über die möglichen Gründe dieses Phänomens kamen wir zu dem Schluß, daß es lediglich eine Frage der inneren Einstellung sei. »Ich glaube«, sagte er eines Tages zu meiner Überraschung, »wenn ich mich so entspannen könnte wie du, wäre das Problem gelöst.«
Wir arbeiteten also ein Konzept für ihn aus, das wir hochtrabend »Harald Kirschners einmaliges und psychologisch untermauertes Lern- und Psychotrainingsprogramm« nannten. Er fing auf diese Weise an, sich für ein paar Zusammenhänge zu interessieren, die

er vorher nicht gekannt hatte. Etwa, daß es für die gute Note bei einer Klassenarbeit nicht allein entscheidend ist, ob er genug gelernt hat. Genauso wichtig ist auch die gesamte innere Einstellung. Die Fähigkeit, sich zu konzentrieren, und einiges anderes mehr.

Wie Sie sehen, hat aus meinem starrsinnigen Verhalten auch die übrige Familie das eine oder andere profitiert. Es wäre nicht möglich gewesen, wenn ich mich ihren Erwartungen angepaßt und mein egoistisches tägliches Morgenprogramm nicht durchgesetzt hätte. Wenn ich auf das Image Rücksicht genommen hätte, das ich bei meiner Familie hatte.

Das Image des braven, fleißigen Familienvaters, der sich schon am frühen Morgen abhetzt, um seine Pflicht zu erfüllen. Und der niemals an sich selbst denkt, sondern immer nur an das Wohl seiner Lieben.

Sagen Sie ehrlich: Was nützt einem das wirklich, wenn man sich auf diese Weise völlig sinnlos zu Tode hetzt?

Ein Konzept ist kein Allheilmittel, aber es gibt uns größtmögliche Sicherheit für die Bewältigung aller Probleme

Auf den vorangegangenen Seiten fanden Sie eine Anzahl von Beispielen, wie man ein Konzept findet und welchen Vorteil es hat, konsequent danach zu handeln. Ein Konzept, das werden Sie erkannt haben, ist kein Allheilmittel. Es löst ein Problem noch nicht. Es schafft nur die bestmögliche Voraussetzung dafür.

Ein Konzept zu besitzen bedeutet Sicherheit. Der erste wichtige Entschluß dazu lautet:

Ich verlasse mich nicht mehr darauf, daß mir im Augenblick der Konfrontation mit einem Problem schon irgendeine Lösung einfallen wird. Oder daß mir irgend jemand dabei hilft. Oder daß es »schon nicht so schlimm« sein wird. Oder daß »bisher alles gutgegangen ist«. Ich bin vielmehr darauf vorbereitet. Ich überlasse die Lösung eines Problems nicht dem Zufall, dem Augenblick oder jemand anderem, sondern übernehme selbst dafür die Verantwortung.

Ein Konzept besitzen heißt:

Mich heute schon damit auseinanderzusetzen, wie ich mich morgen oder übermorgen in einer bestimmten Situation verhalten werde. Ich verhalte mich wie jeder gute Stratege, der eine Aktion vor ihrer Ausführung so lange als Sandkastenspiel durchexerziert, bis er sich seiner Sache vollkommen sicher ist. Oder wie ein Feuerwehrmann, der jeden Handgriff hundertfach übt, damit er im Ernstfall auch wirklich sitzt.

Wenn dieser Ernstfall eintritt, steht er ihm vorbereitet gegenüber. Er weiß genau, was zu tun ist, und kann seine ganze Energie für die Lösung der Aufgabe einsetzen statt dafür, die Angst zu bewältigen und ein Alibi zu suchen. Für den Fall, daß er versagt und einen Sündenbock braucht.

Das ist einer der Vorteile eines Konzepts. Ein anderer ist die Sicherheit, daß ich weiß, was ich will. Ich werde mich einer bestimmten Situation gegenüber nicht einmal so und das nächste Mal ganz anders verhalten. Ich tue jedesmal nur das, was mich dem Ziel, das ich mir gesteckt habe, einen weiteren Schritt näher bringt.

Ich will Ihnen hier nicht noch einmal alle weiteren Vorteile aufzählen, die Sie damit haben, wenn Sie Ihr Leben selbst gestalten, statt es anderen zu überlassen. Alles Erforderliche, so hoffe ich, wurde gesagt.

Es liegt nun an Ihnen, jene praktischen Konsequenzen daraus zu ziehen, die Ihnen richtig erscheinen. Lassen Sie es nicht damit bewenden, daß Sie sagen: »Ja, ja, es wäre schon eine gute Sache, so zu leben.« Dann blättern Sie schnell die Seite um, damit Sie nicht in Versuchung kommen, tatsächlich etwas zu tun. Oder Sie sagen: »Das klingt ja alles sehr schön, aber ...« Auch hunderttausend »Wenn« und »Aber« können, das sollten Sie wissen, nicht eine einzige Entscheidung aufwiegen, etwas zu tun.

Beschäftigen Sie sich also erst mit dem nächsten Kapitel, nachdem Sie für ein Ziel, das Sie erreichen möchten, das einzig richtige Konzept festgelegt und die Entscheidung gefällt haben: Von heute an kann mich nichts mehr davon abbringen, dieses Konzept zu befolgen.

Wenn Sie es gefunden haben, sollten Sie es auf ein Stück Papier schreiben und auf Ihren Nachttisch legen. Damit Sie es an jedem Morgen und an jedem Abend sehen können. Am Morgen, um sich zu sagen: »Danach handle ich.« Am Abend, um sich zu fragen: »Habe ich danach gehandelt?«

Sie können sich natürlich auch in der ganzen kommenden Woche jeden Abend damit beschäftigen, eine große Inventur Ihres bisherigen Lebens zu machen. Dann können Sie Ihre Ziele festlegen und die Konzepte entwickeln, die zu ihrer Verwirklichung führen sollen.

Oder Sie fangen damit an, daß Sie sich nach jeder Niederlage, die Ihnen das Leben beschert, von heute an sofort daranmachen, die Ursachen bei sich selbst zu suchen. Aus den Erkenntnissen, die Sie daraus gewinnen, entwickeln Sie dann für jeden einzelnen Fall ein Konzept, das Sie in Zukunft davor bewahrt, die alten Fehler noch einmal zu machen.

Welche Schlußfolgerungen immer Sie aus den beiden vorangegangenen Kapiteln dieses Buches ziehen: Fangen Sie sofort damit an, sie in die Tat umzusetzen, ehe Sie diese Seite umblättern.

5

Ein allgemein üblicher Maßstab für die Beurteilung eines Menschen ist in den Augen seiner Mitwelt die Leistung, die er erbringt. Wer als fleißig oder erfolgreich gilt, erntet Prestige und Anerkennung, wer dagegen als faul oder erfolglos, erntet Verachtung. Wer also ein gewisses Maß an Prestige erlangen und erhalten will, muß sich vor seinen Mitmenschen immer neu beweisen. Durch diesen permanenten Wettbewerb geraten die meisten Menschen in ein Leistungskarussell, das ihre Fähigkeiten übersteigt. Unter dem Zwang des Sich-ständig-beweisen-Müssens verlieren sie den Maßstab dafür, was ihnen tatsächlich nützt und was ihnen nichts anderes bringt als nur ein wenig mehr Prestige.

Wer sich aus diesem Karussell befreien will, um das Ergebnis seiner Leistung auch zu genießen, muß alles, was er tut, immer wieder an zwei Kriterien überprüfen:

1. An dem tatsächlichen Nutzen, den ihm eine Leistung bringt.
2. Ob und in welchem Maße er sich nur von der Aussicht auf Prestigegewinn zu immer neuen Leistungen antreiben läßt.

Der entscheidende Grund, warum sich so viele Menschen ein ganzes Leben lang vom Zwang zur Leistungssteigerung abhängig machen

Sie kennen vielleicht die oft verfilmte Geschichte vom Meisterschützen im Wilden Westen. Er zog seinen Revolver so schnell wie kein anderer weit und breit. Nachdem er ein paar Leute, die vorher als schnelle Schützen galten, umgelegt hatte, geriet er in einen Teufelskreis. In den Teufelskreis des Siegen-Müssens.
Seine Fertigkeit sprach sich herum, von überall her kamen die jungen, ehrgeizigen Revolverhelden und wollten sich mit ihm messen. Er, der Meisterschütze, der schon längst keine rechte Lust mehr am Töten hatte, mußte weitermachen, um zu überleben.
Er mußte weiter siegen, weil das Gesetz des Siegens es so befahl. Ständig gequält von der Vorstellung, daß er eines Tages doch unterliegen werde. Denn es gibt keinen Sieg ohne die Angst vor der unvermeidlichen Niederlage. So kam es also, wie es kommen mußte. Der Meisterschütze starb mit einer Kugel im Leib.
Das, werden Sie sagen, ist nichts weiter als Kintopp. Auch wenn es tatsächlich so etwas irgendwann einmal irgendwo gab. Heute jedenfalls sei es nicht mehr denkbar.
Hier irren Sie. Es geht um das ewig reizvolle Spiel vom Glanz und Ruhm des Erfolgs, das uns bei der Mitwelt Anerkennung bringt. Die Faszination, die es auf uns ausübt, ist so stark, daß wir immer nur an den Triumph des Sieges denken und kaum daran, welche Folgen er mit sich bringt.
Das Spiel wird heute wie eh und je gespielt. In ungezählten Variationen. Das Motiv und die Gesetzmäßigkeiten seines Ablaufs haben sich kaum verändert. Es wird in Büros gespielt, in Fabriken und Direktionszimmern, unter Freunden und Nachbarn, zwischen Ehepartnern und Kindern. Unser ganzes Leben, so

scheint es, ist eine einzige Sportarena, in der wir immer wieder neue Herausforderungen annehmen, um die Gunst des Publikums zu erringen und die Anerkennung auszukosten.

Das Urmotiv des Siegen-Wollens entspringt vermutlich der natürlichen Notwendigkeit des Überlebens und Bestehens in einer feindlichen Umwelt. Jeder von uns will für sich und seine Familie genug zu essen, ein Dach über dem Kopf, ausreichend Kleidung und ein paar Annehmlichkeiten, die das Leben schöner machen. Es gibt, so sagen Wissenschaftler, fünf sogenannte Bedürfnisebenen. Sie sind so gelagert, daß nach der Befriedigung der einen die andere automatisch darauf folgt.

- Zuerst ist es die Ebene der physiologischen Grundbedürfnisse, wie Hunger, Durst und Atmung.
- Es folgt die Ebene der Sicherheitsbedürfnisse. Zu ihnen gehören Gesundheit, Altersvorsorge und eine gesicherte Zukunft.
- Dann kommt die Ebene des Kontaktes zur Mitwelt. Sie betrifft das Zusammenleben der Menschen, ihre Organisation untereinander.
- Es folgt die Ebene mit den Bedürfnissen nach Wertschätzung und Anerkennung.
- Dann, so sagen die Wissenschaftler, treten wir in die fünfte und letzte Ebene ein. Ihr Ziel ist die Persönlichkeitsentwicklung und die Entfaltung der Persönlichkeit.

Die Frage, die uns kein Wissenschaftler wirklich befriedigend beantworten kann, weil nur wir selbst die Antwort finden können, lautet: Wie holen wir in jeder dieser fünf Ebenen das Beste für uns heraus? Was können wir tun, um bei der Befriedigung dieser Bedürfnisse den größten Nutzen und den geringsten Schaden zu haben?

Beginnen wir die Untersuchung dieser Frage mit folgender Überlegung: Wenn wir eine dieser Ebenen durch zielstrebige Leistung befriedigt haben, läge doch nichts näher, als daranzugehen, das Erworbene durch ein geringeres Maß an Leistung zu erhalten. Vor allem aber, es zu genießen.

Nach der Phase des konzentrierten Leistens und des errungenen Erfolgs könnte jetzt die Phase des konzentrierten Genießens beginnen. Ich sage, sie könnte beginnen. Aber seltsamerweise schaffen die meisten Menschen den Übergang von der einen Phase zur anderen nicht. Sie wollen weiter erfolgreich sein. Denn das Genießen des Nützlichen wäre mit einem Verlust an Wertschätzung durch die Umwelt verbunden.

So ist es zu erklären, daß Menschen, die genug zu essen haben, um die Grundbedürfnisse ihres Körpers zu befriedigen, ihre Eßkultur immer mehr verfeinern. Um zu zeigen, was sie sich »leisten« können, nehmen sie aufwendigere Eßgewohnheiten an. Das wieder hat zur Folge, daß sie mehr leisten müssen, um diese Gewohnheiten zu befriedigen. Der Nutzen dabei ist zusätzlicher Prestigegewinn, auch wenn ihr Körper dadurch Schaden erleidet. Das Bedürfnis nach Kontakt, um ein anderes Beispiel anzuführen, könnte befriedigt sein, wenn jemand ein paar Nachbarn und Freunde hat, die ihm im Notfall beistehen. Dennoch scheuen die meisten Menschen keinen Aufwand, um immer neue Leute kennenzulernen, die ihr Prestige vergrößern könnten. Auch wenn es zur Folge hat, daß sie den Kontakt zu ihren nützlichen Bekannten verlieren. Manchmal brechen sie sogar ganz bewußt die Verbindung zu nützlichen Freunden ab, weil es ihrem Prestige schaden könnte. Während die Grenzen des Nützlichen verhältnismäßig leicht für jeden erkennbar sind, gibt es für das Prestige keine natürliche Grenze. Im Gegenteil, die Maßstäbe dafür werden ständig neu festgelegt. Wer sich nach diesen Maßstäben orientiert, muß immer größere Leistungen vollbringen, um ihnen gerecht zu werden. Tut er es nicht, verliert er vor der Mitwelt, in die er sich begeben hat, alles bisher erworbene Prestige.

Die Gesellschaft, in der wir leben, ist – wie Sie wissen – nicht daran interessiert, uns vom ständig steigenden Leistungszwang zu befreien. Sie ist vielmehr daran interessiert, uns immer neue Leistungsbeweise abzuverlangen. Sind wir dazu nicht mehr imstande, entzieht sie uns ihre Anerkennung. Wenn unser ganzes Leben vorwiegend auf Prestige und die dafür erforderliche Leistung aufgebaut war, ist damit der Punkt unserer endgültigen Niederlage erreicht.

Wir mögen nun resignieren oder Ersatzbefriedigungen finden, die uns über die Niederlage hinweghelfen. Vielleicht aber war diese Niederlage notwendig, um neue Wertmaßstäbe für unser weiteres Leben zu finden. Eine Erkenntnis, die uns in einem früheren Stadium die Niederlage hätte ersparen können. Deshalb erscheint es notwendig, rechtzeitig den Maßstab für die Beurteilung unserer Leistung nach folgenden Kriterien festzulegen:

1. Nach der Nutz-Leistung.
   Wir bestimmen rechtzeitig die Grenze, bis zu der unsere Leistung der Befriedigung eines für uns erstrebenswerten Bedürfnisses dient.
2. Nach der Prestige-Leistung.
   Wir bestimmen rechtzeitig die Grenze, an der zusätzlicher Prestigegewinn Leistungen erfordert, die mehr mit Belastung als zusätzlichem Nutzen verbunden wird. Dies erfordert jedoch die Entscheidung, auf ständig zunehmenden Prestigegewinn zu verzichten.

Wer diese Zusammenhänge erkennt, besitzt die Voraussetzung dafür, sein Leben besser danach zu orientieren, was ihm wirklich nützt. Er entzieht sich den Zwängen, die ihn hindern, das Ergebnis seiner Leistung zu genießen und dadurch Befriedigung zu erlangen. Vorausgesetzt natürlich, er kann sich von der Vorstellung befreien, das Immer-mehr-gelten-Wollen sei die größte Befriedigung für ihn.

Wie sich ein paar Leute dazu entschlossen, den Nutzen ihrer Leistung höher einzuschätzen als den Gewinn an Prestige

Fünf Bedürfnisebenen, Nutz-Leistung, Prestige-Leistung. Alles das klingt ziemlich theoretisch. Lassen Sie mich deshalb jetzt zu einem außerordentlich praktischen Versuch kommen, den meine Frau und ich vor ein paar Jahren mit Freunden unternommen haben.

Wir waren eine Gruppe von zwölf Leuten, fast alles Ehepaare, und verbrachten gemeinsam ein langes Wochenende in einem Bauernhaus in der Steiermark. Es war damals gerade die Zeit, in der es schick war, viel und ungeheuer gescheit über bestimmte Probleme zu reden: über Leistungsdruck, unter dem die Menschen in den hochindustrialisierten Ländern lebten, den sogenannten Konsumzwang, den Streß, die Leistungsgesellschaft im allgemeinen und alle diese Dinge.

Sie wissen ja, wie solche Gespräche meist vonstatten gehen. Jeder versucht, immer noch ein wenig gescheiter zu sein als alle anderen. Theorien und Utopien werden entwickelt. Halbe Informationen werden als ganze Wahrheiten ins Spiel gebracht. Es wimmelte nur so von Phrasen wie »Man müßte doch« oder »Schuld daran ist nur ...« oder »Wenn sich nicht bald etwas ändert, gehen wir einer Katastrophe entgegen«.

Die Gemüter erhitzten sich also an Vorstellungen über die Veränderung der Gesellschaft, an deren katastrophalem Zustand alle anderen schuld waren, nur nicht wir selbst. Da machte ich den Vorschlag: »Wenn wir uns alle darüber einig sind, daß die zunehmende Abhängigkeit von Konsumzwang und Leistungsdruck für den Menschen schädlich ist, tun wir doch bei uns selbst etwas dagegen.«

Dieser Hinweis gab dem Gespräch eine völlig unerwartete Wendung. Wir beschlossen nach stundenlangen Auseinandersetzungen darüber, ein Experiment zu starten. Jeder einzelne von uns sollte im folgenden Jahr sein Handeln immer wieder nach folgenden zwei Gesichtspunkten überprüfen:

1. In welchem Maße nützt mir das, was ich tue oder tun will, wirklich?
2. In welchem Maße ist eine Leistung vorwiegend auf den Gewinn von Prestige ausgerichtet?

Nachdem diese Entscheidung gefallen war, bekundeten alle große Neugier darauf, ob sich bei irgend jemandem auf Grund dieser Selbstprüfung tatsächlich etwas in seinem Leben verändern würde. Es gab einige, die sofort Wetten abschließen und einen Wettbewerb veranstalten wollten. Man schlug sogar vor, nach diesem Jahr Medaillen aus Gold, Silber und Bronze an jene zu verleihen, die mehr praktische Erfolge als andere vorweisen konnten.
Diese Absichten wurden allerdings bald wieder verworfen. Denn es wäre wenig logisch gewesen, ein Experiment zur Verminderung der Prestige-Leistung mit Prestige-Symbolen zu bewerten.
Das Experiment brachte in den folgenden zwölf Monaten einige Ergebnisse, von denen ich Ihnen hier die drei interessantesten näher beschreiben möchte. Auf den folgenden Seiten finden Sie Auszüge aus meinem Tonbandprotokoll und Schlußfolgerungen aus den aufgezeichneten Aussagen.

Erstes Beispiel:
Wie ein Teilnehmer sein Auto auf den Prestigewert überprüfte und zu welchen Schlußfolgerungen er dabei kam

»Ich fuhr ein paar Wochen nach unserem Gespräch im Bauernhaus mit meinem Wagen auf der Autobahn. Es war ein Freitagnachmittag, ich war auf dem Heimweg und hatte es eigentlich nicht besonders eilig. Trotzdem hielt ich mich beharrlich auf der linken Fahrspur. Das war mir im Laufe der Zeit einfach zur Gewohnheit geworden. An diesem Nachmittag stellte ich mir tatsächlich zum ersten Mal die Frage: Warum machst du das?
Es war für mich gar nicht einfach, darauf eine einigermaßen zufriedenstellende Antwort zu finden. Vermutlich lag es daran, daß ich mir automatisch einredete, ich hätte es furchtbar eilig. Auch dann, wenn es keineswegs der Fall war. Es eilig zu haben ist wohl das Kennzeichen dafür, besonders fleißig und tüchtig zu sein. Man signalisiert damit anderen Leuten: Achtung, hier kommt ein Erfolgsmensch, macht Platz.
Ich empfand auch so etwas wie unbewußte Verachtung für die Fahrer in kleineren Autos, wenn sie gehorsam auswichen, nachdem ich sie beim Näherkommen hektisch angeblinkt hatte.
Ein anderer Grund war auch, daß ich mir sagte: Wenn du schon einen schnellen Wagen hast, dann nütze ihn auch aus. Der *Wagen* diktierte also meine Geschwindigkeit, nicht meine *Vernunft*. Als mir das bewußt geworden war, mußte ich mir auch noch einen anderen Widerspruch eingestehen: Ich machte 70 Prozent meiner Fahrten in der Stadt, in der ich die Kraft meines Motors gar nicht ausnützen konnte. Sicherlich war ich an geregelten Kreuzungen meist schneller vorne als andere. Das verschaffte mir zwar eine gewisse Befriedigung. Aber der echte Nutzen meines großen Fahrzeugs stand dazu in keinem vernünftigen Verhältnis.
Der echte Nutzen stand in keinem vernünftigen Verhältnis zum enormen Anschaffungspreis und den Unterhaltskosten. Aus mei-

ner ganzen Einstellung kam dazu noch eine geradezu kindliche Pingeligkeit dem Auto gegenüber. So war ich tagelang mißgelaunt, wenn ich am Lack eine kleine Schramme entdeckte. Ich empfand das so, als wäre damit auch mein ganzes Image als Erfolgsmensch angekratzt, auf das ich so großen Wert legte.
Bei allen diesen Überlegungen wurde mir zum ersten Mal richtig bewußt, wie gering der Nutzwert und wie außergewöhnlich hoch der reine Prestigewert war, der mich zum Kauf und zum Halten dieses Wagens veranlaßt hat.«
Diese Gedanken gingen dem Teilnehmer während der folgenden Zeit nicht mehr aus dem Kopf. Er hatte, wie er eingestand, keine rechte Freude mehr an seinem großen Wagen. Logischerweise hätte er sich jetzt ein kleineres Fahrzeug anschaffen müssen. Aber er wehrte sich innerlich gegen die Vorstellung, daß damit seine gesamte jahrelang mühsam aufgebaute Lebenseinstellung ins Wanken geraten könnte.
Andererseits stellte er aber doch, »nur weil es mich einfach interessierte«, einige Kostenrechnungen auf. Er kam dabei zu dem Schluß, daß der kleinste für ihn akzeptable Wagen ihm in Anschaffung und Unterhalt etwa ein Drittel der Kosten des bisherigen Fahrzeugs verursachen würde. »Vielleicht sogar noch etwas weniger«, wie er versicherte.
Das würde bedeuten, so theoretisierte er weiter, daß er bisher zwei Drittel des Geldes nur fürs Prestige ausgegeben habe.

Zweites Beispiel:
Ein Ehepaar erzählt, welche Folgen sein prestigebewußtes Denken für die 14jährige Tochter hatte

»Wir wissen bis heute nicht, warum, aber wir hatten immer die Vorstellung, daß unsere Tochter etwas Besonderes sein müßte. Das war wohl auch der Grund dafür, daß wir in alles, was sie tat, ganz besondere Erwartungen setzten. Sie sollte besser angezogen sein als andere Kinder. Sie sollte sich besser benehmen. Alle Leute sollten sagen: Ach, das ist aber ein besonders gut erzogenes Kind. Das brachte natürlich gewisse Probleme mit sich, über die wir uns jedesmal furchtbar aufgeregt haben. Wenn sie längere Zeit mit anderen Kindern zusammen war, brachte sie oft schreckliche Redensarten mit nach Hause. Einmal fragte sie: ›Mami, bin ich wirklich ein arrogantes Arschloch? Der Fredi hat es zu mir gesagt.‹ Oder sie tat etwas, was man ihr gesagt hatte, mit der Bemerkung ab: ›Ach was, das ist doch alles nur blödes Gequatsche.‹

Was die Schule betrifft, lief anfangs alles so, wie wir es uns vorstellten. Sie war die beste Schülerin ihrer Klasse. Die Lehrerin sprach in den höchsten Tönen über sie. Dann kam die Mittelschule, und damit kamen die Schwierigkeiten.«

Die Schwierigkeiten hatten ihren Ursprung in dem Leistungszwang, in den die Eltern ihre Tochter hineindrängten. Die Auswirkungen können folgendermaßen zusammengefaßt werden:

- Die Eltern hatten für ihr Kind Maßstäbe aufgestellt. Sie entsprachen vorwiegend ihrem eigenen Prestigebewußtsein und weniger der persönlichen Leistungsfähigkeit des Kindes.
- Das Kind schaffte es trotz aller Anstrengung nicht, etwas »Besonderes«, also in allen Fächern Vorzugsschülerin, zu sein, wie es den Vorstellungen der Eltern entsprach. Es war in manchen Fächern sehr gut, in anderen allerdings lagen seine Leistungen unter dem Klassendurchschnitt.
- Einige Lehrer sagten der Mutter, die immer wieder aufgeschreckt in der Schule nachfragte: »Ihre Tochter ist unkonzentriert und desinteressiert. Manchmal stört sie den Unterricht. Sie kann sich nicht richtig in die Disziplin des Lernens einordnen.« Natürlich erwähnten sie mit keinem Wort, ob sie selbst

auch alles unternahmen, um die Aufmerksamkeit der Schüler für den Gegenstand ihrer Bemühungen zu wecken.
- Also gingen die Eltern daran, ihre Tochter weiter unter Druck zu setzen. Sie sollte mehr leisten, als sie wollte oder konnte, und auch, als es dem naheliegenden Nutzen entsprach. Es hätte schließlich vollauf genügt, wenn das Mädchen am Ende jedes Schuljahres in die nächste Klasse aufsteigen durfte.
- Dieser Leistungsdruck störte nicht nur das Verhältnis des Kindes zu seinen Eltern. Er versetzte das Kind in einen permanenten Angstzustand. Es wußte: Jede Note, die nicht den Erwartungen der Eltern entsprach, brachte zu Hause weiteren Druck, weitere Einschränkungen und Streitigkeiten mit sich. Zusätzlich entstanden daraus gelegentliche Unstimmigkeiten zwischen den Eltern.
- Diese Entwicklung führte dazu, daß das Mädchen immer mehr an Selbstbewußtsein verlor. Verbittert klagte es manchmal: »Ich kann tun, was ich will, ihr seid doch nicht zufrieden.«

Es kam schließlich so weit, daß niemand mehr in dieser Familie zufrieden war. Das war der Stand der Dinge, ehe die diskutierfreudigen Wochenendrunden den Eltern einen neuen Aspekt eröffneten: Die Prüfung ihrer Leistungserwartung nach Nutzen und Prestige.
Die Mutter erzählte später:
»Wir haben diese Anregung von Anfang an furchtbar ernst genommen. Tagelang redeten wir von nichts anderem. Es dauerte natürlich einige Zeit, bis wir uns dazu durchgerungen hatten, die Ursache all dieser Schwierigkeiten bei uns selbst und nicht bei dem Mädchen zu suchen.
Schließlich kamen wir aber doch überein, daß es einfach sinnlos war, dem Kind Maßstäbe aufzuzwingen, die uns allen mehr schadeten als nützten. Als wir das einmal erkannt hatten, fiel es uns relativ leicht, fortan darauf zu verzichten, daß irgend jemand

über unsere Tochter sagte: ›Was, Vorzugsschülerin ist das Mädchen? Ich habe immer schon gedacht, daß etwas Besonderes in ihr steckt.‹
Nachdem diese Entscheidung gefallen war, waren wir alle richtig erleichtert. Ich brauche nicht zu sagen, wie glücklich das Mädchen heute darüber ist. Sie hat sich selbst zum Ziel gesetzt, das Abitur zu machen. Das ist jetzt auch der Maßstab, an den wir uns alle halten.«

Drittes Beispiel:
»Was die sexuelle Leistungsfähigkeit am häufigsten blockiert, ist die Vorstellung, es werde Leistung erwartet«

Das dritte Beispiel, von dem hier berichtet werden soll, betrifft ein junges Paar, das zu Beginn dieses Experimentes noch nicht verheiratet war. Die beiden lebten damals seit etwa zwei Jahren zusammen. Aber aus Gründen, die vorher niemand kannte, schienen sie auf die Formalität einer Hochzeit keinen Wert zu legen.
Wir alle waren deshalb einigermaßen überrascht, als wir später folgende Zusammenhänge erfuhren:
»Ich sage euch jetzt ein paar Dinge«, begann die Frau, »über die wir bisher noch mit niemandem gesprochen haben. Tatsache ist, daß dieses Thema auch zwischen uns beiden nie richtig diskutiert worden ist.
Seit wir beide uns kennen, gab es zwischen uns eigentlich nur ein einziges wirkliches Problem. Irgendwie funktionierte es mit uns im Bett nicht so richtig. In den meisten Fällen, wenn wir beisammen waren, wurde daraus so etwas wie ein Gewaltakt. Jeder strengte sich ungeheuer an, den Erwartungen des anderen gerecht zu werden. Oder zumindest dem, von dem er annahm, daß der andere es erwartete.
Wenn es dann vorüber war, spielten wir einander vor, daß es

wunderschön gewesen sei. Jeder hatte Angst davor, den anderen, der sich so viel Mühe gegeben hatte, zu enttäuschen. In Wahrheit hatte jeder schon vorher Angst, daß es diesmal wieder nicht so richtig klappen würde.
Als wir vor einem Jahr beschlossen, unsere Leistungen nach Nutzen und Prestigemotiven zu überprüfen, hielten wir das für eine großartige Idee. Wir dachten allerdings nicht im geringsten daran, das Ganze mit unserem sexuellen Problem in Verbindung zu bringen. Bis es sich dann eines Abends ganz von selbst ergab. Wir waren wieder einmal beisammen, und wie meistens spielten wir uns gegenseitig vor, es sei schön gewesen. Da sagte mein Freund plötzlich: ›Ich habe mich furchtbar angestrengt, aber ich glaube nicht, daß du einen Höhepunkt hattest.‹
Wir lagen nebeneinander im Bett. Keiner schaute den anderen an. In mir krampfte sich alles zusammen, ich dachte nur: Jetzt ist alles aus zwischen uns. Irgendwie empfand ich es so, als hätte jemand, der mir blind vertraute, mich beim Stehlen erwischt.
Zuerst war ich versucht, alles rundweg abzuleugnen und weiter so zu tun, als wäre alles in bester Ordnung. Aber dann wurde mir doch klar, daß es nicht so weitergehen konnte. Es mußte einmal ausgesprochen werden. Jetzt war dieser Zeitpunkt eben da.
Ich sagte also: ›Du hast recht, wir haben uns beide angestrengt, aber ich hatte keinen richtigen Höhepunkt. Heute nicht und auch früher nicht. Irgend etwas machen wir falsch, und ich habe keine Ahnung, was es sein könnte. Jeder will das Beste für den anderen, aber wir schaffen es einfach nicht.‹
Er sagte eine Weile kein Wort. Wir lagen nur da und starrten zur Decke hinauf. Dann meinte er: ›Vielleicht ist gerade das der Fehler. Wir denken an nichts anderes als daran, eine Glanzleistung zu vollbringen. Jeder will dem anderen beweisen, wie gut er im Bett ist. Er will das Beste leisten.‹«
Wenn wir an eine Aufgabe mit dem Vorsatz herangehen, das Beste zu leisten, um jemand anderen nicht zu enttäuschen, geraten

wir damit automatisch in den Gefahrenbereich des Leistungszwanges. Vor allem dann, wenn wir vorher nicht geklärt haben: Was ist das Beste?

- Was ist das Beste für mich?
- Was ist das Beste für den anderen?
- Ist das, was ich für das Beste halte, auch für den anderen das Beste und umgekehrt?
- Was ist der Maßstab für das Beste? Ist der Maßstab das, was mir und dem anderen wirklich nützt, oder will ich dem anderen nur imponieren, um seine Anerkennung zu erreichen?
- Und schließlich: Sind wir tatsächlich imstande, diesem Maßstab gerecht zu werden, oder übersteigt es unsere Fähigkeiten?

»Wir haben beide«, erklärte die Frau, von der hier die Rede ist, »immer nur versucht, dem anderen das zu geben, von dem wir annahmen, daß es ihm imponieren würde. Gleichgültig, ob es mir selbst wirklich Spaß machte, habe ich die verrücktesten Liebestechniken angewandt. Ich dachte immer nur daran, bei ihm den Eindruck zu erwecken, ich sei die beste Geliebte, die er jemals im Bett hatte. Und er wollte mir nur beweisen, was für ein hervorragender Liebhaber er war. In dieser Zwangsvorstellung, dem anderen ständig etwas beweisen zu müssen, wurde fast jedes Beisammensein zu einer Art Hochleistungssport, in dem jeder Sieger sein wollte. Dabei haben wir nicht daran gedacht, daß wir mit viel weniger Leistung viel glücklicher geworden wären.«
Um es anders auszudrücken: Wenn beide mehr an den Nutzen ihrer Leistung gedacht hätten und weniger an den erwarteten Prestigegewinn, wäre es nicht zu dem zwanghaften Verhalten gekommen, das ihre sexuelle Beziehung störte.
Die hier beschriebene Einstellung zum Liebesleben ist geradezu typisch für viele Menschen. Sie beginnt mit der Vorstellung: »Ich muß ihr beweisen, was für ein guter Liebhaber ich bin.« Oder:

»Ich muß alles tun, damit er nachher denkt: Im Bett ist sie einfach klasse.«
Die Maßstäbe für dieses Verhalten sind nicht eigene Wünsche und Fähigkeiten, sondern weitverbreitete Klischeevorstellungen. »Ein wirklich guter Liebhaber«, heißt es, »muß mindestens zweimal die Woche mit seiner Frau schlafen.« Wer in einer Liebesnacht nur einmal kann, sagt man, sei nur ein mittelmäßiger Bettgefährte. Solche Vorstellungen über sexuelle Leistungsfähigkeit hemmen in den meisten Fällen eine Beziehung schon von vornherein. Wer das erkennt, vermeidet eine Gefahr, die schon in den sechziger Jahren der amerikanische Sexualforscher William Masters so umschrieb: »Was die sexuelle Leistungsfähigkeit am häufigsten blockiert, ist die Vorstellung, es werde Leistung verlangt.«
Der Vollständigkeit halber möchte ich erwähnen, daß das hier beschriebene Paar inzwischen geheiratet hat. Wie sie später zugaben, waren sie lange Zeit diesem Schritt ausgewichen, weil jeder für sich dachte: »Wenn es jetzt schon im Bett nicht richtig funktioniert, würde das doch auf die Dauer die Ehe kaputtmachen.«

Diese drei Beispiele waren die bemerkenswertesten aus einer Vielfalt von Erfahrungen, die an jenem bewußten Wochenende auf dem Lande ausgelöst worden sind. Die erwähnten Personen dehnten ihre Versuche auch auf andere Bereiche ihres Lebens aus. Einige mit mehr, andere mit weniger Erfolg. Es kann jedoch gesagt werden, daß sich damit in ihrem Leben tatsächlich einiges veränderte und sich vermutlich in den folgenden Jahren noch ändern wird.
Als wir uns später wiedertrafen, um die Erfahrungen auszutauschen, gab es zwei Ehepaare, die nichts berichten konnten oder wollten. Sie erklärten, sie hätten das Ganze eher als einen Spaß aufgefaßt. Es sei ihnen von vornherein klar gewesen,

daß bei ihnen die vereinbarte Selbstprüfung zu nichts führen würde.

Ein Teilnehmer erklärte rundweg, daß er ohne den Leistungsdruck von außen gar nicht leben könne. Er brauche die ständige Herausforderung einfach, um den Anforderungen in seinem Beruf gerecht werden zu können. Die Abhängigkeit, in die er dadurch gerate, nehme er in Kauf.

»Alles nach seinem Nutzen für mich zu überprüfen«, sagte er, »würde mir doch nur die Illusion rauben, die ja auch ein wichtiger Bestandteil im Leben eines Menschen ist. Mir jedenfalls macht nichts mehr Spaß, als wenn ich durch meine Leistung andere dazu zwingen kann, mir Beifall zu spenden.«

Ein Standpunkt, den man anerkennen muß. Jeder trägt schließlich für sein Leben selbst die Verantwortung. Er allein hat auch die Folgen zu tragen.

Warum so viele Frauen ihre Männer zu immer mehr Leistung antreiben. Und wozu es führen kann, wenn Männer ihr Prestige höher einschätzen als das Glück ihrer Ehe

Ein Drittel Nutzen, zwei Drittel Prestige. Das ist die Relation, die sich der Mann in unserem ersten Beispiel als Motiv für den Kauf seines Autos errechnet hatte. Es ist eine ganz persönliche Kalkulation, die nicht verallgemeinert werden sollte. Es kann hier auch keine Norm aufgestellt werden, welches Verhältnis zwischen Nutz-Leistung und Prestige-Leistung für jedermann »richtig« wäre.

Es gibt Menschen, die in ihrem Leben mit einem Minimum an Prestige auskommen. Ich kenne ein paar solcher Leute. Sie arbeiten durchweg in Berufen und Positionen, in denen sie genau das tun, was ihren Fähigkeiten entspricht und sie glücklich macht. Einige gerieten in diese Situation mehr oder weniger durch Zufall. Andere haben sie ganz bewußt herbeigeführt.

Sie bewegen sich in einem Lebensrahmen, der für sie klar abgesteckt ist. Alles, was nicht in diesen Rahmen paßt, ist für sie ohne Reiz. Sie konzentrieren sich auf das Wesentliche. Wenn sie es erreicht haben, genießen sie es. Es fällt ihnen nicht im Traume ein, etwas erreichen zu wollen, was sie dann nicht auch genießen könnten.

Typisch für die meisten von ihnen ist, daß sie sagen: »Ich habe alles, was ich brauche. Auf alles andere kann ich verzichten.« Wenn man sie fragt, warum sie nicht endlich ihren fünf Jahre alten Wagen gegen einen neuen eintauschen, antworten sie ganz erstaunt: »Wozu denn? Er fährt ja noch.« Natürlich besitzt auch jeder von ihnen ein gewisses Bedürfnis nach Anerkennung und Wertschätzung Aber sie scheinen sich den natürlichen Instinkt dafür erhalten zu haben, an welchem

Punkt das Streben nach Prestige anfängt, für sie belastend zu werden.

Ich habe mich sehr eingehend mit solchen Leuten beschäftigt, weil ich ergründen wollte, worauf ihre Einstellung zurückzuführen ist. Zu diesen Gründen gehören: die Identifikation mit ihrer Tätigkeit, die sie so fesselt, daß kein Anlaß besteht, nach Prestige als Ersatzbefriedigung zu streben. Bei anderen ist es die angeborene Fähigkeit zu sagen: »Ich mache das, was mir Spaß macht. Was die Leute dazu sagen, ist mir egal!«

Andere profitieren davon, daß sie mit einem Partner verheiratet sind, der ähnlich denkt wie sie. Sehr viele Männer würden beispielsweise zu Leistung und Prestige von sich aus ein ganz anderes Verhältnis haben. Aber hinter ihnen steht eine Frau, die sie unaufhörlich im Karussell des Sich-Beweisens weitertreibt.

Es ist die Frau, die nicht müde wird, den Mann aggressiv aufzufordern: »Zeig ihnen doch, was du kannst. Du bist doch imstande, noch viel mehr zu leisten.« Oder ihn klagend anzuspornen: »Was hast du mir doch alles versprochen. Und was ist daraus geworden?«

Um unter Beweis zu stellen, wie tüchtig er ist, quält sich der Mann weiter. Immer auf der Suche nach mehr Anerkennung und Geld, um all das möglich zu machen, was dem Standard entspricht, den man haben muß, um etwas zu gelten.

Bezeichnend ist, daß dieses Karussell kein Ende hat. Man wird abgeworfen, wenn man die erforderliche Leistung nicht mehr erbringen kann. Aber man kann auch aussteigen, wenn man sich dazu entscheidet, Schluß zu machen.

Viele Männer allerdings schaffen das nie. Und warum nicht? Weil sie für sich kein eigenes Lebenskonzept haben, das stärker ist als der Ehrgeiz ihrer Frau. Dadurch geraten sie in einen dreifachen Leistungsdruck:

1. Sie müssen ihre Leistung ständig steigern, um von ihren Frauen anerkannt zu werden.
2. Die Grenze ihrer Leistung wird nicht von ihnen selbst und ihrer natürlichen Leistungsfähigkeit bestimmt, sondern von den Erfordernissen des Wettbewerbs.
3. Schließlich setzt sie auch noch ihre eigene Unentschlossenheit unter Druck. Einerseits fühlen sie sich überfordert und möchten dem Zwang, sich immer neu beweisen zu müssen, endlich entkommen. Andererseits fürchten sie, ihre Frau könnte sie als Versager verachten. Ob Sie es glauben oder nicht: Diese Angst vor der eigenen Frau ist es, die ungezählte Männer ins Verderben treibt.

Sie rackern sich bis zur völligen Erschöpfung die Postenleiter hoch. Sie verdienen wie verrückt. Sie nehmen immer neue Ämter und Herausforderungen an. Jeder Titel ist ihnen recht, der Prestige bringt, in dem sich ihre Frauen sonnen können.

Falls Sie sich jemals in Ihrem Leben auf den Zentralfriedhof von Wien verirren, sollten Sie sich Zeit nehmen, um aufmerksam durch die Gräberreihen zu spazieren. Neben den Ehrengräbern von Beethoven, Schubert, Hugo Wolf und anderen werden Sie erstaunliche Grabinschriften finden, wie: »Therese Kontschak, Hofratsgattin« oder »Gertrude Steinocker, Konditor- und Hausbesitzersgattin« und ähnliche mehr.

Sicherlich, in dieser Stadt waren Titel immer schon mehr wert als manche der Leute, die sich mit ihnen schmückten. Aber im Grunde genommen besteht wenig Unterschied, ob eine Frau den Lohn ihrer Fähigkeit, ihren Mann immer weiter voranzutreiben, zu Lebzeiten durch pompöse Wohnungen, mit Kleidern und Brillanten zur Schau trägt oder nach dem Tode durch eine Grabinschrift.

Für Männer, die sich in der hier beschriebenen bedauernswerten

Situation befinden, gibt es vor allem zwei Möglichkeiten eines Auswegs:

1. Die Überzeugungsmethode

Dieser Weg besteht darin, die Frau davon zu überzeugen, daß man sich in Zukunft mit dem zufriedengeben will, was man erreicht hat.

Dieses Argument gewinnt besonders dann an Überzeugungskraft, wenn der Mann bereit ist, für den erwarteten Gewinn auch den entsprechenden Preis anzubieten. Dieser Preis kann in mehr Anerkennung und Zärtlichkeit bestehen. Viele Frauen spornen nämlich ihre Männer nur deshalb zu größerer Prestigeleistung an, um einen Ersatz dafür zu haben, daß sie von ihnen vernachlässigt werden.

Oder, um es anders auszudrücken: Eine vernachlässigte Frau sucht die fehlende Anerkennung zu Hause durch Prestige bei ihren Freundinnen auszugleichen.

Wenn also ein Mann seiner Frau mehr Anerkennung, mehr Zärtlichkeit und Rückhalt gibt, wird sie nicht mehr so verrückt nach Prestige sein. Wie Sie zugeben werden, ein durchaus einleuchtendes Argument. Eine Abmachung dieser Art befreit nicht nur den Mann aus seinem Leistungszwang, sie gibt auch der Beziehung zu seiner Frau neue Impulse.

2. Die Methode der konsequenten Alternative

Es gibt natürlich auch Frauen, die den Argumenten der »Überzeugungsmethode« nicht zugänglich sind. Verschiedene Gründe können dafür verantwortlich sein. Etwa eine Enttäuschung, die ihnen der Mann einmal zugefügt hat. Sie rächen sich dafür auf eine ungeheuer raffinierte Weise:
Sie fordern Beweise seiner Reue. Um sein Schuldgefühl zu beruhigen, strengt er sich an, diese Beweise zu erbringen. Er gibt ihr Wohlstand, Prestige, materielle Sicherheit. Damit er das alles erhalten kann, muß er immer mehr leisten. Durch den ständigen Leistungszwang muß er seine Frau vernachlässigen. Dadurch entstehen neuerlich Schuldgefühle. Die Frau hält diese Schuldgefühle wach. Sie sind das ideale Druckmittel, um alles fordern zu können, was sie sich wünscht.
Ein anderer Grund kann darin bestehen, daß die Tochter einer sogenannten begüterten Familie einen armen Teufel geheiratet hat. Um sich durch seinen Erfolg vor ihren Eltern zu rechtfertigen, treibt sie ihn zur Karriere an.
In Fällen dieser Art muß ein Mann zu drastischeren Mitteln greifen, um von dem Leistungskarussell abzuspringen, ehe er sich zugrunde gerichtet hat. Etwa dazu, daß er seine Frau vor eine konsequente Alternative stellt.
Wie dies möglich ist, kann ich an Hand eines Beispiels aus meinem Bekanntenkreis aufzeigen. Die Frau, um die es dabei geht, lebte die ganze Zeit ihrer Ehe in der Vorstellung, sie hätte durch die Heirat entscheidende Dinge in ihrem Leben versäumt. Sie wurde nicht müde, ihrem Mann damit in den Ohren zu liegen. Er mußte sich endlose Monologe anhören, die alle in der Schlußfolgerung gipfelten: »Hätte ich doch damals den X geheiratet, der hätte mir viel mehr bieten können als du.« Oder: »Schau dir doch den Y an, was der alles für seine Frau tut.«
Es war dieser Frau tatsächlich gelungen, mit ihren ewigen Nör-

geleien in ihrem Mann Schuldgefühle zu wecken. Er stürzte sich in einen geradezu unmenschlichen Leistungsdruck, um die Bedürfnisse seiner Frau zu befriedigen. Aber was er auch tat, es war nie genug. Bis er eines Tages zu der Überzeugung gelangte, am Ende seiner Kräfte zu sein. Ihm wurde bewußt, daß er ihren Forderungen einfach nicht gewachsen war. Die Kalkulation, die er aufstellte, entsprach ungefähr jener, die wir bereits im dritten Kapitel kennengelernt haben, als von den Maßnahmen zur Erarbeitung eines eigenen Konzeptes die Rede war. Er überlegte:

- Der Großteil aller meiner Bemühungen läuft eigentlich nur darauf hinaus, die Wünsche meiner Frau zu erfüllen. Was will ich selbst eigentlich?
- Der ständige Versuch, den Anforderungen meiner Frau gerecht zu werden, hat dazu geführt, daß ich meine Leistungsgrenze ständig überschreite. Wo ist eigentlich der Punkt, an dem meine Leistung aufhört, für mich selbst nützlich zu sein?
- Was muß ich also tun, um wieder auf den Boden der Realität zurückzukehren, in der meine Wünsche mit meinen Möglichkeiten in Einklang stehen?
- Und schließlich: Worauf muß ich verzichten, um das Glück zu erlangen, das meinen Vorstellungen entspricht?

Er wurde sich darüber klar, daß das Äußerste, worauf er verzichten müßte, seine Frau war. Unter den gegebenen Umständen, so fand er, wäre dieser Verlust für ihn zu ertragen.
Er beschloß, seine Frau vor eine konsequente Alternative zu stellen. Er sagte ihr: »Wenn du wirklich der Überzeugung bist, daß ein anderer Mann mehr für dich tun kann als ich, dann mach dich am besten sofort auf den Weg. Such dir diesen Mann, und heirate ihn.«
Das war natürlich kein geringer Schock für die Frau. Zum ersten Mal sah sie sich gezwungen, die Verantwortung für das zu

übernehmen, wovon sie bisher immer nur gesprochen hatte. Sie war nicht mehr imstande, diese Verantwortung auf ihren Mann abzuwälzen und ihn für ihr Schicksal verantwortlich zu machen. Ihre erste Reaktion war, daß sie voll verletzten Stolzes erklärte: »Jawohl, das werde ich tun.« Um zu verhindern, daß nach einer unbestimmten Zeit Gras über die Sache wachsen und sie mit ihrer Forderungsstrategie von vorne anfangen konnte, bestand der Mann darauf, einen Termin festzulegen. Bis dahin sollte sie sich eindeutig entscheiden:

- Entweder akzeptierte sie ihren Mann so, wie er war, und mit dem, was er ihr bieten konnte.
- Oder sie verließ ihn, um endlich mit dem Idealmann zusammenzuleben, von dem sie immer geschwärmt hatte.

Ich kann nicht beurteilen, welche Mühe sie sich wirklich machte, um diesen Idealmann zu finden. Offensichtlich fand sie jedoch keinen, der ihr mehr bieten wollte als ihr eigener. Jedenfalls blieb sie bei ihm. Ab und zu machte sie noch einige Versuche, lang und breit darüber zu reden, was sie durch diese Ehe eigentlich im Leben alles versäume. Sie hörte aber bald auf, weil in solchen Fällen ihr Mann sie stets daran erinnerte: »Meine Liebe, es gibt nur zwei Möglichkeiten. Du kennst sie. Bitte, entscheide dich.«

Das also über Frauen des Typs, von dem die frühere amerikanische Präsidentengattin Eleanor Roosevelt einmal gesagt hat: »Der Weg zum Erfolg ist gepflastert mit Frauen, die ihre Männer vorwärtstreiben.« Ich zweifle nicht daran, daß sich Millionen Amerikanerinnen diesem Ausspruch gemäß verhielten und verhalten.

Ich werde wohl nie ein Erlebnis vergessen, das ich vor ein paar Jahren in diesem Zusammenhang hatte. Ich verbrachte eine Woche in der amerikanischen Spielerstadt Las Vegas. Eines Abends,

ich hatte gerade an einem Automaten 100 Dollar gewonnen, betrat ich den Speisesaal des berühmten Hotels »Sands«.
Ich hielt nach einem freien Tisch Ausschau, da strömte plötzlich ein Rudel älterer Damen an mir vorbei, deren Anblick mich erschreckte. Sie trugen grellfarbene kurze Kleider, bunte Hosen oder neckische Shorts. Ihre Gesichter waren so dick bemalt, daß keine Falte, allerdings auch kein menschlicher Ausdruck mehr in ihnen zu erkennen war. Sie trugen mächtige Ringe an den Fingern. Ihre Frisuren waren kunstvoll zurechtgemacht. Manche dieser Damen trugen blaugefärbtes Haar.
Als alle im Saal ausgeschwärmt waren, kam ich zufällig mit einem Mann ins Gespräch, der sich als Reisebegleiter dieser Gruppe entpuppte. »Was ist denn mit denen los?« fragte ich ihn. Seine Antwort war so eindrucksvoll, daß ich sie wörtlich wiedergeben möchte. Er sagte: »Das, mein Junge, sind alles trauernde Witwen von Männern, die sich zu Tode gerackert haben. Jetzt fahren ihre Frauen im ganzen Land herum, um das Geld loszuwerden, das ihre Männer ihnen hinterlassen haben.« Nach einer Weile fügte er nachdenklich hinzu: »Wenn ich das so sehe, frage ich mich manchmal, ob es wirklich einen Sinn hat, wie verrückt zu arbeiten.«
Neben solchen Erscheinungen gibt es allerdings auch ungezählte Frauen, die unter der ziellosen Leistungswut ihrer Männer zu leiden haben. Viele dieser Frauen sitzen zu Hause und warten darauf, bis ihre Männer von Zeit zu Zeit geruhen, sie an ihren Erfolgen teilhaben zu lassen.
Im Grunde genommen aber warten sie nur darauf, daß ihre Ehe endgültig in die Brüche geht. Je nach Veranlagung haben sie mit liebevoller Fürsorge, mit Geduld oder mit aggressiven Auftritten versucht, für sich selbst ein wenig mehr Glück aus einer solchen Ehe herauszuholen.
Dennoch enden diese Bemühungen meistens auf eine von zwei Arten: entweder in Resignation oder in Aggression. Scheidungs-

anwälte können ein Lied davon singen, wozu verbitterte Frauen imstande sind, wenn es darum geht, sich bei der Trennung an ihren Männern zu rächen, die immer nur an Geld und Leistung dachten und kaum an ihre Frauen.
Wer trägt die Schuld am Unglück dieser Frauen? Lassen Sie mich mitleidlos die Antwort auf diese Frage geben: Es sind die Frauen selbst. Und zwar aus folgenden Gründen:

- Sie haben sich freiwillig in die Abhängigkeit ihres Mannes begeben und immer nur darauf gewartet, bis er sie glücklich machte.
- Sie haben versucht, die Verantwortung für ihr eigenes Glück auf ihre Männer abzuwälzen, und waren zutiefst enttäuscht, als dabei für sie nur Brosamen übrigblieben.
- Sie haben die Rolle der rechtschaffenen und hilflosen Frau gespielt, die Abend für Abend ihrem Mann mit dem Gejammer in den Ohren liegt, wie schlecht es ihr ginge. Immer in der Hoffnung, daß er endlich dagegen etwas unternimmt.

Die häufigste Ursache solchen Verhaltens liegt in der jahrhundertelang von Müttern auf ihre Töchter übertragenen Vorstellung, eine Frau sei zum Leiden und Dulden geboren; das Schlimmste, was sie tun könne, sei, an sich selbst zuerst zu denken.
Die Kunst, ein Egoist zu sein, hingegen kann – wie Sie ja wissen – nur von jemandem ausgeübt werden, der sich selbst und niemand anderen für sein Glück, die Erfüllung seiner Wünsche und seine optimale Selbstverwirklichung verantwortlich macht.
Daraus ist die einleuchtende Schlußfolgerung abzuleiten: Eine Frau, die kein eigenes Konzept für ihr Glück besitzt, darf sich nicht wundern, wenn ihr Mann sie nicht glücklich macht.

6

Jeder Mensch braucht ein eigenes Revier, in dem er sich seinen Bedürfnissen gemäß entfalten kann. Wenn er aber annimmt, die anderen würden die Grenzen dieses Reviers freiwillig respektieren, gibt er sich einer verhängnisvollen Täuschung hin.

Wir alle sind unentwegt Angriffen ausgesetzt. Andere versuchen, von uns und unserem Revier Besitz zu ergreifen. Die wirkungsvollen Methoden, derer sie sich dabei bedienen, sind Unterwerfung, Unterwanderung und Verführung. Diese Methoden zu erkennen ist die erste Voraussetzung zur erfolgreichen Verteidigung unseres Reviers.

Die zweite wichtige Voraussetzung besteht in der Bereitschaft, sich entschlossen zu verteidigen und lieber auf etwas zu verzichten, als sich damit auf unbegrenzte Zeit erpressen zu lassen.

Wer diese Voraussetzungen bei sich schafft, kann sich jederzeit einer Strategie der Verteidigung bedienen, die aus folgenden Maßnahmen besteht:

1. Signalisieren Sie dem Angreifer, daß Sie zur Verteidigung bereit sind.
2. Lassen Sie den Angreifer wissen, unter welchen Bedingungen Sie bereit sind, mit ihm einen Kompromiß zu schließen.
3. Verzichten Sie lieber auf etwas, ehe Sie sich damit erpressen lassen.

Jeder Mensch hat sein Revier. Wenn er es nicht verteidigt, ergreifen andere Stück für Stück davon Besitz

Unter den Naturwissenschaftlern gibt es einige, die sagen: Nicht Hunger und Liebe sind die stärksten Antriebskräfte unseres Verhaltens, sondern das Territorium. Wir Laien, die wir auf der Erde wandeln und nicht über den Wolken im Himmel der Wissenschaften, wollen es natürlich den Gelehrten überlassen, die nächsten Jahrzehnte darüber zu streiten, ob diese oder jene Ansicht richtig ist.
Wir können allerdings einige praktische Schlüsse aus den Beobachtungen der Gelehrten ziehen. Der amerikanische Anthropologe Robert Ardrey beispielsweise sagt:
»Mensch und Tier unterliegen in gleichem Maße dem Zwang ihres Territoriums. Es liefert ihnen drei fundamentale Lebensimpulse. Erstens: Die Möglichkeit, sich mit etwas Größerem und Beständigerem, als sie selbst sind, zu identifizieren. Zweitens: Das Gefühl der Sicherheit. Und drittens: Den Anreiz zum Weiterleben.«
Ardrey behauptet auch:
»Darin liegt beispielsweise die Erklärung dafür, daß der Verteidiger eines Reviers auch gegenüber einem ihm an Stärke überlegenen Angreifer nicht chancenlos ist.«
Das heißt also nichts anderes als: Ein Mensch, der sich seines Reviers bewußt ist, kann durchaus ungeahnte Kräfte schöpfen, wenn er es verteidigen muß.
Dies ist ein Aspekt, den wir nicht aus den Augen verlieren sollten. Beschäftigen wir uns jedoch zuerst damit, was »Revier« oder »Territorium« bedeutet. Sicherlich ist es der Boden, auf dem wir leben. Es ist unsere Wohnung, unser Haus und auch der Schreibtisch, an dem wir arbeiten. Es ist aber auch – und zwar in noch

viel stärkerem Maße – das, was unsere eigenständige Persönlichkeit ausmacht. In dieser Zeit, in der wir alle dazu neigen, materiellen Besitz maßlos zu überschätzen, kämpfen wir wie verrückt um unseren Job, um ein bißchen mehr Geld, um das Auto oder unsere gesellschaftliche Position. Aber wir lassen uns fast ohne Gegenwehr viel wertvolleren Besitz wegnehmen, wie Zeit und privates Glück, Freiheit und Selbstentfaltung.

Genau das ist aber jener Bereich, in dem sich die wesentlichen Dinge unseres Lebens entscheiden. Deshalb ist es notwendig, das Revier unserer Persönlichkeit bewußt zu verteidigen. Es abzugrenzen, mit Palisaden zu versehen und bis an die Zähne bewaffnet darüber zu wachen, daß niemand eindringt, um davon Besitz zu ergreifen.

Es gehört zu den großen Illusionen vieler Menschen, von einer friedlichen Welt zu träumen, in der jeder jeden liebt und anerkennt. Realität allerdings ist, daß jeder jeden beneidet, ihn auszunützen und von ihm Besitz zu ergreifen versucht. Gleichgültig ist dabei, aus welchem Motiv, unter welchem Vorwand und mit welchen Tricks er sein Ziel erreichen möchte.

Wir sind ständig von Dutzenden Angreifern umlagert. Jeder will in unser Revier eindringen, seinen Vorteil daraus ziehen und Stück für Stück von uns Besitz ergreifen. Die erfolgversprechendsten Methoden, mit denen sie zu Werke gehen, sind die Unterwerfung, die Unterwanderung und die Verführung. Wenn wir dagegen nicht gewappnet sind, haben wir kaum eine Chance, den Angreifern auf Dauer zu widerstehen.

Dann gehorchen wir, ehe wir uns versehen, ihrem Befehl. Wir ordnen uns ihren Maßstäben unter. Kaufen, was sie uns anbieten, ohne es vorher nach seinem tatsächlichen Nutzen überprüft zu haben. Wir lassen sie für uns denken, die Verantwortung für uns übernehmen. Wir sind bald nicht mehr wir selbst, sondern willige Vollzugsorgane für die Absichten anderer. Was uns nach dem Verlust unserer Selbständigkeit noch bleibt, ist die Freude am äußeren Wohlstand, den wir uns erworben haben. Aber auch der gehört uns nur so lange, wie es anderen gefällt.

Natürlich können wir uns damit zufriedengeben. Wer jedoch von seinem Leben mehr erwartet, muß für die Verteidigung seines Reviers gerüstet sein. Der erste Schritt besteht darin, die Methoden der Angreifer zu kennen.

Die Methode der Unterwerfung

Die Unterwerfung ist zweifellos der aggressivste aller Versuche, in unser Revier einzudringen. Abgesehen natürlich von der offenen Gewalt, die wieder eine ganz andere Strategie der Verteidigung erforderlich macht, als wir sie hier behandeln wollen.
Die Formen des demokratischen Zusammenlebens haben immerhin die Ausübung offener Gewalt modifiziert. Oder, um es anders auszudrücken: Sie haben sie vermenschlicht. Es bleibt dem Verteidiger immer noch eine Chance, sein Revier zu verteidigen und sich damit einen eigenen Lebensraum zu sichern.
Was jedoch viele Menschen an diesem demokratischen System des Zusammenlebens zweifeln läßt, ist ihre Unfähigkeit, die große Chance zu nützen. Sie reden zwar unentwegt von Freiheit, aber sie tun dafür nichts weiter, als zu warten, bis irgend jemand sie ihnen gibt. Wenn sie endlich einmal die Sinnlosigkeit ihres Wartens erkannt haben, greifen sie nicht etwa zur Selbsthilfe. Keineswegs. Sie flüchten sich vielmehr in die bequemste aller Möglichkeiten: Sie klagen andere dafür an. Sie ereifern sich in fruchtloser Selbstbemitleidung, anstatt sich zu sagen: Meine persönliche Freiheit beginnt bei mir selbst. Niemand ist gewillt, sie mir freiwillig zu geben. Ich muß selber etwas dafür tun. Ich muß sie mir selber schaffen, und ich muß sie entschlossen verteidigen.
Jedes System, sei es die kleine Gruppe oder die große Gesellschaft, in der wir leben, kann auf zweierlei Weise funktionieren:

- Entweder autoritär, indem einige wenige Macht ausüben, der sich alle anderen unterwerfen. Wobei es keinesfalls unbedingt notwendig ist, sie gewaltsam dazu zu bringen. Die meisten Menschen ordnen sich mit größter Bereitwilligkeit starken Autoritäten unter. Das nimmt ihnen die Mühe ab, selbst zu denken.

- Oder es herrscht ein Spannungsfeld von Angriff und Verteidigung, wobei sich der einzelne sein Revier persönlicher Entfaltung bewahrt und es gegen den Versuch der Unterwerfung verteidigt. Auf diese Weise übt er eine permanente Kontrolle auf die Autoritäten aus.

Nahezu jeder, der auf irgendeine Weise in die Position einer Autorität oder an die Schalthebel eines Systems gelangt, neigt dazu, andere mit der ihm gegebenen Macht zu unterwerfen. Die Strategie der Unterwerfung sieht folgendermaßen aus:

- Der Angreifer auf das persönliche Revier eines einzelnen muß dem Verteidiger gegenüber eine Position der Macht innehaben.
- Der Verteidiger muß sich in der Position starker Abhängigkeit befinden.
- Der Angreifer muß auf Grund seiner Machtposition die Abhängigkeit des Verteidigers in so hohem Maße ausnützen können, daß dem Verteidiger die Unterwerfung noch immer als die beste aller möglichen Lösungen erscheint.

Das Instrument für die Realisierung dieser Strategie ist, wie die meisten von uns aus eigener Erfahrung wissen, die Erpressung.
Die einfache Formel, mit der sie zum täglichen Gebrauch in allen Lebensbereichen legalisiert wurde, lautet: »Wenn du nicht tust, was ich von dir verlange, werde ich dir etwas wegnehmen, an dem du hängst.«

- So unterwirft der Lehrer seinen Schüler mit der Drohung: »Wenn du nicht gehorchst, bekommst du eine schlechte Note«
- Die Eltern wieder drohen ihren Kindern: »Wenn du mit einer schlechten Note nach Hause kommst, werden wir dir unsere

Liebe entziehen.« Vielleicht ist es auch nur das Taschengeld, was aber im Grunde genommen kaum einen Unterschied macht.
- Die Frau droht ihrem Ehemann: »Wenn du mich nicht gut behandelst, mache ich dich vor allen anderen lächerlich.« Oder sie versagt sich ihm im Bett, eine geradezu klassische Form der Erpressung des Ehemannes.
- Der Polizist erpreßt den Autofahrer: »Wenn Sie mir Schwierigkeiten machen, erstatte ich Anzeige gegen Sie. Das kostet Sie dann ein Vielfaches.«
- Wer im Beruf auf dem stärkeren Ast sitzt, droht dem Untergebenen: »Wenn Sie Ihre Aufgabe nicht erfüllen, muß sich die Firma leider von Ihnen trennen.«

Es ist die unendlich variable und stets wirkungsvolle Erpressung, mit der einer den anderen zu unterwerfen versucht. Wer sein Revier nicht abgesteckt hat und bereit ist, es zu verteidigen, wird dieser Erpressung unterliegen.

Die Methode der Unterwanderung

Es wollen auch Leute von uns Besitz ergreifen, die keine Machtposition haben. Ihnen steht eine andere, eine raffiniertere Variante der Erpressung zur Verfügung, die Unterwanderung.
Im Prinzip funktioniert sie auf folgende Weise:

- Der Angreifer bietet dem Verteidiger seine Hilfe an. Er sorgt sich um ihn, er opfert sich für ihn auf oder erweckt zumindest den Anschein. Er macht sich überhaupt in jeder Weise unentbehrlich.
- Dadurch gelingt es ihm, sich immer tiefer in das Revier des Verteidigers einzuschleichen. Er erringt sein Vertrauen und schläfert seine Verteidigungsbereitschaft ein.
- Je mehr Verantwortung der Angreifer seinem Opfer abnimmt, um so größer wird dessen Abhängigkeit. Diese Abhängigkeit wird erhöht durch die Bequemlichkeit, der jeder ausgesetzt ist, der andere für sich sorgen läßt.
- Wenn der Verteidiger schließlich merkt, daß nicht mehr er selbst die Entscheidungen fällt, ist er meist schon so tief in Abhängigkeit verstrickt, daß er lieber resigniert. Er befindet sich nun ganz in der Hand des anderen und hat keine Kraft mehr, sich aufzulehnen.

Die Unterwanderung kann aber auch so erfolgen:

- Der Angreifer bietet nicht seine Hilfe an, sondern er deklariert sich als Hilfesuchender, indem er an Mitleid, Nächstenliebe und Großzügigkeit des Verteidigers appelliert.
- Der Verteidiger hilft und genießt selbstgefällig die Rolle des Wohltäters. Er gefällt sich darin so sehr, daß er dadurch in Abhängigkeit gerät. Wenn er eines Tages nicht mehr helfen

will, wird ihn der Angreifer mit dem Hinweis erpressen: »Sie können doch nicht so herzlos sein und mich jetzt im Stich lassen. Wo ich doch ganz auf Sie angewiesen bin.« Der Verteidiger muß um sein Image als Menschenfreund fürchten. Damit er nicht in den Ruf eines herzlosen Egoisten gerät, läßt er sich weiter erpressen.

Wie Sie sehen, ist auch die Unterwanderung letzten Endes auf dem Prinzip der Erpressung aufgebaut. In gemilderter Form vielleicht. Aber nicht minder gefährlich.
Die besondere Gefahr dieser Methode liegt darin, daß sie schwer zu durchschauen ist. Sie liegt auch in der Unentschlossenheit der Menschen und ihrer Unfähigkeit, die Folgen ihres Handelns abzuschätzen. So kann sich sehr oft eine scheinbar unbedeutende Gefälligkeit zur lange anhaltenden Abhängigkeit entwickeln.
Wenn von Anfang an klar ist, daß ein Angreifer uns unterwerfen will, stellt sich für uns die leicht erkennbare Entscheidung: »Unterwerfe ich mich, oder setze ich mich zur Wehr?«
Wenn der Angreifer jedoch in unser Revier mit der Beteuerung eindringt: »Ich will nur das Allerbeste für dich«, fühlen wir uns ihm verpflichtet. Und genau das ist es, was er bezweckt. Sein Aushängeschild ist die Nächstenliebe. Von ihr kann man sagen, daß sie nicht selten für den »geliebten Nächsten« verheerendere Folgen hat als eine ungetarnte Unterwerfung. Da weiß man wenigstens von Anfang an, woran man ist.

Die Methode der Verführung

Die Verführung zielt vorwiegend auf unser Prestigebedürfnis und die Bereitschaft zum unbegrenzten Wettbewerb.
Wer immer noch ein bißchen besser sein will als seine Nachbarn und Kollegen, ist dafür besonders anfällig.
Die Vorgangsweise ist ziemlich einfach:

- Jemand kommt und lockt uns mit dem Versprechen: »Was ich dir bieten kann, verschafft dir Bewunderung und Anerkennung. Es hebt dich über andere hinaus.«
- Wir glauben dem Versprechen und eignen uns das Angebotene an. Es verschafft uns kurzfristig Befriedigung.
- Wenn wir uns daran gewöhnt haben, wollen wir noch ein Stück höher hinaus. Damit sind wir wieder empfänglich für weitere Angebote. Eine Entwicklung beginnt, die kein Ende nimmt. Ausgenommen, wir selbst setzen ihr ein Ende.

Wer sein Revier diesen Angriffen öffnet, wird bald nicht mehr selbst über seine Bedürfnisse entscheiden. Er wird darauf warten, daß ihn eine neue verlockende Botschaft erreicht, mit neuen Versprechungen und Angeboten.
Aus dem ständigen Bemühen, diese Botschaften zu befolgen, entsteht eine Lawine von Verpflichtungen. Wir müssen sie alle erfüllen, weil sonst unsere Vorstellung, etwas zu sein, nicht mehr erfüllt würde.
Damit haben die Angreifer mit ihren Verlockungen unser Revier besetzt. Nun bestimmen sie nach Belieben über unsere Bedürfnisse. Die Grenzen unserer Ziele und Wünsche verschwimmen für uns immer mehr. Und alles nur, weil wir selbst diese Grenzen vorher nicht festgelegt haben.
Bei arktischen Wölfen wurde beobachtet, daß ein Rudel ein

Revier von etwa 160 Quadratkilometern besitzt. Von Zeit zu Zeit sichern die erwachsenen Tiere die Grenzen dieses Reviers mit Markierungen gegen Eindringlinge ab. Wie Hunde verwenden sie für diese Markierungen ihren Urin.

Ich hoffe, Sie verzeihen mir meine drastische, aber dafür bildhafte Ausdrucksweise, wenn ich den Vergleich heranziehe: Wer der Methode der Verführung unterliegt, darf sich nicht wundern, wenn in seinem Revier viele Eindringlinge pinkeln, ohne ihn um Erlaubnis zu fragen.

Wie sich Mitleid in Haß verwandelte, nur weil eine Frau nicht nein sagen konnte

Es gibt sehr viele Menschen, deren höchstes Ziel es ist, bei allen ihren Bekannten und Verwandten, bei Chefs und Untergebenen und auch sonst bei aller Welt beliebt zu sein. Wie es überhaupt zu einer Floskel höchsten Lobes geworden ist, von jemandem zu sagen: »Er hat keine Feinde. Er ist bei allen beliebt.« Das gleiche gilt, wenn man jemandem sagt, er sei nett, hilfsbereit oder zuvorkommend.

Es ist kein Zufall, daß solche nichtssagenden Eigenschaften bei der Mitwelt Anerkennung finden. Sie bedeuten nämlich, daß einer, der nett, beliebt und hilfsbereit sein will, keine Gefahr für andere ist. Er ist leicht lenkbar. Er kann leicht eingeschüchtert werden. Er gibt lieber nach, statt sein Revier zu verteidigen.

Das bedeutet, daß derjenige, der beliebt sein will und nicht nein sagen kann, ein williges Opfer für Unterwerfung, Unterwanderung und Verführung ist. Sein Revier steht weit offen, jedermann ist willkommen. Arglos wird er auch den arglistigen Angreifer umarmen, um sich bei ihm lieb Kind zu machen.

Und was veranlaßt einen Menschen, jedes Opfer zu bringen, um bei anderen beliebt zu sein? Er sucht Schutz und Sicherheit. Er sucht sie dort, wo er sie am wenigsten finden kann – bei den anderen.

Wer bei jedermann beliebt sein und es jedem recht machen will, wird es am allerwenigsten sich selbst recht machen. Das ist leicht einzusehen. Denn er weiß nicht, was für ihn recht ist. Er hat keine eigenen Ziele, kein eigenes Konzept für sein Leben, kein eigenes Revier. Andere haben längst davon Besitz ergriffen.

Wer kein eigenes Revier besitzt, mit dem er sich identifizieren und aus dem er Sicherheit schöpfen kann, hat auch nichts, das wert wäre, verteidigt zu werden. Es fällt für ihn die Herausforderung fort, alle Kräfte zu mobilisieren, um über sich hinauszuwachsen.

Diese Menschen sind das, was man die »selbstlose Masse« nennen könnte oder die »passive Mehrheit«. Sie zählen bei den anderen, die sich ihrer bedienen, nicht als Individuum, sondern nur in der Quantität. Irgend jemand, der genau weiß, was er will, braucht nur zu kommen und ihnen den Weg zu weisen. Sie werden für ihn marschieren. Sie opfern sich für diese anderen und ihre Ideen auf. Und warum? Weil sie selbst keine Ideen für ihr eigenes Leben haben, für die es sich lohnte, auf die Barrikaden zu gehen.

Wenn einige Seiten zuvor gesagt wurde, jedes System funktioniere entweder im Spannungsfeld zwischen Angriff und Verteidigung oder autoritär, indem einige wenige Macht ausüben, der sich alle anderen unterwerfen, dann sind diese Menschen »alle anderen«. In ihrer Beziehung zur Mitwelt wird kaum jemals jenes nützliche Spannungsfeld entstehen, das jede befriedigende Selbstverwirklichung braucht.

Es ist verständlich, daß jeder, der andere für sich ausnützen will, solche unselbständigen Menschen sucht, die seinen Bemühungen möglichst wenig Widerstand entgegensetzen.

Viele Eltern wollen Kinder, die sich ihrer Autorität willig unterwerfen. Die Begründung, die sie dafür vorbringen, lautet sehr oft: »Sie sollen beizeiten lernen, sich unterzuordnen, sonst kommen sie später in Schwierigkeiten.« Kaum jemals reden solche Eltern von den Schwierigkeiten, in die Kinder kommen, die frühzeitig an Unterordnung gewöhnt wurden. Die größte entsteht durch den allmählichen Verlust ihrer Persönlichkeit, den niemand auf Dauer ohne Schaden verkraften kann.

Es versteht sich von selbst, daß diese Eltern nichts dazu tun, ihren Kindern beizubringen, sich gegen die Unterdrückung ihrer Persönlichkeit zu wehren. Sie verlangen Gehorsam. Streit ist Auflehnung, die sofort unterdrückt werden muß. Dabei ist Streit

nichts anderes als der natürliche Instinkt, sein Revier gegen Angriffe zu verteidigen.
Es kann gesagt werden:
Die Verteidigung des eigenen Reviers setzt die Bereitschaft zur Auseinandersetzung voraus. Diese Bereitschaft – gleichgültig, in welcher Form sie sich äußert – ist das Signal für den Angreifer: »Halt, von hier an ordne ich mich nicht mehr unter. Ich weiß selbst, was für mich richtig ist.«
Ich war vor ein paar Wochen in einem Geschäft für Herrenmode, um mir eine Hose zu kaufen. Ich hatte eine klare Vorstellung, welche Art von Hose es sein sollte. Ich machte mich also daran, aus einer reichhaltigen Auswahl die geeignete für mich herauszusuchen. Da trat ein Verkäufer, dem ich offenbar schon zu lange herumgewühlt hatte, an mich heran, suchte eine Hose aus und sagte: »Ich denke, die ist genau das, was Ihnen paßt.« Ich probierte sie an. Sie paßte tatsächlich. Nur unten an den Beinen war sie mir etwas zu weit. Eine reine Sache des Geschmacks.
Auf meinen Hinweis reagierte der Verkäufer mit dem Argument: »Das sagen Sie nur, weil Sie es nicht gewohnt sind. Aber das ist jetzt die große Mode. Jeder, der etwas auf sich hält, trägt das heute.«
Ein Beispiel, wie Sie selbst es sicherlich schon ähnlich erlebt haben. Jemand versucht, mit der Methode der Verführung in das Revier unserer eigenen Vorstellungen einzudringen. Vielleicht ein ganz harmloser Fall. In Wahrheit aber eine jener alltäglichen Situationen, in denen es sich zeigt, ob wir zur großen Masse derer gehören, die sich bereitwillig anpassen, oder zu denen, die ihre eigenen Vorstellungen verteidigen.
Natürlich möchte der Verkäufer gerne, daß wir ihm gefällig sind und sagen: »Ja, wenn das jetzt die große Mode ist, dann nehme ich die Hose natürlich.« Er macht ein schnelles Geschäft und ist uns bald wieder los. Ihm ist es allerdings auch völlig gleichgültig, ob uns die Hose nachher auch wirklich Spaß macht. Das ist ein

Problem, mit dem wir die nächsten Monate oder Jahre fertig werden müssen, wenn wir die Hose tragen.
Es ist auch ganz allein unser Problem, ob wir uns beispielsweise von einem Vorgesetzten auf einen Posten schieben lassen, auf dem er gerade jemanden braucht. Wenn wir uns gegen unsere eigenen Absichten aus reiner Gefälligkeit überreden lassen, ist er damit eine Sorge los. Wir aber sitzen vielleicht fortan jahrelang bei einer Beschäftigung, die uns nicht freut, die uns nicht ausfüllt und uns statt Befriedigung nur Frustration bringt.
Was immer wir aus Gefälligkeit anderen gegenüber tun, obwohl wir genau wissen, daß es für uns nicht das richtige ist, wird uns eines Tages in Schwierigkeiten bringen. Darüber hinaus ist jedes Nachgeben für jeden Angreifer eine Ermutigung, das nächste Mal noch ein wenig mehr aus uns herauszuholen.
Wenn Sie ihm hingegen signalisieren: »Was du da verlangst, mag für dich sehr angenehm sein, ich aber habe ganz andere Vorstellungen«, dann wird er zunächst einmal wissen, wo die Grenze Ihres Reviers beginnt.
Um es noch einmal zu betonen: Sie mögen, um sich nicht unbeliebt zu machen, der Spannung aus dem Wege gegangen sein, die jede Ablehnung nun einmal mit sich bringt. Sie mögen einen Streit vermeiden, indem Sie nachgeben. Aber geben Sie sich keiner falschen Hoffnung hin: Ihr Entgegenkommen mag ein Problem des Angreifers gelöst haben. Für Sie kann es dadurch erst richtig beginnen. Auf welch drastische Weise sich das auswirken kann, will ich Ihnen an folgendem Beispiel zeigen:
Ich kenne ein Ehepaar, das vor etwa zehn Jahren die Mutter des Mannes zu sich in die Wohnung nahm. »Ich kann es einfach nicht zulassen«, hatte der Mann damals erklärt, »daß meine Mutter ihren Lebensabend in einem Altenheim verbringen muß.« Die Ehefrau hatte zugestimmt. Nicht aus wirklicher Überzeugung, sondern nur, weil sie nicht den Eindruck erwecken wollte, sie denke nur an sich selbst und habe kein Herz für die alte Frau.

Aus diesem Mitleid ist inzwischen Haß geworden. Er schwelt seit Jahren unter der mühsam geheuchelten Freundlichkeit, die diese drei Menschen einander entgegenbringen. Er macht jedem einzelnen von ihnen Tag für Tag das Zusammenleben zur Qual.
Die alte Frau fühlt sich in der Schuld der Jüngeren. Aus reiner Dankbarkeit und weil sie sich nützlich machen will, mischt sie sich in alles und jedes ein. Und sie kann nicht verstehen, daß sie damit vor allem der Schwiegertochter auf die Nerven geht.
Manchmal, wenn nachts Geräusche aus dem Schlafzimmer des Ehepaares dringen, klopft die alte Dame, die an Schlaflosigkeit leidet, an die Tür und ruft: »Ist etwas? Kann ich euch helfen? Habt ihr vielleicht Streit?«
Die Schwiegertochter kann mit ihrem Mann nicht über die seelische Belastung reden, unter der sie leidet. Das heißt, sie könnte schon, aber sie tut es nicht, weil sie auch ihm gegenüber gefällig sein will. Er hingegen, der tagsüber nicht zu Hause ist, macht es sich einfach. Er sagt ihr: »Du mußt Geduld haben. Es wird ja nicht ewig dauern.«
Und was tut die Ehefrau? Sie hat sich an das Nachgeben gewöhnt und leidet. Nur manchmal, wenn die Frustration unerträglich geworden ist, fällt die Attrappe der Gefälligkeit, und sie gesteht Freunden: »Ich weiß, es klingt furchtbar, aber ich sehne den Tag herbei, an dem meine Schwiegermutter endlich unter der Erde ist. Dann kann ich in meiner eigenen Wohnung das tun, was ich tun möchte, ohne auf irgend jemanden Rücksicht nehmen zu müssen.«
Diese Sätze kennzeichnen eine gern gewählte Ausrede vor der Auseinandersetzung: Die Flucht in die Hoffnung auf eine Lösung, zu der man selbst nichts beitragen muß. Es ist sicherlich nicht übertrieben, wenn ich behaupte, daß sich Millionen Menschen dieser Hoffnung hingeben. Die Ursache dafür ist ihre Unfähigkeit, die Verteidigung ihres Reviers selbst in die Hand zu nehmen.

Die zwei wichtigsten Voraussetzungen, die man braucht, um sein Revier erfolgreich verteidigen zu können

Die meisten von uns wurden in einer seltsamen Zwiespältigkeit erzogen. Dem Jungen wurde eingeschärft: »Sei kein Feigling, benimm dich wie ein Mann.« Andererseits aber wurde er dazu angehalten, nicht frech zu sein, Erwachsene und Vorgesetzte zu respektieren und sich auch sonst anständig zu benehmen. Mädchen wieder bekamen unentwegt zu hören: »Laß das doch sein, ein Mädchen tut das nicht.«
Was solch widersprüchliche Vorhaltungen auch bedeuten mögen, für den Betroffenen sind sie keine Hilfe, sich im Leben besser zurechtzufinden. Ganz im Gegenteil. Sie lösen ständige Unsicherheit und Ängste aus. Was er auch macht, wird kritisiert. Immer wissen es die Großen besser.
Wenn sich ein Kind einem Erwachsenen gegenüber zur Wehr setzt, wird sein Widerstand mit brutaler Autorität gebrochen. Seine Auflehnung ist fast immer zum Scheitern verurteilt. Sein Selbstbewußtsein wird niedergeknüppelt und nicht aufgebaut. Kein Wunder, wenn es sich frühzeitig in Alibihandlungen flüchtet, in Scheingehorsam, Selbstmitleid, Protest und Heuchelei.
Natürlich ist das eine sehr extreme Darstellung der Dinge. Aber im Grunde genommen hat fast jeder von uns diese Erziehung in irgendeiner Form durchgemacht. Kaum jemandem wurde geholfen, sich selbst rechtzeitig wirklich kennenzulernen, seine eigenen Lebensvorstellungen zu entwickeln und sie anderen gegenüber zu verteidigen.
Die meisten Menschen verharren in dieser Entwicklung. Sie tun auch später nichts, um zu sich selbst und ihrem eigenen Revier zu finden. Wer sich dafür entscheidet, das Versäumte nachzuho-

len, sollte zuallererst zwei wichtige Voraussetzungen schaffen. Und zwar:

1. Die Bereitschaft zur Verteidigung

Ehe Sie sich den folgenden Zeilen in der Absicht widmen, daraus praktischen Nutzen zu ziehen, sollten Sie eines wissen: Hier ist vorwiegend von den Voraussetzungen für die Verteidigung Ihres Reviers die Rede. Alles das nützt Ihnen nichts, wenn Sie nicht im Verlaufe der bisherigen Lektüre die Notwendigkeit erkannt haben, Ihr Revier abzustecken und ein eigenes Lebenskonzept zu entwickeln. Ist dies der Fall, gibt Ihnen vielleicht das Beispiel eines Mannes, von dem ich Ihnen hier erzählen möchte, einige Anregungen.
Dieser Mann ist Briefträger von Beruf. Er lebt mit seiner Frau und zwei Kindern in einer Dreizimmerwohnung. Sein monatliches Gehalt ist zu gering, um sich davon auch nur einen Bruchteil jenes Wohlstandes zu leisten, der anderen unentbehrlich erscheint.
Trotzdem besitzt dieser Mann etwas, das ihn vermutlich glücklicher macht als die meisten von uns, die wir mehr Geld, mehr Luxus, mehr Einfluß und eine bessere gesellschaftliche Stellung haben. Er besitzt etwas, was er für nichts in der Welt aufgeben würde. Und das ist, Sie werden es nicht glauben, sein geradezu fanatisches Interesse an Fledermäusen.
Tatsache ist, daß er zu den drei oder vier anerkannten Fledermaus-Experten Europas gehört. Sogar die auf dieses Gebiet spezialisierten Naturwissenschaftler in der Sowjetunion interessieren sich für seine Abhandlungen. Er wird zu Kongressen eingeladen, um dort den Fachleuten über seine Beobachtungen und Forschungen zu berichten. Dieser Briefträger hat, wie Sie sich denken können, nie in der Schule Latein gelernt. Aber als er eines Tages merkte, daß ihn alle diese Professoren erst wirklich ernst nehmen

würden, wenn er mit lateinischen Ausdrücken um sich werfen könnte, eignete er sich die erforderlichen Sprachkenntnisse in kürzester Zeit nahezu spielend an. Er tat es allein, denn einen Sprachlehrer konnte er sich nicht leisten. Es lohnt sich, diesen Punkt in seiner Karriere als Fledermaus-Experte näher zu beleuchten. Er hatte also damals jahrelang die Fledermäuse studiert. Das war sein Gebiet, sein Lebensziel. Jetzt aber sollte er, der Briefträger, auch noch Latein lernen?

Er hätte sich sagen können: »Das schaffe ich nie.« Andere, die sich sowieso schon längst über ihn wegen seiner ausgefallenen Leidenschaft lustig machten, rieten ihm auch: »Gib dich zufrieden. Du wirst doch nie von den Professoren anerkannt werden.« Aber für ihn bestand ein wesentlicher Teil seines Glücks darin, daß er die Ergebnisse seiner Forschungen anderen zugänglich machen konnte. Deshalb trat bei ihm jener Fall ein, von dem der Anthropologe Robert Ardrey sagt, die Verteidigung seines Reviers verleihe dem Betroffenen ungeahnte Kräfte, so daß er auch einem an Stärke überlegenen Angreifer gegenüber nicht chancenlos ist.

Diesem Briefträger verlieh die Verteidigung seiner Lebensaufgabe die Kraft, den für ihn schier unbezwingbaren »Gegner« Lateinstudium fast mit Leichtigkeit zu bezwingen.

Und warum schaffte er es mühelos? Weil er sein Ziel mit aller Konsequenz verfolgte. Wohlgemerkt, mit aller Konsequenz.

Ein Ziel, ein eigenes Revier, an dem Sie nur mit halbem Herzen hängen, werden Sie auch nur mit halber Kraft verteidigen. Wenn Sie sich ein Haus bauen wollen, jedoch unter der Voraussetzung: »... aber nur, wenn es nicht allzu große Mühe macht«, wird Ihre Kraft sofort erlahmen, wenn die ersten Probleme auftauchen.

Wenn Sie eine Ehe mit dem Vorsatz schließen: »Ich versuche es. Aber wenn es nicht richtig funktioniert, lasse ich mich eben wieder scheiden«, werden Sie tatsächlich bald wieder geschieden sein.

Wenn Sie einer Beschäftigung nachgehen, jedoch nur in der Absicht: »Mir ist egal, was ich mache, ich tue es doch nur, um damit Geld zu verdienen«, dürfen Sie sich nicht wundern, daß Sie auf diese Weise niemals an einem Job Freude finden werden. Sie nehmen eben, was gerade kommt. Mit anderen Worten: Sie besitzen kein eigenes Revier, das Sie verteidigen, mit dem Sie sich identifizieren und das Ihnen »ungeahnte Kräfte« verleiht.

Vielleicht konnte ich Sie mit diesen Hinweisen davon überzeugen, wie ungeheuer wichtig es ist, sich zu entschließen, Ihr Revier bewußt zu verteidigen. Bewußt und mit aller Konsequenz, mit der Sie sich gegen Unterwerfung, Unterwanderung oder Verlockung entschlossen zur Wehr setzen.

2. Die Bereitschaft zum Verzicht

Wenn Sie Ihr Revier abgesteckt haben und entschlossen sind, es zu verteidigen, wird es immer noch tausend Dinge geben, die Ihnen erstrebenswert erscheinen.

Sehr viele Menschen können dieser großen Versuchung nicht widerstehen. Sie legen sich heute auf ein Ziel fest. Aber schon morgen, noch ehe sie richtig mit der Verwirklichung begonnen haben, locken die ungezählten Angreifer, von denen wir ständig umlagert sind, mit etwas ganz anderem. Wer sich hier nicht entscheiden kann, dem wird alles, was er erreichen will, immer nur halb gelingen. Halb aber, das sollten Sie wissen, ist fast so wenig wie gar nicht.

Für jemanden, der ein Konzept besitzt, nach dem er – wie Henry Kissinger sagt – alle anderen Verlockungen filtert, wird es einfach sein, diese Voraussetzungen zur Verteidigung seines Reviers zu erfüllen. Vorausgesetzt natürlich, er zieht die Konsequenz aus der kritischen Prüfung aller Ablenkungsversuche. Diese Konsequenz lautet: Für alles, was ich erreichen will, muß ich – wenigstens zunächst – auf das verzichten, was mich nicht zum Ziel führt.

Um noch einmal auf meinen Briefträger mit den Fledermäusen zurückzukommen. Er ist sich beispielsweise völlig darüber im klaren: Wenn ich mir für meinen Verdienst ein Auto kaufe, fehlt mir das Geld für meine Forschungsarbeiten. Weil er die Notwendigkeit dieses Verzichtes einsieht, fällt er ihm auch nicht besonders schwer. Schließlich bedeutet ihm der Gewinn, den er dafür erlangt, unvergleichlich mehr.

Lassen Sie mich hier abschließend die Zusammenhänge der angeführten Hinweise noch einmal der Reihe nach darstellen und mit bisher Gesagtem in Verbindung bringen:

- Jeder steht letztlich vor der Entscheidung, die Gestaltung seines Lebens vorwiegend anderen zu überlassen oder sich selbst sein Revier zu schaffen. Dieses Revier ist die sichere Basis der Selbstverwirklichung, der Selbstverantwortung und der Wahrung eines möglichst hohen Anteils an persönlicher Freiheit.
- Wer sich für ein Leben mit eigenem Revier entscheidet, muß wissen, daß er sich damit in ein Spannungsfeld von Angriff und Verteidigung begibt. Weil nur in diesem Spannungsfeld eine größtmögliche Selbstverwirklichung möglich ist, darf er ihm nicht ausweichen. Er muß es vielmehr für sich nützen.
- Um allen Herausforderungen, die in diesem Spannungsfeld entstehen, gerecht werden zu können, braucht er ein bewußtes Konzept, das sein Revier gegen die Umwelteinflüsse abgrenzt. Dieses Konzept setzt die Maßstäbe, die der eigenen Lebensvorstellung entsprechen. Nach ihm kann er alle Einflüsse und Angriffe der Umwelt filtern, um zu erkennen, was ihm nützt oder schadet.
- Die erfolgreiche Abwehr dieser Angriffe erfordert eine starke

Bereitschaft zur Verteidigung und Identifikation mit dem Revier.
- Wenn diese Voraussetzungen gegeben sind, können sie einem Verteidiger ungeahnte Kräfte verleihen, die ihm auch stärkeren Angreifern gegenüber eine Chance geben, sich zu behaupten.
- Der Erfolg hängt jedoch in keinem geringen Maße auch von der Fähigkeit ab, diese Kräfte konzentriert einzusetzen. Diese Konzentration bedeutet nichts anderes als Verzicht auf alles, was nicht unmittelbar der Verwirklichung der Zielsetzung nützt.

Warum die große, ewige Liebe nur allzuoft mit einer riesigen Enttäuschung endet

Ich möchte Sie vorerst auf zwei Einsichten hinweisen, die jedermann selbst in der Praxis nachvollziehen kann. Die eine lautet:

- Je größer Ihre Bereitschaft ist, jemandem nachzugeben, um so mehr wird er in Zukunft von Ihnen fordern. Wer also darauf aus ist, Sie für seine Vorteile einzuspannen, wird Ihr Nachgeben als Schwäche auslegen. Er wird Sie so lange ausnützen, bis bei Ihnen schließlich nichts mehr zu holen ist. Sobald dieser Punkt erreicht ist, sind Sie für ihn mehr oder weniger uninteressant geworden.

Sie werden beispielsweise immer wieder feststellen, daß Angestellte mit ausgeprägter Firmentreue es unvergleichlich schwerer haben, von ihren Vorgesetzten eine Gehaltserhöhung zu erwirken.
Ein Angestellter dieses Typs mag für die Firma noch so nützlich sein, der Vorgesetzte wird stets kalkulieren: Wozu soll ich ihm mehr Geld geben, wenn eine kleine Schmeichelei, ein Lob oder ein Appell an sein Verständnis auch genügt? Der Chef wird also sagen, wie sehr man gerade jetzt den Riemen enger schnallen müsse, aber er werde, wenn die Zeiten wieder besser sind, als erster bei einer Gehaltserhöhung berücksichtigt. Dann wird er noch ein wenig mit dem Angestellten vertraulich plaudern. Möglichst von früher, von gemeinsamen harten Zeiten und so. Und dieser Angestellte wird sich mit der Hoffnung und der Versprechung begnügen.
Andererseits wird sich derselbe Vorgesetzte viel eher dazu entschließen, einem nützlichen Angestellten Forderungen zu erfüllen, der weiß, was er will, und entschlossen auftritt. Indem er etwa

sagt: »Ich bin jetzt 38 Jahre alt und habe mir vorgestellt, daß ich in diesem Alter das und das verdiene. Ich habe natürlich Verständnis dafür, wenn Sie mir nicht mehr bezahlen können. Aber da bietet sich mir gerade eine gute Chance bei einer anderen Firma, der ich bis nächsten Freitag im Wort bin. Darf ich in drei Tagen wiederkommen und Ihre Entscheidung hören?«

Die zweite Erkenntnis lautet:

- Je mehr ein anderer schon von Ihnen Besitz ergriffen hat, um so schwieriger ist es für Sie, dieses Terrain wieder zurückzuerobern.

Es ist also von Bedeutung, zu welchem Zeitpunkt und mit welchem Grad der Entschlossenheit Sie mit der Verteidigung Ihres Reviers beginnen. Die größte Gefahr, die Ihnen droht, ist die Unterschätzung des Angreifers und seiner Absichten.
Die Gefahr ist deshalb so groß, weil in vielen Fällen der Angreifer selbst sich der Folgen seines Eingriffs in Ihr Leben zuerst nicht bewußt ist. Er kommt vielleicht mit ehrenwerten Absichten. Ein Mann kann eine Frau oder eine Frau einen Mann durchaus aufrichtig lieben. Wer würde in so einem Idyll des Friedens schon zu Anfang an Begriffe wie Angriff und Verteidigung denken?
Genau das ist mit der Gefahr gemeint, von der hier die Rede ist. Denn Liebe und Haß, Zärtlichkeit und Erpressung, Verführung und Respekt liegen oft so dicht beisammen, daß für das wirkliche Verständnis des anderen kaum noch Platz ist. Für das Verständnis nämlich, daß der andere bei allen positiven Emotionen doch ein eigenes Revier zur persönlichen Selbstverwirklichung braucht.
Ich kenne eine ganze Reihe von Fällen, bei denen im Laufe der Zeit eine Entwicklung zu beobachten war, die ich hier folgendermaßen darstellen möchte:

- A liebt B, und B liebt A. Beide sind glücklich darüber, sich »gefunden« zu haben, und versäumen nicht, einander ewige Treue, Zusammenstehen in Freud und Leid und alle die Dinge zu versichern, die in solchen Situationen üblich sind.
- Vorerst sind beide bereitwillig einverstanden, uneingeschränkt voneinander Besitz zu ergreifen. Und sie tun das auch. Jede Trennung verursacht ihnen Unbehagen. Wenn Sie selbst jemals verliebt waren, wissen Sie ja, wie das ist.
- Später, wenn der Alltag die Gefühle abgekühlt und den Kopf wieder klarer gemacht hat, erwacht in Partner A das natürliche Bedürfnis nach mehr Unabhängigkeit und eigener Entfaltung.
- Dieser Wunsch widerspricht natürlich den Versprechungen, die er seinem Partner früher gegeben hat. Dies und der wiedererwachte Wunsch nach mehr Selbständigkeit bringen ihn in einen Zwiespalt. Da der Partner nichts davon ahnt, bringt A es nicht fertig, ihn mit seinem Unbehagen zu konfrontieren. Das Unbehagen allerdings bleibt.
- Es nimmt im Laufe der Zeit sogar zu. Er erkennt immer deutlicher, wie sehr B von ihm Besitz ergriffen hat. Was A früher selbst herbeisehnte, die Nähe und die Besitzergreifung durch den Partner, erscheint ihm immer mehr als Belastung, der er sich entziehen möchte.
- Irgendwann einmal, meist durch einen nichtigen Anlaß ausgelöst, kommt es dann zum großen Zusammenstoß. Mit der gleichen Intensität, mit der die Partner vorher voneinander Besitz ergriffen haben, bekämpfen sie einander jetzt. Alles, was ihnen vorher gut erschien, ist jetzt schlecht. Jeder findet mühelos genug Argumente, um die geänderte Einstellung wenigstens vor sich selbst zu rechtfertigen.

Manche dieser Beziehungen, von denen ich hier spreche, endeten früher oder später in Unversöhnlichkeit und Trennung. Andere wurden, nicht selten aus reiner Bequemlichkeit, fortgeführt.

Schuldgefühle und Beschuldigungen lösten einander ab. Letztlich fügte man sich in die Realität, daß es eben nie mehr so sein könne wie früher einmal.
Und warum das alles?
Weil die Beteiligten ihre Beziehung unter der Voraussetzung begannen, daß es möglich sei, für immer und ewig sein Revier, sein egoistisches Ich, das Bedürfnis nach eigener Selbstentfaltung dem anderen zu opfern.
Die romantische Illusion von der totalen Selbstaufgabe für einen anderen ist in vielen Menschen so tief verwurzelt, daß auch mehrere Enttäuschungen der geschilderten Art sie nicht davon abhalten können, es wieder zu versuchen. Statt Sicherheit bei sich selbst zu finden, suchen sie sie unentwegt bei anderen. Sie scheitern damit, weil sie scheitern müssen. Bis sie dann eines Tages, voll des Mitleids mit sich selbst, resignieren.
Hier war von Liebe die Rede, von den gefühlsmäßigen Bindungen zwischen Mann und Frau. Das heißt jedoch keinesfalls, daß es sich in anderen Bereichen des Zusammenlebens anders verhielte. Genau die gleiche Entwicklung können Sie zwischen Eltern und Kindern, zwischen Kollegen, Nachbarn, Vorgesetzten und Untergebenen beobachten.
Ähnlich verhält es sich natürlich auch in der Beziehung zu Ideen, Ideologien oder Religionen. Oder mit dem Glauben an die Unfehlbarkeit von Ärzten, dem Staat, bewunderten Vorbildern, der Gerechtigkeit und Institutionen aller Art.
Die Dauer einer nützlichen Verbindung, das kann daraus geschlossen werden, hängt in hohem Maße davon ab, wie sehr jemand imstande ist, sein eigenes Revier dem anderen gegenüber abzugrenzen und zu verteidigen. Und natürlich auch davon, wie sehr der andere bereit ist, diese Grenze zu respektieren.

Die drei wichtigsten Maßnahmen, die wir zur Verteidigung unseres Reviers ergreifen können

Unterwerfung, Unterwanderung und Verführung, haben wir erfahren, sind die drei wirkungsvollen Bestandteile der Strategie, mit der Angreifer versuchen, in unser Revier einzudringen. Was können wir tun, um sie erfolgreich abzuwehren?
Hier sind die drei wichtigsten Punkte einer Verteidigungsstrategie:

1. Signalisieren Sie dem Angreifer, daß Sie zur Verteidigung bereit sind

Sie können Ihre Angreifer in zwei Kategorien einteilen. Die einen kommen – wie wir bereits wissen – gar nicht in der Absicht, Sie auszunützen. Oder sagen wir es so: Diese Absicht ist ihnen anfangs nicht bewußt.
Erst später, wenn sie erkennen, daß bei Ihnen etwas zu holen ist, machen sie ihre Ansprüche geltend. Sie verlangen, und sie verlangen immer mehr. Vorausgesetzt, Sie ergreifen nicht rechtzeitig die erforderlichen Abwehrmaßnahmen.
Die andere Kategorie von Angreifern beschäftigt sich nur deshalb mit Ihnen, um Sie auszunützen. Ein Angreifer dieser Art wird also von vornherein versuchen, seine Macht, seine Überlegenheit oder Ihre Schwäche zu benützen, um Sie zu überrumpeln.
In beiden Fällen ist es notwendig, den Angreifer schon an der Grenze Ihres Reviers abzustoppen, ihm klarzumachen: »Ich bin durchaus zu Verhandlungen bereit. Aber ich durchschaue deine Absicht. Ich fälle meine Entscheidung selbst, denn ich weiß ganz genau, was ich will.«
Der Angreifer wird versuchen, Sie zu überzeugen. Er wird das,

was er von Ihnen will, in den schönsten Farben darstellen. Er wird ein Dutzend Argumente haben, die alle dafür sprechen. Er wird kaum eines haben, das dagegen spricht. Mit allem, was er sagt und tut, ist er darauf aus, Ihr egoistisches Denken einzuschläfern und Sie einseitig zu seinen Gunsten zu begeistern. Er wird versuchen, Sie zu einer Zusage, zu einem Versprechen oder zu einer Unterschrift zu veranlassen. Er will Sie festlegen, damit Sie später, wenn Ihr kritisches Denken wieder in Funktion tritt, nicht mehr zurückkönnen.

Diese Situation verhindern Sie, indem Sie sagen: »Ich muß mir die Sache erst einmal überlegen.« Lassen Sie sich nicht dadurch beunruhigen, wenn er etwa sagt: »Aber da gibt es doch nichts zu überlegen.« Oder: »Ich hätte eigentlich erwartet, daß du mehr Vertrauen zu mir hast.« Oder: »Das ist eine einmalige Gelegenheit für dich, da darfst du keinen Augenblick verlieren.«

Hinweise dieser Art deuten meistens auf den Versuch einer Überrumpelung hin. Im Grunde genommen ist es nichts anderes als die Bemerkung eines schlauen Verkäufers, der Ihnen ein Sonderangebot schmackhaft macht und Ihrem Zögern damit begegnet, daß er sagt: »Das ist mein letztes Stück zu diesem günstigen Preis. Morgen ist es vielleicht schon verkauft, also greifen Sie schnell zu.«

Wenn Sie also den ersten Angriff gestoppt haben, prüfen Sie die Lage in aller Ruhe und Gründlichkeit. Filtern Sie den Angriff durch Ihr eigenes Konzept. Fragen Sie sich: Ist dieses Angebot für mich wirklich so gut? Prüfen Sie seinen Wert nach Nutzen und Prestige. Prüfen Sie vor allem, ob es auf lange Sicht noch immer jene Vorteile für Sie hat, die im Augenblick sichtbar sind. Wenn Sie das getan haben, lassen Sie sich durch nichts davon abhalten, dem Angreifer Ihren Standpunkt sofort und in aller Deutlichkeit klarzumachen. Ich betone: sofort und in aller Deutlichkeit. Wenn jemand beispielsweise Ihre Hilfe verlangt, sagen Sie nicht einfach: »Gut, ich helfe dir.« Sagen Sie: »Ich helfe dir.

Aber nur bis zu diesem oder jenem Punkt. Das wollen wir jetzt schon festlegen, damit es später keine Unklarheiten und Enttäuschungen gibt.« Damit bewahren Sie sich davor, immer weiter ausgenützt zu werden. Andererseits setzen Sie damit selbst eine Grenze, um sich davor zu bewahren, aus Schuldgefühl oder Nachgiebigkeit in Schwierigkeiten zu kommen. Machen Sie dem Angreifer klar, wo bei Ihnen der »gute Mensch« aufhört, der sich durch Gefühlsappelle immer noch weiter breittreten läßt.

Wenn eine Autoritätsperson auf Grund ihrer stärkeren Position eine Verantwortung, die ihr unangenehm ist, auf Sie abzuwälzen versucht, sollten Sie ihr von vornherein erklären, wie weit und unter welchen Bedingungen Sie bereit sind, diese Verantwortung auf sich zu nehmen.

Diese Autoritätsperson wird vielleicht mit Unmut oder Enttäuschung reagieren. Aber sie wird jetzt auch wissen, wo bei Ihnen die Grenze der Belastbarkeit liegt. Wenn Sie diese Spannung im gegenseitigen Verhältnis nicht zu Beginn des Angriffs in Kauf nehmen, wird der andere das höchstens als Schwäche auslegen. Er wird sie sich immer weiter zunutze machen.

Sie gehören dann, wenigstens in seinen Augen, zu den Leuten, von denen man sagt: »Wenn keiner es tun will, *der* wird es schon machen.« Ehe Sie sich versehen haben, lastet man Ihnen auf, was den anderen zu beschwerlich ist.

2. Lassen Sie den Angreifer wissen, unter welchen Bedingungen Sie bereit sind, mit ihm einen Kompromiß zu schließen

Wenn hier ständig von »Angriffen« die Rede ist, soll das keinesfalls heißen, daß nicht bei vielen dieser Angriffe auch für Sie ein Vorteil herauszuholen ist. Vorausgesetzt natürlich, Sie nehmen diesen Vorteil wahr. Es kann durchaus sein, daß es für Sie nützlich ist, ein Stück Ihres Reviers abzutreten und dafür ein anderes Stück, vielleicht ein größeres, einzutauschen.

Jeder Angreifer will schließlich etwas von Ihnen. Es ist ganz legal, daß er versucht, es zu einem möglichst geringen Preis zu bekommen. Wenn Sie ihm jedoch von Anfang an signalisiert haben, daß Sie eine klare Vorstellung des Preises haben, den zu bezahlen Sie bereit sind, können Sie mit dem Angreifer die Verhandlungen aus einer starken Position heraus aufnehmen.

Er weiß jetzt, daß er Sie nicht überrumpeln kann. Nicht mit Schmeicheleien, nicht mit seiner Autorität oder mit herzerweichenden Botschaften an Ihre Nachgiebigkeit. Er will etwas von Ihnen, und er weiß, daß Sie es wissen. Schließlich weiß er auch, daß Sie Ihrerseits wissen, was Sie wollen.

Das Ziel der Verhandlungen ist ein Kompromiß. Das Wichtigste für Sie dabei ist, daß Sie genau wissen, wie weit Sie zu gehen bereit sind. Wenn Sie gut vorbereitet sind, wissen Sie es. Dann haben Sie die Grenze Ihres Reviers abgesteckt, und das gibt Ihnen Sicherheit.

Der Vollständigkeit halber möchte ich Ihnen noch mitteilen, was mir einmal ein Politiker sagte, der für sein Verhandlungsgeschick bekannt ist. Er meinte, es gebe zwei Arten von Kompromissen, die er, je nach den gegebenen Voraussetzungen, zu erreichen versuche:

- Beide Partner gehen bis zum Äußersten des ihnen Möglichen. Wobei es notwendig ist, die eigene Grenze genau zu kennen, aber auch die des anderen. Dieser Kompromiß kann allerdings nur zustande kommen, wenn beide Partner die äußerste Grenze, an die der andere gehen kann, respektieren.
- Ein Partner gibt zugunsten des anderen nach. Aber nur unter der vereinbarten Bedingung, daß beim nächsten Mal der andere Partner mehr zu geben bereit ist. Diese Lösung ist nur möglich, wenn zwischen den Partnern ein Verhältnis besteht,

bei dem jeder sich auf die Wiedergutmachung des anderen verlassen kann.

Es gibt Menschen, die von Natur aus dazu neigen, um einen Kompromiß ausgiebig zu feilschen. Sie brauchen Fingerspitzengefühl, gute Nerven und einiges schauspielerisches Talent. Andere wieder haben dazu keine sonderliche Begabung. Sie neigen dazu, offen heraus zu sagen: »Wenn ich das bekomme, bin ich bereit, jenes dafür zu geben. Das ist mein letztes Angebot. Weiter will ich nicht gehen.«
Im Grunde genommen spielen solche Unterschiede keine große Rolle. Wenigstens nicht bei jener Art von Kompromiß, von der hier die Rede ist. Und unter der Voraussetzung, daß ein Verteidiger die Grenze seines Reviers klar abgesteckt hat.
So kann der Fall eintreten, daß wir mit dem liebenden und geliebten Partner rechtzeitig vereinbaren: »Bei allen wunderbaren Gefühlen, die wir im Augenblick füreinander empfinden, sollten wir jetzt schon daran denken, daß sie nicht ewig anhalten können. Laß uns deshalb von vornherein festlegen, bis zu welcher Grenze jeder bereit ist, das Eigenleben des anderen zu akzeptieren. Das wird uns später vor Enttäuschungen bewahren.«
Wenn ein Kompromiß dieser Art rechtzeitig geschlossen ist, können damit tatsächlich jene Enttäuschungen vermieden werden, die aus der kurzsichtigen Illusion entstehen, daß die sogenannte große Liebe in der gegenseitigen Besitzergreifung keine Grenzen kenne.
Oder nehmen wir den Fall an, daß der Angreifer eine Autoritätsperson ist. Wir haben ihr die Grenzen unserer Belastbarkeit deutlich signalisiert und treten nun in Verhandlungen mit ihr ein. Egal, wie wir bisher zu dieser Person standen, jetzt wird sie wissen, daß wir für sie kein williges Instrument des Vollzugs ihrer Absichten sind. Durch unsere Strategie der Verteidigung haben wir ihr klargemacht, daß sie von uns für sich nur einen Vorteil

herausholen kann, wenn sie bereit ist, unsere eigenen Vorstellungen zu respektieren.
Sie wird beim nächsten Mal also nicht denken können: »Mit dem kann ich machen, was ich will. Mit Schmeichelei oder Drohung kann ich ihn gefügig machen.« Sie wird vielmehr von vornherein wissen, daß sie uns ein Angebot machen muß, bei dem auch unser Vorteil berücksichtigt ist.

3. Verzichten Sie lieber auf etwas, ehe Sie sich damit erpressen lassen

Es wurde hier schon mehrmals auf die Regel hingewiesen: Wer sich einmal erpressen läßt, muß damit rechnen, daß er so lange ausgenützt wird, bis er nichts mehr besitzt, das man ihm wegnehmen kann. Oder, um bei unserer Diktion zu bleiben: Wer sein Revier nicht beim ersten Angriff entschlossen verteidigt, dem wird es Stück für Stück weggenommen.
Er muß in der ständigen Angst leben, daß er zu schwach ist, den ständigen Versuchen von Unterwerfung, Unterwanderung oder Verführung zu widerstehen. Das sind die Menschen, die ständig klagen: »Ich kann tun, was ich will, wenn es darauf ankommt, kann ich doch nie nein sagen.«
Hier soll noch einmal darauf hingewiesen werden, in welchen scheinbar unbedeutenden Bereichen des Alltagslebens die Entscheidungen über Verteidigungsbereitschaft oder Nachgeben fallen.

- Wenn Sie mit jemandem eine Verabredung haben, sollten Sie immer vorher bei sich selbst festlegen, wie lange Sie auf den anderen zu warten bereit sind. Nehmen wir an, Sie haben sich für zehn Minuten entschlossen. Wenn der andere dann nicht erschienen ist, gehen Sie wieder fort.

Vermutlich wird sich der andere später wieder bei Ihnen melden und Ihnen mitteilen, er hätte sich leider verspätet. Möglicherweise wird er auch einige bedeutend klingende Entschuldigungen hinzufügen.
Wenn Sie nachgegeben und vielleicht eine halbe Stunde auf ihn gewartet hätten, wäre das für ihn eine Ermunterung gewesen, Sie beim nächsten Mal vielleicht eine dreiviertel Stunde warten zu lassen. So aber sagen Sie ihm: »Ich war pünktlich da und habe zehn Minuten gewartet. Dann bin ich wieder fortgegangen.«
Damit haben Sie ihm klargemacht, daß Sie lieber auf die Verabredung verzichteten, als sich mit Ihrer Nachgiebigkeit erpressen zu lassen.

- Wenn Sie mit einer klaren Kaufabsicht in ein Geschäft gehen, kann es vorkommen, daß sich der Verkäufer nicht die Mühe nehmen will, darauf einzugehen. Er sagt von vornherein: »Da haben wir etwas viel Besseres, nehmen Sie doch das. Sie werden sehen, daß es Ihr Vorteil ist.«

Lassen Sie sich durch solch schöne Worte nicht von Ihrer Verteidigungsbereitschaft abbringen. Machen Sie ihm klar, daß Sie selbst wissen, was Sie möchten. Bestehen Sie darauf, daß er sich bis an die Grenze seiner Möglichkeit bemüht, um Ihren wirklichen Wunsch zu erfüllen, weil es sonst nur eine einzige Alternative für Sie gibt: Sie verzichten darauf, bei ihm irgend etwas zu kaufen.

- Wenn jemand Sie veranlassen möchte, etwas zu tun, was Sie nicht für richtig halten, und sich dabei auf Ihre Ehre, auf Fairneß oder Ihre Ehrlichkeit beruft, sollten Sie sich nicht scheuen, darauf zu verzichten, in seinen Augen als ehrenhaft, fair oder ehrlich zu gelten.

Es geht darum, auf einen kurzfristigen oder scheinbaren Vorteil zu verzichten, um sich einen dauerhaften Vorteil zu sichern. Dieser dauerhafte Vorteil ist die Sicherheit in Ihrem Revier. Dieser Vorteil sollte jeden notwendigen Verzicht rechtfertigen.
Ich weiß, daß ich mich mit solchen Hinweisen wiederhole. Aber ich tue das in der Absicht, um Ihnen die Zusammenhänge der Kunst, ein Egoist zu sein, in möglichst vielen Variationen vor Augen zu führen.
Verzicht wird nur allzuoft als Schwäche ausgelegt. Hier jedoch soll gezeigt werden, wie er als wirkungsvolles Instrument der Verteidigung nutzbringend eingesetzt werden kann. Und das, so glaube ich, kann nicht eindringlich und oft genug gesagt werden. Was Sie sich schließlich noch vor Augen halten sollten, ist dies: Sie befinden sich bei der Verteidigung Ihres Reviers in der Situation eines Fußballspielers vor und während eines Spiels.
Er kann von seinem Trainer hervorragend vorbereitet sein. Er ist topfit. Er hat alle Instruktionen erhalten, wie er seinen Gegenspieler decken und wann er sich von ihm lösen soll, um im gegnerischen Strafraum ungedeckt zum Torschuß bereitzustehen. Alle diese Instruktionen werden ihm nichts nützen, wenn er nicht mit der richtigen Einstellung aufs Spielfeld kommt. Wenn er sich etwa sagt: »Ich will ein Tor schießen, aber ich muß aufpassen, daß ich mir dabei das Bein nicht verletze.« Oder, wenn es darum geht, den Gegenspieler am Torschuß zu hindern, sagt er sich: »Bevor ich ihn mit meiner Attacke verletzen könnte, lasse ich ihn das Tor lieber schießen.«
Wenn der Spieler nicht bereit ist, für den Torschuß eine Verletzung zu riskieren oder in Kauf zu nehmen, den Gegner zu verletzen, um ein Tor zu verhindern, werden alle taktischen Anweisungen nichts nützen.
Vielleicht wenden Sie jetzt ein: Aber das sei doch bloß Sport, Körperertüchtigung, Fairneß, Respekt vor dem Gegner, Vorbild der Jugend – und der wohlklingenden Phrasen mehr. Die sollten

Sie vergessen. Sport ist Angriff und Verteidigung. Sport ist nichts weiter als der Ausdruck des Lebens, wie es ist. Nämlich: »Du oder ich.« Und: »Wenn ich dich nicht schlage, schlägst du mich.«
Ich brauche Ihnen diese Behauptung nicht zu beweisen. Gehen Sie zu einem Entscheidungsspiel auf den Fußballplatz, oder sehen Sie sich ein Endspiel im Fernsehen an. Vielleicht sehen Sie dabei zwischendurch eine dieser rührseligen Szenen, wo einer, der den Gegner zu Boden getreten hat, dem am Boden Liegenden freundschaftlich die Hand hinstreckt. Ich weiß von einigen bewunderten internationalen Stars, die solche Szenen der sportlichen Fairneß meisterhaft zu spielen verstehen; gleichzeitig aber spucken sie dem Gegner während des Händedrucks ins Gesicht. Sie tun es, um ihm zu signalisieren, wie sehr und wie hart sie ihn auch weiterhin bekämpfen werden.
Ich möchte nicht behaupten, daß das der einzig wahre Umgang der Menschen untereinander sei. Es wird auch nicht jeder Angreifer tretend und spuckend auf Sie losgehen. Aber letzten Endes will er nur unter allen Umständen seinen Vorteil wahren. Wenn sich dabei für Sie ein Nachteil ergibt, kümmert ihn das in Wahrheit wenig. Sosehr er auch nach außen hin Anteilnahme heuchelt. Vielleicht startet er seinen Angriff mit ausgesuchter Höflichkeit. Dann versucht er, Sie in eine Falle zu locken. Schließlich wendet er die versteckte oder offene Drohung an. Irgendwo kommt in solchen Fällen immer der Punkt der ausschlaggebenden Konfrontation, an dem es sich entscheidet: Er oder ich.
Das ist die Realität, und darauf sollten Sie vorbereitet sein. Zur besten Vorbereitung gehört neben dem Wissen um die Zusammenhänge die richtige Einstellung zur Verteidigung unseres Reviers.

Ein praktisches Beispiel, wie andere von uns Besitz ergreifen, wenn wir nicht auf der Hut sind

Jeder, aber wirklich jeder Mensch, mit dem Sie in nähere Verbindung treten, wird Sie bewußt oder unbewußt immer wieder auf die Probe stellen. Er wird ausprobieren, wie weit Sie bereit sind, für ihn etwas zu tun.

Ein Vorgesetzter prüft Sie auf Ihre Belastbarkeit, damit er weiß, wie er das Maximum an Leistung aus Ihnen herausholen kann. Er testet Sie auch auf Ihre Bereitschaft zur möglichst bedingungslosen Unterordnung. Genauso machen das auch die eigenen Kinder, der Ehepartner, die Freunde und alle anderen.

Bei der Beziehung Autoritätsperson–Untergebener kann man vom sogenannten »Heerführer-Test« sprechen. Denn seit eh und je muß ihn jeder gute Heerführer durchgeführt haben, ehe er beurteilen kann, ob ihm seine Soldaten auch gehorchen, ehe er sie in den Tod schickt.

Wie Sie ja wissen, haben zu allen Zeiten ganze Völker diesen Test hervorragend bestanden. Sie waren bereit, ihr Leben zu opfern, auch wenn dieses Opfer für jeden denkenden Menschen als Sinnlosigkeit deutlich zu erkennen war.

Und warum konnte es trotzdem geschehen? Weil die einzelnen nicht für sich selbst dachten, sondern andere für sich denken ließen. Rechtzeitig war ihnen nahegelegt worden, daß sie nicht an sich selbst denken dürften, sondern nur an das Wohl einer Idee, einer Nation oder sonst etwas Größeres. Diese Maxime ist bis heute mit großem Erfolg aufrechterhalten worden, wenn man sagt: Gemeinnutz geht vor Eigennutz. Seltsamerweise gilt diese Maxime jedoch niemals für jene, die darüber bestimmen, worin der Nutzen der Gemeinschaft beim Opfer des einzelnen eigentlich besteht.

Ob auf der großen Ebene des Zusammenlebens oder in der

alltäglichen Beziehung zwischen Menschen, es ist die gleiche Vorgangsweise.
Ich will Ihnen in diesem Zusammenhang noch von einem Beispiel berichten, das meine Frau und mich einige Wochen hindurch so sehr beschäftigte, daß unser ehelicher Friede dadurch schwer belastet wurde. Die Sache liegt schon zehn oder zwölf Jahre zurück. Wir wohnten damals in einem Mietshaus mit rund zwanzig Parteien. Eine davon war eine Frau mit zwei Kindern, die von ihrem Mann verlassen worden war. Es war offensichtlich, daß sie mit ihren Problemen nicht zurechtkam.
Meine Frau hatte Mitleid mit ihr. Sie fand: »Dieser armen Frau muß man helfen, die schafft es alleine nicht.« Irgendwie meinte sie damit auch: »Uns geht es doch so gut. Da hat man einfach die Verpflichtung, jemandem zu helfen, der in seelischer Not ist.«
Meine Frau kümmerte sich also um diese Nachbarin. Sie lud sie zu uns ein, damit sie sich vorerst einmal aussprechen konnte. Davon machte sie dann auch ausgiebig Gebrauch. Sie erzählte ihre Leidensgeschichte in den schwärzesten Farben. Sie verstand es, überzeugend zu begründen, warum an ihrem ganzen Leid ihr Mann allein schuld war und nicht sie.
Täglich stand oder saß sie stundenlang bei uns in der Wohnung herum, trank unseren Wein und Kaffee und ließ sich von meiner Frau bemitleiden. Gute Ratschläge oder Ermunterungen, selbst etwas zur Lösung ihrer Probleme zu unternehmen, ignorierte sie allerdings völlig. Es wurde bald deutlich, daß sie gar nicht daran dachte, sich selbst zu helfen. Sie sah es vielmehr als Verpflichtung an, daß andere ihr halfen. Was sie außerdem noch ignorierte, war unser Wunsch, ab und zu einen Abend ohne sie zu verbringen. Sie hatte also sehr bald von uns mit Haut und Haaren Besitz ergriffen. Selbst wenn sie ausnahmsweise einmal nicht anwesend war, sprachen meine Frau und ich über nichts anderes als über die Nachbarin. Es kam dabei sehr oft zu Spannungen zwischen uns, weil ich die Dinge recht nüchtern betrachtete. Meine Frau reagier-

te darauf ziemlich heftig, indem sie mich einen herzlosen Menschen und ähnliches nannte.

Es ist ganz deutlich, daß meine Frau die erste Belastungsprobe durch die Nachbarin in geradezu klassischer Weise nicht bestanden hatte. Sie öffnete ihr Revier bereitwillig und arglos dem Angriff durch Mitleid und Nächstenliebe. Der Angreifer machte davon in vermehrtem Maße Gebrauch.

Wenn meine Frau schon am Beginn dieser ersten Phase des Angriffs die Grenze ihrer Bereitwilligkeit abgesteckt hätte, wäre das nicht möglich gewesen. Sie hätte etwa klarstellen können: »Hören Sie einmal zu. Ich will Ihnen zwar helfen, aber lösen müssen Sie Ihr Problem selbst. Hören Sie auf zu jammern, und tun Sie etwas.«

Sie hätte dann festlegen können, was zu tun ist. Meine Frau hätte daraufhin sagen können: »Sie wissen jetzt, wie es weitergehen kann. Kommen Sie wieder, wenn Sie ein paar Schritte weiter sind.«

Diese Phase der Verteidigung fand nicht statt. Im Gegenteil. Der Angreifer wurde ermutigt, meine Frau immer weiteren Belastungen auszusetzen. Sie bestanden darin, daß die Nachbarin eines Tages, als das Interesse an ihrem Schicksal doch etwas abzuflauen begann, durchblicken ließ: »Am liebsten möchte ich gar nicht mehr weiterleben. Ich denke jetzt öfter daran, mir das Leben zu nehmen.«

Auf meine Frau wirkte diese Erwähnung wie ein Schock. Sofort war wieder ihr volles Interesse da. Sie fühlte sich jetzt nicht mehr nur für das traurige Schicksal eines Menschen verantwortlich, sondern auch für sein Leben. Ich reagierte viel nüchterner. Ich sagte der Nachbarin, daß ich ihre Drohung nicht ernst nehmen könne.

Dadurch trat eine Verschärfung der Situation ein. Ich versuchte, meine Frau aus ihrer Abhängigkeit zu befreien. Die Nachbarin fürchtete, daß sie dadurch das willige Opfer, auf das sie alle

ihre Verantwortung abladen wollte, verlieren könnte. In diesem Kampf setzte sie die nächste Maßnahme.
An einem Abend waren meine Frau und ich im Theater. Als wir nach Hause kamen, lag in unserem Briefkasten ein Säckchen mit ein paar Geldscheinen, Schmuckstücken und einem Zettel, auf dem stand: »Bitte nach meinem Ableben an meine Kinder weitergeben.« Wir stürzten sofort in die Wohnung der Frau. Sie saß in der Küche, neben sich eine Flasche Wein und ein großes Küchenmesser. Damit, so erklärte sie, wollte sie sich gerade die Pulsadern aufschneiden. Vorsorglich hatte sie jedoch mit dem Vorhaben gewartet, bis wir aus dem Theater heimkehren würden. Wir verbrachten also den Rest der Nacht damit, ihr gut zuzureden. Wir sagten ihr, sie könne doch ihre Kinder nicht im Stich lassen, und alles das, was einem in so einer Situation eben einfällt. Aber wie sich zeigte, war sie viel mehr als am Schicksal ihrer Kinder daran interessiert, daß sie selbst nicht im Stich gelassen wurde. Wir konnten sie schließlich von ihrem Vorhaben abbringen.
Damit das Interesse an ihr aber nicht erlahmte, lag eine Woche später wieder ein Säckchen mit dem erwähnten Inhalt in unserem Briefkasten. Alles Weitere lief ähnlich ab wie beim ersten Mal. Mir war klar, daß ich nun im Namen meiner Frau die entscheidende Maßnahme der Selbstverteidigung setzen mußte. Ich teilte also der Nachbarin mit, daß ich beim nächsten Versuch ohne Zögern die Polizei verständigen würde. Es bliebe ihr in diesem Falle nicht erspart, einige Zeit in einer psychiatrischen Klinik zu verbringen.
Dazu kam es dann auch. Als die Nachbarin nach vierzehn Tagen aus der Irrenanstalt zurückkam, stattete sie uns ihren letzten Besuch ab. Sie war etwas blaß, aber keineswegs verzweifelt. Sie hatte, wie sie zugab, einen heilsamen Schock erlitten. In der Anstalt habe sie Dinge erlebt, die ihr wieder neuen Lebensmut gegeben hätten. Im Vergleich zu den Menschen, die es dort gab, müßte sie sich immer noch zu den glücklicheren zählen.

Wir verloren die Frau dann bald aus den Augen. Erst viel später, als wir längst nicht mehr in diesem Haus wohnten, trafen wir sie noch einmal. Sie war inzwischen wieder verheiratet und schien mit sich und der Welt einigermaßen zufrieden zu sein.

Was mich betrifft, so war ich zwar für einige Zeit in den Augen meiner Frau als Unmensch abgestempelt. Aber der Verzicht auf den Ruf eines seelenguten Menschen war mir weniger wichtig als die Verteidigung des Reviers, wie es unser Familienleben nun einmal darstellte.

7

Wer sich damit zufriedengibt, für seine Arbeit nichts weiter als Geld zu erhalten, führt ein Leben, von dem er weder Glück noch wirkliche Befriedigung erwarten darf.
Ob wir glücklich sind oder aber uns mit einem Bruchteil dessen zufriedengeben, was wir erreichen könnten, hängt davon ab, wie es uns gelingt, die Harmonie möglichst vieler jener Komponenten herzustellen, die unser Leben bestimmen:

- Die Harmonie unserer Arbeit mit unseren geistigen Vorstellungen und den Ansprüchen unserer Gefühle.
- Die Harmonie der natürlichen Gegensätze wie Erfolg und Niederlage, Spannung und Entspannung, Körper und Seele.
- Und ob wir imstande sind, uns mit dem anzufreunden, wovor wir uns am meisten fürchten.

Wer diese Zusammenhänge nicht erkennt, darf sich nicht wundern, wenn er niemals wirkliche Befriedigung erlangt. Sein Leben wird einseitig und eintönig verlaufen, weil er dem faszinierenden Abenteuer aus dem Wege geht, dramatische Spannung auf sich zu nehmen und sie zu bewältigen.
Wer diese Zusammenhänge erkennt und danach handelt, schafft die Voraussetzung, sein Leben an jedem einzelnen Tag voll auszukosten.

»Ich tue das, was mir Freude macht.
Und ich habe an allem, was ich
tue, Freude.«

In diesem Kapitel ist von einem Begriff die Rede, dem Sie vielleicht in Ihrem bisherigen Leben wenig Bedeutung beigemessen haben. Dieser Begriff heißt »Gesamtharmonie«.
Wir können ihn folgendermaßen definieren: Alles, was wir sind und tun, kann uns nur glücklich machen, wenn es ein harmonischer Bestandteil eines Ganzen ist.
Das Ganze, das sind wir. Unser Körper, unser Geist, die Gefühle, die Arbeit und das Privatleben. Die Zeit, der einzelne Tag, das Leben und noch eine ganze Menge mehr. Der Begriff »Gesamtharmonie« besagt beispielsweise:
Ihre Arbeit oder das, womit Sie sich gerade beschäftigen, kann Sie nur wirklich befriedigen, wenn es mit Ihren geistigen Vorstellungen und auch Ihren Gefühlen harmonisiert. Lassen Sie mich das an folgendem Beispiel zeigen.
Eine Sekretärin schreibt für ihren Chef einen Brief. Sie denkt dabei: »Wenn ich nicht auf das Gehalt angewiesen wäre, würde ich diese Arbeit nicht machen. Briefe zu schreiben geht mir fürchterlich auf die Nerven.«
Sie haßt also das Briefeschreiben, und das beeinträchtigt auch ihre Fähigkeit, sich auf die Arbeit zu konzentrieren und sich mit ihr zu identifizieren. Sie macht deshalb Fehler. Vielleicht muß sie den Brief ein zweites oder drittes Mal neu beginnen. Das steigert ihr Gefühl der Unzufriedenheit.
Es kann auch sein, daß sie einen Fehler übersieht. Der Chef, der ihn bemerkt, sagt zu ihr: »Meine Liebe, das hätte Ihnen aber nicht passieren dürfen.«
Die Sekretärin bessert den Fehler aus. Aber ihre Abneigung gegen das Briefeschreiben dehnt sich jetzt auch noch auf ihren Vorge-

setzten aus, der ihr solche Schwierigkeiten bereitet und obendrein ihren Stolz verletzt.

Wie Sie sehen, besteht keine Harmonie zwischen der Tätigkeit, die diese Sekretärin ausübt, ihrer geistigen Einstellung und ihren Gefühlen. Das wieder hat Folgen in anderen Bereichen ihres Lebens.

So ist anzunehmen, daß sie an diesem Tag nicht besonders zufrieden ist, wenn sie abends nach Hause geht. Man weiß, daß Menschen, die mit ihrer Arbeit nicht glücklich sind, sich unbewußt in Müdigkeit und Erschöpfung flüchten. Das damit verbundene Selbstmitleid ist ihr Ersatz für die entgangene Befriedigung. Vermutlich wird die Sekretärin, wenn sie sich zum Abendessen hinsetzt, noch immer von ihrer negativen Gesamtstimmung beherrscht. Sie wird an Ausreden denken, während sie unlustig ihr Essen verzehrt. Genauso wie ihre Gedanken und Gefühle ist auch ihr Magen verkrampft. Dadurch hat er Schwierigkeiten, mit den nur flüchtig gekauten Speisen fertig zu werden. Denn wer mit seinen Gedanken ganz woanders ist, kaut oberflächlicher als jemand, der das Essen genießt, es sorgfältig mit den Zähnen zerkleinert, so daß der Magen es leichter verarbeiten kann.

Wir sehen, daß sich die Disharmonie zwischen Arbeit, Gedanken und Gefühlen auch auf den Körper und die Organe auswirkt.

Ein anderer Aspekt ist, daß jemand, der mit Unlust arbeitet, auch mit der rechtzeitigen Bewältigung seiner Aufgabe in Schwierigkeiten gerät. Er wird unangenehme Dinge bis zum letzten Augenblick aufschieben, um sie dann hastig hinter sich zu bringen. Damit verhindert er von vornherein, daß eine tiefere Beziehung zu dieser Aufgabe entstehen kann.

Ich möchte Ihnen an dieser Stelle von einem Mann namens Dick Morton berichten, einem englischen Fotografen. Als ich ihn vor etwa zwanzig Jahren traf, war er 58 Jahre alt.

Ich hatte damals während eines kurzen Aufenthalts in London über ihn und seine Arbeit in einer Zeitung gelesen. Mit dem

Bericht wurde auch eines der von ihm gemachten Fotos veröffentlicht. Dieses Bild faszinierte mich durch die außergewöhnliche Ruhe, die es ausstrahlte. Ich konnte es mir immer wieder ansehen und kam stets nur zu dem einen Schluß: Auf diesem Foto stimmte einfach alles. Es war fehlerlos.

Ich hatte damals selbst die Absicht, Fotograf zu werden, und beschloß, diesen Meister seines Faches aufzusuchen. Ich fand ihn nicht in England, sondern in einem verwitterten Holzhaus in der Nähe des Ortes Caux sur Montreux in der Schweiz.

Dort führte er seit acht Jahren ein Leben, von dem er selbst sagte: »Ich habe dreißig Jahre meines Lebens damit zugebracht, dem Geld und allem möglichen sinnlosen Luxus nachzujagen. Jeder Tag war voll Hektik, weil ich dachte, ich würde irgend etwas versäumen. Bis mir klar wurde, daß ich auf diese Weise dem wirklichen Glück nur immer weiter davonlief. Hier habe ich dieses Glück schließlich in einem Maße gefunden, das ich nie zu erträumen wagte. Das lag vor allem daran, daß ich mir die Zeit nahm, über mich ausführlich nachzudenken. Hier tue ich das, was mir wirklich Freude macht. Und ich habe an allem, was ich tue, Freude.«

So lebte er, bis er im Alter von 71 Jahren starb.

Natürlich können wir uns nicht alle in verwitterte Holzhäuser in der Schweiz zurückziehen, um dort nur mehr das zu tun, was uns Spaß macht. Aber an dem, was wir tun, Freude zu haben hängt nicht davon ab, in welcher Umgebung wir leben. Es hängt allein davon ab, was wir daraus machen.

Wenn Dick Morton, dessen Spezialgebiet die Landschaftsfotografie war, mit seiner Kamera durch die Wälder streifte, um nach einem geeigneten Motiv zu suchen, war er sich darüber im klaren, daß ein wirklich gutes Foto nur zustande kommen konnte, »wenn die Harmonie in mir selbst und mit dem Motiv hergestellt ist«.

Er erklärte mir das so: »Ich sehe ein Motiv. Es erweckt sofort allerlei Gedanken, wer mir dieses Bild abkaufen und wieviel er mir dafür bezahlen würde. Wenn mir darauf eine Antwort einfällt, brauche ich nur die Kamera aufzustellen und den Auslöser zu drücken. Hier das Bild, dort das Geld. So habe ich früher immer gedacht. Heute weiß ich, daß diese Einstellung die wichtigsten Ansprüche in mir unbefriedigt läßt. Die Bedürfnisse meines Gefühls bleiben unerfüllt, die Phantasie verkümmert, mein Denken wird zur Schablone. Dadurch verliert das, was ich tue, seinen tatsächlichen Sinn.«

Wenn er also ein Motiv entdeckte, dann knipste er nicht einfach drauflos. Er versuchte, wie er es nannte, »eine möglichst tiefe Beziehung zu ihm herzustellen, indem ich mich ganz darauf einstelle«.

Er betastete etwa einen verwitterten Baum, brach ein Stück Rinde ab und untersuchte es. Er versuchte zu ergründen, warum der Baum keine Blätter mehr hatte. Waren es die Käfer oder vielleicht die Schneestürme, die ihm so zugesetzt hatten?

Er ließ seiner Phantasie freien Lauf und versuchte sich vorzustellen, wie es gewesen sein könnte. Mit diesen Gedanken wuchs seine Anteilnahme. Er geriet in einen Zustand der Erregung, der ihn alles andere um ihn herum vergessen ließ. Wenn er nicht genau wußte, welche Art von Baum es war, lief er nach Hause, um in Büchern nachzuschlagen. Er wollte alles wissen.

»Je mehr ich mich mit meinem Motiv beschäftige, um so enger wird meine Beziehung zu ihm«, sagte Dick Morton. »Wenn ich dann alles weiß, wenn mich das Motiv ganz beherrscht, dann finde ich ganz automatisch den richtigen Blickwinkel und drücke auf den Auslöser. Nur so bekommt meine Arbeit einen tieferen Sinn, der mir Befriedigung verschafft. Das bedeutet mir so ungeheuer viel, daß das Geld, das ich für so ein Bild bekomme, nur mehr jene Bedeutung hat, die ihm zukommt. Es hilft mir dabei, so zu leben, wie es mir Freude macht.«

Dick Morton erzählte mir das alles, als wäre es die selbstverständ-

lichste Sache der Welt. Ich bin sicher, so ist es auch. Aber was tun wir, oder zumindest die meisten von uns?
Wir neigen dazu, alles, womit wir uns beschäftigen, als eine für sich allein stehende Sache anzusehen. Geldverdienen ist das Wichtigste, egal, ob es uns Freude macht oder nicht. Wir sagen: »Dienst ist Dienst, und Schnaps ist Schnaps.« Arbeit ist das eine, Gefühle sind etwas völlig anderes.
Es versteht sich ganz von selbst, daß niemand mit dieser Einstellung auf lange Sicht glücklich werden kann. Und warum nicht? Weil er nicht erkannt hat, daß dieses Glück die Summe vieler Bedürfnisse ist, die miteinander in Einklang stehen müssen.

Nichts sollte uns daran hindern, aus Arbeit mehr für uns herauszuholen als nur Geld und Anerkennung

Bleiben wir noch bei dem, was Dick Morton über seine Arbeit sagte. Es könnte sein, daß sein Beispiel dem einen oder anderen einen nützlichen Denkanstoß liefert.

Der Fotograf ging von der grundlegenden Vorstellung aus: Wenn ich mein Denken und Fühlen in harmonischen Einklang mit dem bringe, was ich tue, macht es mir nicht nur den größten Spaß, es steigert auch die Qualität meiner Arbeit. Denn es leuchtet jedem ein, daß die Freude um so größer ist, je befriedigender wir eine Aufgabe bewältigt haben.

Morton machte nicht den Fehler, von der Vorstellung auszugehen: »Hier ist meine Arbeit. Sie muß getan werden, egal ob es mir Spaß macht oder nicht.« Er sagte vielmehr: »Damit mir die Arbeit soviel Spaß wie möglich macht, setze ich meine ganze Anteilnahme, meinen Geist, meine Phantasie und mein Wissen ein. Daraus entsteht dann automatisch Freude – und das ist der Qualität der Arbeit nur förderlich.«

Ist diese Vorgangsweise nicht so überzeugend, daß man sich wundern muß, warum nicht jeder von uns ständig danach handelt? Trotzdem tun wir es nicht.

Die erwähnte Sekretärin zum Beispiel könnte sich sagen: »Meine Arbeit ist das Briefeschreiben. Statt zu jammern, unternehme ich alles, um den größten Spaß dabei zu haben.« Sie braucht nichts anderes zu tun als das, was Dick Morton bei seinen Fotoaufnahmen machte.

Sie beschäftigt sich mit jenen Leuten, die ihre Briefe bekommen sollen. Wer sind sie? Was sind sie? Wie muß ein Brief beschaffen sein, um sie für das geneigt zu machen, was man von ihnen erreichen will? Ich kenne hervorragende Sekretärinnen, denen ihr

Chef ein paar Stichworte gibt und dann sagt: »Formulieren Sie den Brief selbst, Sie können das viel besser als ich.« Solche Sekretärinnen setzen sich voll Selbstbewußtsein an den Computer, und ihr Denken ist ganz darauf eingestellt, das Beste aus der Aufgabe zu machen. Wenn sie mit ihrer Arbeit fertig sind, freuen sie sich darüber.

Es gibt einige vorgefaßte Meinungen, die uns daran hindern, an der Arbeit Spaß zu haben. Man hat sie uns immer wieder eingeschärft, und wir orientieren uns gedankenlos an ihnen, obwohl wir dadurch ständig in neue Schwierigkeiten geraten.

Dazu gehört die Auffassung, Arbeit müsse einfach mit Plage, Selbstüberwindung und Anstrengung verbunden sein. Wer an der Arbeit Spaß findet, macht sich damit oft anderen gegenüber von vornherein verdächtig.

Ein Freund von mir gehört zu den sogenannten Topmanagern eines großen deutschen Konzerns. Er ist für einen durchschnittlichen Jahresumsatz von 100 Millionen Mark verantwortlich.

Einmal fragte ich ihn: »Es muß dir doch ungeheuren Spaß machen, am Ende eines Jahres das Gefühl zu haben, daß du es wieder einmal geschafft hast.« Da blickte er mich verständnislos an und meinte fast beleidigt: »Spaß? Hast du aber eine Ahnung. Bei meiner Arbeit ist Spaß nicht drin. Ich schufte das ganze Jahr wie verrückt. Manchmal habe ich nicht einmal Zeit für einen richtigen Urlaub. Gar nicht zu reden von den Wochenenden, an denen mich meine Familie nicht sieht.«

Da er keine Zeit findet, an seiner Arbeit auch Freude zu haben, versteht es sich von selbst, daß er mir auch nicht sagen konnte, warum er diese Arbeit dann überhaupt macht. Er sagte zwar: »Für das gute Geld, das ich damit verdiene. Und natürlich auch, um mich durch Erfolg zu bestätigen.« Aber solche oft gebrauchten Phrasen sind wohl nichts weiter als oberflächliche Alibis für fehlende Zufriedenheit, die auch mit dem Gehalt eines Topmanagers nicht aufgewogen werden kann.

Was ist es, das diesen Mann daran hindert, an seiner Arbeit und seinen Erfolgen Freude zu haben? Ist es etwas Unlösbares? Etwas, das ihn übermenschliche Anstrengung kosten würde?
Keineswegs. Er braucht nur eine einzige grundlegende Entscheidung zu fällen und eine Vorstellung, an die er sich gewöhnt hat, durch eine neue zu ersetzen.
Bisher sagte er: Nichts ist für mich wichtiger als Geld und Anerkennung. Je härter ich arbeite, um so mehr bekomme ich davon. Ich muß dafür einen Großteil meiner Gefühle, meiner persönlichen Lebensvorstellungen und Bedürfnisse opfern. Irgendeinmal werde ich dafür vielleicht Zeit finden.
Statt dessen könnte er sagen: Das Wichtigste in meinem Leben ist die Harmonie zwischen Arbeit und Gefühl, meinen Wünschen und Vorstellungen und der Realität. Nichts kann mich davon abhalten, mir alle erforderliche Zeit und Mühe zu nehmen, diese Harmonie herzustellen. Nicht irgendeinmal in unbestimmter Zukunft, sondern an jedem einzelnen Tag bei jeder Arbeit.

Warum es notwendig ist, sich mit Dingen anzufreunden, vor denen wir uns am meisten fürchten

Der Hinweis, sich mit den Dingen anzufreunden, vor denen wir uns am meisten fürchten, mag Sie in Erstaunen versetzen. Verständlicherweise wird es Ihnen keine Mühe bereiten, sich etwa mit einem Erfolg anzufreunden. Der Niederlage hingegen werden Sie aus dem Wege gehen, wo immer es Ihnen möglich ist.

Der Grund mag darin zu suchen sein, daß Ihnen Erfolg die ersehnte Anerkennung bringt. Niederlagen sind mit der Verachtung der Mitwelt verbunden. Davor haben Sie Angst. Deshalb vermeiden Sie es, daran zu denken. Besonders dann, wenn scheinbar nicht der geringste Grund dazu besteht, weil Sie eben einen Erfolg errungen haben.

Dabei ist genau das der beste Zeitpunkt, sich mit dem Gedanken an eine Niederlage anzufreunden. Und warum? Weil die Niederlage ein notwendiger Bestandteil des Erfolges ist. Es ist wie bei Tag und Nacht, Seele und Körper, Sonnenschein und Regen. Unser ganzes Leben ist nichts anderes als ein Wechselspiel gegensätzlicher Erscheinungen.

Jedem Höhepunkt folgt ein Tiefpunkt, und zwar mit unvermeidbarer Konsequenz, die wir nicht ändern können. Wir können uns dagegen zur Wehr setzen, wir können uns Illusionen und Hoffnungen hingeben. Es wird nichts nützen. Das Vernünftigste, was wir tun können, ist: Wir freunden uns mit den beiden Polen dieser Wechselbeziehung an.

Wohlgemerkt, mit *beiden* Polen. Nicht nur mit dem einen, der uns erstrebenswert erscheint. Wenn wir nämlich sagen: »Ich denke immer nur an den Erfolg und nie an eine Niederlage«, dann schwächen wir damit von vornherein unsere Kräfte zur Bewältigung einer Niederlage.

Wir wiegen uns in dem Glauben, daß es eine Niederlage für uns nicht geben kann. Wir sagen: »Mir wird schon nichts passieren.« Oder trösten uns damit, daß »bisher ja auch immer alles gutgegangen ist«. Auf diese Weise schläfern viele Menschen ihre Abwehrbereitschaft ein. Wenn dann die Niederlage unvermittelt kommt, sind sie ihr nicht gewachsen.

Viele jagen auch aus keinem anderen Grund als aus ständiger Angst vor einer Niederlage unermüdlich hinter Erfolgen her. Die Vorstellung, eine Niederlage nicht ertragen zu können, spornt sie dazu an, über sich hinauszuwachsen. Ein durchaus positiver Aspekt, werden Sie sagen. Sie haben recht. Aber das ändert nichts daran, daß jeder, der so denkt, nach jedem Erfolg sofort wieder neuen Erfolgen hinterherhetzen muß. Getrieben von der Angst, die ihn zu immer neuen Höchstleistungen zwingt.

Bis, ja bis ihn die Niederlage, vor der er unter größten Anstrengungen so lange davongelaufen ist, schließlich doch erwischt.

Dann allerdings kann es durchaus sein, daß er diese Niederlage tatsächlich nicht ertragen kann. Sie wirft ihn um. Vielleicht erholt er sich niemals mehr davon. Sein Selbstvertrauen ist zerstört. Er hält sich für einen Versager, weil er in der Vorstellung lebt, für ihn könne es nur Erfolge geben, sonst nichts.

Deshalb ist es notwendig, sich rechtzeitig mit der Niederlage anzufreunden und sie als das zu betrachten, was sie ist: der notwendige Gegenpol zu jedem Erfolg. Nichts, vor dem wir davonlaufen könnten. Nichts, vor dem wir uns fürchten müßten. Lesen Sie einmal folgendes:

»Wenn ich einen Sieg errungen habe und ganz oben bin, denke ich immer daran, daß für mich der Weg jetzt nur mehr wieder abwärts führen kann, wo ein Tiefpunkt auf mich wartet. Er wird mir keinen Ruhm bringen. Alle, die mir heute zujubeln, werden mich dann schmähen. Aber ich bin darauf vorbereitet, denn ich weiß: Wenn ich ganz unten bin, wird es bald wieder aufwärtsgehen.

Weil ich dieses Wechselspiel des Lebens nicht ändern kann, habe ich mich damit angefreundet. Ich erwarte Sieg und Niederlage mit der gleichen Gelassenheit. Das bewahrt mich einerseits davor, übermütig zu werden. Andererseits hindert es mich, an einer Niederlage zu verzweifeln.«

Ich weiß nicht, wer diese Zeilen geschrieben hat. Ich fand sie zufällig einmal auf einer Seite, die aus irgendeinem alten Buch herausgerissen worden war.

Wer auch immer der Mensch war, der dieses Lebensrezept für sich gefunden hat, er muß ein glücklicher Mensch gewesen sein. Einer, der in Harmonie mit seinen Erfolgen und auch mit seinen Niederlagen zu leben verstand.

Wir alle könnten uns viele Enttäuschungen und quälende Ängste ersparen, wenn wir diesem Beispiel folgten. Die Frage ist: Wie bringen wir es fertig, uns mit der Niederlage anzufreunden? Die Antwort kann in einem Satz zusammengefaßt werden: Indem wir uns immer wieder mit ihr beschäftigen.

Es verhält sich dabei ähnlich wie bei manchen Menschen, denen wir begegnen. Sie verhalten sich nicht so, wie wir es von ihnen erwarten. Deshalb mögen wir sie nicht, oder wir fürchten sie. Erst wenn wir sie einmal näher kennengelernt haben, wird uns klar, daß man auch mit ihnen gut auskommen kann.

Lassen Sie mich hier wiedergeben, wie ich selbst mich immer wieder mit der Niederlage gedanklich anzufreunden versuche. Ich sage mir:

- Ich weiß, daß Erfolg und Niederlage, Fortschritt und Rückschlag, Erwartung und Enttäuschung nur Bestandteile eines natürlichen Wechselspiels des Lebens sind. Sie sind unzertrennbar miteinander verbunden. Keines kann für sich allein bestehen. Eines löst das andere ab. Ich kann es nicht ändern.
- Es wäre sinnlos, mich an das eine zu klammern und das andere verleugnen zu wollen. Deshalb ist es für mich die beste Lö-

sung, mich mit beiden anzufreunden. Mit dem Erfolg genauso wie mit der Niederlage.
- Wenn ich erfolgreich bin, vergesse ich nicht, daß im ständigen Wechselspiel des Lebens als nächstes wieder ein Tiefpunkt zu erwarten ist. Mich schon jetzt darauf zu besinnen und mich mit dem Unvermeidbaren anzufreunden wird mir dabei helfen, den Tiefpunkt leichter zu überstehen.
- Wenn die Niederlage eintritt, bin ich darauf vorbereitet. Ich gerate nicht in Panik. Ich suche nicht nach Alibis. Ich brauche mich nicht zu bedauern, sondern kann mich ganz damit beschäftigen, nach neuen Lösungen zu suchen.

Zugegeben, das ist ein Rezept, das auf mich zugeschnitten ist. Es kann jedoch eine nützliche Anregung für jedermann sein, selbst nach der Harmonie zu suchen, die ihm hilft, Niederlagen besser zu überwinden.

Warum es so wichtig ist, sich den natürlichen Ablauf der Dinge zunutze zu machen, statt dagegen anzukämpfen

Wie wir wissen, besteht die Kunst, ein Egoist zu sein, vorwiegend darin, das Leben selbst nach eigenen Maßstäben zu planen und bewußt danach zu handeln. Diese Lebenseinstellung macht es erforderlich, mehr in uns selbst hineinzuhorchen, als auf das zu hören, was andere uns einreden möchten.

Diese Umkehr unserer Aufmerksamkeit ist die vielleicht wichtigste Veränderung, die diese Kunst bei uns bewirken kann. Sie ist der Beginn jenes faszinierenden Abenteuers, bei dem wir immer neue Gebiete und Möglichkeiten besserer Selbstverwirklichung entdecken.

Lassen Sie mich hier ein Beispiel erzählen, um diese Behauptung näher zu erläutern.

Als meine Frau vor der Geburt unseres zweiten Kindes stand, machte sie sich Sorgen. Die Geburt unseres ersten Sohnes war nicht ohne große Komplikationen verlaufen, dasselbe fürchtete sie nun wieder.

Es war damals gerade die Zeit, als sich immer mehr Leute mit der Methode des autogenen Trainings befaßten. Meine Frau hatte davon gehört. Sie ging zu einem Fachmann auf diesem Gebiet und bat ihn, sie mit dieser Methode vertraut zu machen, um damit ihre Angst zu überwinden.

Als der Tag kam, an dem die Wehen einsetzten, legte sich meine Frau zu Hause noch eine halbe Stunde hin, um sich mit Hilfe des autogenen Trainings vollkommen zu entspannen, wie sie es gelernt hatte.

Dann fuhren wir zusammen in die Klinik. Die Schwester, die uns dort in Empfang nahm, meinte, sie hätte schon lange keine so fröhliche werdende Mutter mehr erlebt.

Die Geburt selbst, so erzählte mir meine Frau später, ging fast völlig schmerzlos und ohne jede Schwierigkeit vor sich. Um sie herum hätten zwar andere Frauen geweint und geschrien. Sie aber hätte sich einfach völlig locker gemacht und »in die Schmerzen hineinfallen lassen«.

Wenn jemand, der sich vorher nie mit irgendwelchen Techniken der bewußten Selbstbeeinflussung beschäftigt hat, in kurzer Zeit lernen kann, seine Nerven, seinen Kreislauf, seine Angst, die Muskulatur und schließlich auch die Schmerzen unter Kontrolle zu bringen, wozu müßte er da imstande sein, wenn er sich ständig mit sich selbst beschäftigt!

Was meine Frau getan hatte, war nichts anderes, als sich auf den zu erwartenden Schmerz vorzubereiten. Ihn als eine ganz natürliche Erscheinung zu akzeptieren. Ihm nachzugeben oder, wie sie es nannte, »sich hineinfallen zu lassen«.

Sie tat damit genau das Gegenteil von dem, was viele andere in ähnlichen Situationen tun: Sie versuchen, einen natürlichen Ablauf aufzuhalten. Sie kämpfen dagegen an. Alles in ihnen verkrampft sich in dem Bemühen, etwas aufzuhalten oder zu erzwingen, was nicht aufzuhalten oder zu erzwingen ist.

- Sie versuchen beispielsweise, die unumstößliche Tatsache zu verleugnen, daß sie älter werden.
- Sie meinen verbittert: »Wenn ich mit zwanzig Jahren gewußt hätte, was mich mit vierzig erwartet, hätte ich alles anders gemacht.«
- Sie versuchen voll Ungeduld, ein gestecktes Ziel zu erreichen, indem sie wichtige Phasen der Entwicklung überspringen.

Dazu gehört auch die Einstellung vieler Eltern, die ihren Kindern Fehler und Erfahrungen ersparen wollen, statt sie diese Erfahrungen selbst machen zu lassen. Genauso verhält es sich auf einer anderen Ebene mit den vielen Weltverbesserern, die anderen

Menschen, Gruppen oder ganzen Völkern Entwicklungsstufen ersparen wollen, die mit Opfern und Auseinandersetzungen verbunden sind.

Vor etwas mehr als fünfzehn Jahren stellte ich mit ein paar anderen Leuten Überlegungen zu dem damals für die USA typischen Trend an, den sogenannten unterentwickelten Ländern die amerikanische Lebensweise mit Hilfe einer Unmenge von Dollars aufzudrängen. Wir waren in die Vereinigten Staaten eingeladen worden, um für eine Gruppe von Interessenten dieses Problem zu analysieren.

Wir kamen zu dem naheliegenden, damals allerdings noch höchst unpopulären Schluß: Es sei sinnlos, jemandem ein unseren eigenen Vorstellungen entsprechendes Maß an Wohlstand aufzwingen zu wollen, wenn bei ihm das Unbehagen nicht groß genug ist, seine gegenwärtige Situation von sich aus zu verändern.

Oder anders gesagt: Jede Initiative zur Veränderung erfordert das Erreichen eines bestimmten Grades der natürlichen Entwicklung, um sinnvolle Ergebnisse hervorzubringen.

Spätestens beim Abzug der Amerikaner aus Südvietnam im Jahre 1975 sollte diese Auffassung eine Bestätigung finden. Sie gilt zweifellos für viele Probleme unserer Zeit. Wie etwa die vom Staat gelenkte Gesundheitsfürsorge, das Energieproblem oder den Umweltschutz. Die meisten Menschen werden so lange alle Appelle ignorieren, solange sie nicht selbst durch negative Erfahrungen zum Handeln veranlaßt werden. Deshalb ist es notwendig, sie diese Erfahrungen selbst machen zu lassen.

Da wir uns hier jedoch nicht mit den Problemen der Gesellschaft beschäftigen, sondern mit unseren ganz persönlichen, wollen wir diese Themen nicht weiter erörtern. Ich führe sie nur an, um darauf hinzuweisen, welche erstaunliche Parallelität zwischen den weitreichenden Problemen in der Welt und den persönlichen Problemen des einzelnen besteht.

Wir können feststellen: Unser gesamtes Leben und alle unsere

Handlungen, jedes Bemühen, ein gestecktes Ziel zu erreichen, unterliegt einem natürlichen Rhythmus. Wenn wir versuchen, einzelne notwendige Phasen der Entwicklung zu überspringen oder dagegen anzukämpfen, ist die Harmonie des Ablaufs gestört. Im täglichen Leben bezieht sich dies vor allem auf:

- Die Erziehung unserer Kinder.
- Das langfristige Zusammenleben mit anderen.
- Die Gestaltung unseres Lebensbereichs.
- Das Sexualleben.

In diesen Bereichen, die durch weitere ergänzt werden können, unterliegen wir der ständigen Versuchung, voll Hast und Ungeduld ans Ziel zu kommen. Ohne Rücksicht auf die harmonische Dramaturgie, der solche Abläufe unterliegen.
Natürlich können Sie in der nächsten Bank einen Kredit aufnehmen, einen Architekten und einen Baumeister engagieren und ihnen sagen: »Bis zu diesem oder jenem Termin möchte ich von Ihnen schlüsselfertig und eingerichtet mein Haus übernehmen.« Man wird Ihnen dieses Haus bauen und einrichten. Es mag durchaus Ihren Vorstellungen entsprechen. Oder wenigstens den Vorstellungen jener Leute, denen Sie damit imponieren wollen. Die Frage allerdings ist: Ist das wirklich Ihr Haus? Es wird, sobald Sie alle Schulden abbezahlt haben, Ihr Geld sein, mit dem Sie es erworben haben. Aber kann diese Gewißheit alles das ersetzen, was Ihnen entgangen ist, nur weil Sie sich der Mühe, Ihren Lebensbereich engagiert mitzugestalten, entziehen wollten?
Die Beziehung zu den Details, die Entfaltung Ihrer Phantasie, die Anteilnahme Ihrer Gefühle. Alles das, was nach einem spannungsgeladenen Verlauf zur befriedigenden Entspannung führt. Wenn Sie schließlich sagen können: »In diesem Haus ist alles so, wie es meiner eigenen Vorstellung entspricht.« Nicht jener irgendwelcher Vorbilder oder der eines Innenarchitekten.

Ohne diesen Ablauf, in dem Verflechtungen und Verzögerungen, Auseinandersetzungen, Höhepunkte und Krisen jene Spannung bewirken, die als natürlicher Gegenpol die befriedigende Entspannung erst möglich macht, fehlt ein entscheidendes Element. Den meisten Menschen ist der Sinn für die Notwendigkeit dieser Dramaturgie verlorengegangen. Sie gehen Spannungen aus dem Wege. Damit verkümmert immer mehr ihre Fähigkeit, aus diesen Spannungen Freude und Befriedigung zu schöpfen. Kein Wunder, daß ihr Leben eintönig und unbefriedigend verläuft. Wie, um einen anderen Lebensbereich anzuführen, das sexuelle Beisammensein mit einem Partner, das als gewohnheitsmäßige Pflichtübung zur schnellen Befriedigung eines körperlichen Bedürfnisses absolviert wird.

Wie in anderen Bereichen neigen wir auch hier dazu, die Harmonisierung des körperlichen Vorgangs mit Gefühlen und geistigen Vorstellungen zu vernachlässigen.

Wir erwarten ein Höchstmaß an sexueller Befriedigung, aber mit dem geringsten Einsatz an Gefühlen, an Phantasie und ohne Eingehen auf jene Dramaturgie der Eroberung, die erst zur wirklichen Befriedigung führt.

Es bedarf keiner tiefgründigen Sexualforschung, um zu der Erkenntnis zu gelangen: Sexuelles Glück ist keine Frage von Technik oder Potenz, sondern der Fähigkeit, seine Gefühle und seine Phantasie sich jedesmal neu entfalten zu lassen.

Warum Ihnen niemand die wichtigen Erfahrungen des Lebens ersparen kann. Egal, ob Ihnen das paßt oder nicht

Alles, was bisher über die Gesamtharmonie gesagt wurde, zielt im Grunde genommen nur auf den einen Punkt: auf die Fähigkeit, aus dem Schneckenhaus der Hemmungen und Tabus, der Ängste, Zwänge und der ewigen Hektik auszubrechen und das Leben voll zu erleben. Ich wiederhole: *voll zu erleben.*
Um dann alles, wozu wir imstande sind, frei zu entfalten. Alles einzusetzen, um glücklich zu werden. Uns selbst und unsere ungeahnten Kräfte täglich neu zu entdecken. Die Ketten zu sprengen, die andere uns anlegen.
Ich hoffe, Sie verstehen mich richtig. Es geht nicht um die eine oder andere Fähigkeit, die wir zufällig besitzen oder die wir uns mühevoll angelernt haben. Das würde doch nur wieder zu dem führen, was den meisten Menschen so zu schaffen macht. Sie setzen ihre Hoffnungen auf die Erfüllung eines einzigen Bedürfnisses. Dafür lassen sie alle anderen verkümmern.
Das ist auch der Grund, warum sich so viele von uns damit zufriedengeben, Spezialisten auf einem einzigen Gebiet zu sein. Daraus schöpfen sie die einzige Freude ihres Lebens. Das ist ihr Alibi dafür, daß sie sich das große, alles umfassende Glück in ihrem Leben versagen. Erst kürzlich klagte mir ein außerordentlich erfolgreicher Geschäftsmann in einer stillen Stunde: »Im Bett ist mit mir nicht mehr viel los. Ich habe meine ganze Kraft für mein Geschäft verbraucht.«
Hat er das wirklich? Ich glaube es nicht. Er findet es nur ganz selbstverständlich, für die Bewältigung seiner geschäftlichen Hindernisse alle seine Fähigkeiten einzusetzen. Aber zu Hause, wenn es um seine sexuellen Bedürfnisse geht, ist er nicht dazu

bereit. Er begnügt sich mit der Ausrede: »Ich bin eben impotent. Was soll ich tun?«

Ungezählte Hausfrauen quälen sich mißmutig mit ihrer Hausarbeit ab. Alles, was sie gegen ihren freudlosen Alltag unternehmen, besteht darin, daß sie anderen die Schuld dafür geben. Sie möchten sich ihre Träume erfüllen, aber sie scheuen das Risiko, das damit verbunden ist.

Es gibt kaum einen Menschen, der sich nicht nach Abwechslung, nach Abenteuern und der prickelnden Spannung sehnt, die damit verbunden ist. Suchen sie diese Abenteuer und die prickelnde Spannung? Nein. Sie weichen ihnen in weitem Bogen aus. Sie erleben alles, was sie wirklich erleben möchten, nur aus zweiter Hand. In Büchern, in den Schlagzeilen der Zeitungen, im Kino und im Fernsehen. Das passive Miterleben aus sicherer Entfernung ist die bescheidene Art von Erregung, mit der sie sich zufriedengeben.

Dies ist die weitverbreitete Grundhaltung, die für Millionen Menschen typisch ist: Sie sitzen bequem im Zuschauerraum und sehen zu, was um sie herum geschieht. Erfüllt von der ewig ungestillten Sehnsucht, einmal selbst im Mittelpunkt zu stehen.

Aber niemand kann das Leben leben, das er sich wünscht, wenn er den Erfahrungen ausweicht, die er machen muß. Weil nur diese Erfahrungen das wirkliche Leben ausmachen.

Stellen Sie sich vor, Sie gehen in ein Theater, und dort spielt man Ihnen den Anfang eines Stückes vor und dann sofort das Happy-End. Alles, was zu diesem Happy-End führt, wird Ihnen vorenthalten. Die Spannungen und Krisen und alle Erfahrungen des Helden, aus denen er schließlich als Sieger hervorgeht.

Im Theater würden wir das niemals akzeptieren. In unserem eigenen Leben tun wir es ständig. Da suchen wir den bequemsten und eiligsten Weg zur Befriedigung, ohne uns der Mühe der Erfahrungen zu unterziehen, die jede wirkliche Erfüllung eines Wunsches notwendig macht.

Vielleicht sagen Sie jetzt: Ach was, ich habe doch so schon Sorgen genug, warum soll ich mir das Leben noch schwerer machen, als es schon ist?
Es fragt sich dabei allerdings, ob die Sorgen, die Sie sich machen, überhaupt notwendig sind. Oder ob Sie sie nur deshalb haben, weil Sie erwarten, daß Ihnen alle Erfahrungen von anderen abgenommen werden. Die ihnen dann das Endprodukt vorfabriziert ins Haus zustellen. Weil Sie das erwarten, sind Sie für die Lösung der Probleme nicht vorbereitet, die Ihnen solche Sorgen machen. Ob Sie es gerne hören oder nicht: Unser Leben ist nun einmal kein Honiglecken. Es ist die permanente Auseinandersetzung mit tausenderlei Hindernissen, die andere und wir selbst uns in den Weg legen. Die einfachste Art, mit ihnen fertig zu werden, ist nicht, sie zu ignorieren, bis sie immer größer und zu einer schwerwiegenden Belastung werden. Viel einfacher ist es, sich mit ihnen rechtzeitig auseinanderzusetzen.
Wenn Sie die Erfahrung suchen, die mit der Bewältigung jedes Problems verbunden ist, statt ihr auszuweichen, können Sie daraus Gewinn und Befriedigung ziehen. Deshalb kann Ihnen niemand diese Erfahrungen ersparen. Auch wenn er vorgibt, es zu tun.
Ich möchte Ihnen hier den Ausschnitt eines Interviews mit einem Mann wiedergeben, für den zu arbeiten ich einige Jahre lang das Vergnügen hatte. Ihm ist, das kann man sagen, in seinem Leben nichts erspart geblieben. Möchte er diese Erfahrungen missen? Ganz im Gegenteil. Er hat sie immer wieder herausgefordert und tut es heute noch. Aber lesen Sie selbst, was er dazu sagt.
Frage: »Wenn man Ihr Leben verfolgt, kann man darin einen überdurchschnittlichen Hang zum Risiko feststellen, oder nicht?«
Antwort: »Ja, das stimmt. Denn was nicht mit Risiko verbunden ist, ist ja im Grunde genommen nicht spannend. Was mich aber am Risiko reizt, ist eben das Spannungsmoment, ob eine Sache gutgeht oder nicht. Wenn man das Risiko liebt, und jedem steht

es frei, sich damit anzufreunden, hat man den anderen etwas voraus. Man macht dann Sachen, die andere nie machen würden, weil sie eben kein Risiko eingehen wollen.«
Frage: »Und haben Sie da immer Glück gehabt?«
Antwort: »Manchmal Glück, manchmal Pech. Im allgemeinen aber Glück. Aber ich glaube nicht ans Glück allein. Ich glaube, wenn man sich anstrengt, wenn man bereit ist, Risiko auf sich zu nehmen, wenn man sehr viel einsetzt, dann bekommt man auch einiges zurück.«
Frage: »Was gibt Ihnen soviel Selbstvertrauen?«
Antwort: »Ich fürchte mich einfach nicht. Ich fürchte keinen Menschen. Deshalb passiert es mir nicht, daß ich sage: Das kann ich nicht machen, das ist zu groß für mich, das wird mich vielleicht umbringen. Andere Leute fürchten sich ununterbrochen vor irgend jemandem.«
Frage: »Wie kamen Sie zu dieser Einstellung?«
Antwort: »Ich habe das Glück gehabt, in der nationalsozialistischen Zeit aufzuwachsen und mit diesem System nicht einverstanden zu sein. Ich habe das Glück gehabt, sehr früh ins Gefängnis zu kommen. Mit fünfzehn Jahren war ich aus politischen Gründen zum ersten Mal eingesperrt. Gefängnisaufenthalte sind irrsinnig vorteilhaft für junge Menschen, weil solche Erfahrungen einen stark machen.
Ich war noch nicht neunzehn, als man mich zum Tode verurteilt hat. Was ebenfalls sehr günstig für mich war, weil es mich dazu gebracht hat, mich mit den Grundfragen des Lebens auseinanderzusetzen. Wenn man nämlich das Gefühl hat, jetzt ist man bald tot, dann findet man das Leben viel schöner, als wenn man das nicht kennt. Wenn einen das nicht unterkriegen konnte, dann bekommt man das Gefühl, es kann einem nicht mehr viel passieren.«
Hätte dieser Mann ein so hohes Maß an Lebensweisheit erlangen können, wenn er allen diesen Erfahrungen aus dem Wege gegan-

gen wäre? Sicherlich nicht. Sie sind ein Bestandteil seines Lebens, ein Bestandteil seines Glücks. Sie geben ihm die Kraft, auch weiterhin Risiken nicht zu vermeiden, von denen er meint, daß er sie eingehen muß. Jedes einzelne Risiko, ob es glücklich endet oder nicht, ist für ihn ein notwendiger und unvermeidbarer Bestandteil seines Glücks.

8

Wir leben in einer Zeit, in der immer mehr Menschen immer weniger Zeit für jene Dinge haben, die für sie wichtig sind. Das hat verschiedene Gründe. Zwei davon sind:

- Sie machen sich so sehr vom Urteil anderer abhängig, daß sie selbst nicht mehr unterscheiden können, was für sie wirklich wichtig ist und was nicht. Sie halten vieles nur deshalb für wichtig, weil andere es für wichtig halten.
- Sie weichen wichtigen Problemen aus, weil sie Angst haben, sie nicht bewältigen zu können. Als Alibi beschäftigen sie sich eifrig mit Nebensächlichkeiten. So, als könnte die Erledigung von tausend Nebensächlichkeiten die Lösung eines wichtigen Problems ersetzen.

Aus solchen Motiven messen beispielsweise sehr viele Menschen der passiven Anteilnahme an Kultur und Kunst größte Bedeutung bei, ohne auch nur die geringste Beziehung zu beidem zu haben. Es erscheint ihnen jedoch wichtig, weil andere es auch für wichtig halten.
Wer nicht unterscheiden kann, was für ihn wichtig und was bloße Zeitvergeudung ist, wird ständig in Bedrängnis sein. Sein Tag wird zu kurz, die Arbeit zuviel, er ist immer in Eile.
Deshalb kann es für solche Menschen nützlich sein, sich mit dem wahren Wert mancher Dinge zu beschäftigen. Vielleicht erkennen sie dann, daß ihnen manches, was sie bisher für wichtig hielten, nichts anderes bringt als verlorene Zeit.

Warum es notwendig ist, Wichtiges von Unwichtigem zu unterscheiden und unsere Entscheidungen daran zu orientieren

Wir beschäftigen uns hier vorwiegend mit der Frage: »Was ist wirklich wichtig in unserem Leben? Und was nicht?« Viele werden auf diese Frage antworten: »Wirklich wichtig ist für mich das Glück meiner Familie.« Oder sie werden sagen: »Ich möchte gesund bleiben, um arbeiten zu können.«
Solche und ähnliche Antworten entsprechen dem, was man allgemein für wichtig hält. Aber nichts davon ist wirklich konkret. Es klingt jedoch immer höchst bedeutend, wenn man seine Familie oder die Arbeit in den Mittelpunkt seines Lebens stellt.
Wer an solche Wertungen tatsächlich glaubt, begeht den verhängnisvollen Irrtum anzunehmen, daß alles, was bei anderen Anerkennung findet, auch wirklich wichtig sein muß.
Wir sind mit der ständigen Gefahr konfrontiert, die Wichtigkeit der Dinge, die uns betreffen, nicht selbst zu bestimmen, sondern dies dem Urteil anderer zu überlassen.
Jeder, der irgend etwas von uns will, wird versuchen, uns von der Bedeutung seiner Sache zu überzeugen. Er wird sie als besonders dringlich darstellen und sie in den leuchtendsten Farben schildern, um damit unsere kritische Urteilsfähigkeit einzuschläfern. Bis wir schließlich nachgeben und sagen: »Also gut, ich hatte jetzt eigentlich etwas ganz anderes vor. Aber das verschiebe ich eben auf später.«
Alles, was wir heute tun wollen, weil es zu diesem Zeitpunkt für uns wichtig erscheint, verliert an Bedeutung, wenn wir es auf später verschieben. Sehr oft endet es damit, daß wir es überhaupt nicht mehr tun. Das bedeutet: Wir haben etwas für uns Wichtiges für etwas geopfert, das für jemand anderen wichtig war.

Es gibt um uns herum eine ganze Menge Leute, die nicht imstande sind, Wichtiges rechtzeitig zu erledigen. Dadurch geraten sie immer wieder in Schwierigkeiten. In ihrer Bedrängnis suchen sie nach jemandem, der ihnen im letzten Augenblick aus der Bedrängnis hilft. Ohne die geringste Rücksicht darauf, was der Betreffende gerade zu diesem Zeitpunkt tun möchte.

Nehmen wir an, Sie sitzen an Ihrem Arbeitsplatz und gönnen sich eine Pause der Entspannung. Oder Sie grübeln darüber nach, wie Sie Ihre nächste Aufgabe lösen wollen. Da stürzt ein Kollege ungeheuer geschäftig in das Zimmer und erklärt: »Ich bin irrsinnig in Druck. Du mußt mir sofort helfen, sonst habe ich die größten Schwierigkeiten.«

Für Sie mag die Ruhepause oder das Problem, über das Sie nachdenken, in diesem Augenblick von größter Wichtigkeit sein. Eigentlich müßten Sie dem anderen sagen: »Ich habe jetzt leider keine Zeit für dich. Hättest du dir eben deinen Kram besser eingeteilt.« Aber Sie sagen es nicht.

Und warum?

Weil Sie in der Vorstellung leben, jemand, der Emsigkeit verbreitet oder auch nur vortäuscht, hätte in jedem Falle etwas Wichtigeres zu tun als der, der sich entspannt oder sich über eine Sache den Kopf zerbricht.

Tatsache ist, daß viele Leute nur deshalb in dauernder Hektik leben, weil sie ihre Vorhaben nicht gründlich genug planen. Kopflos stürzen sie sich sofort in eine Arbeit. Sie packen sie so an, wie sie ihnen im ersten Augenblick als richtig erscheint. Sobald sie merken, daß sie damit nicht weiterkommen, geraten sie in Panik.

Hastig versuchen sie einen anderen Weg. Wieder, ohne vorher in aller Ruhe darüber nachzudenken. Sie machen wiederum Fehler, die vermeidbar gewesen wären. Sie vergeuden Energie und geraten immer mehr in Zeitdruck.

Schließlich suchen sie in ihrer Not nach einem gutmütigen Menschen, der ihnen hilft und sich zum Opfer ihrer Hektik machen läßt.
Solche Leute arbeiten drei- oder viermal soviel wie andere. Zumindest erwecken sie diesen Eindruck bei jemandem, der sie nicht durchschaut. Bewundernd mag man von ihnen sagen: »Der gönnt sich keinen Augenblick Ruhe.« Oder: »Den habe ich noch nie ohne Arbeit gesehen.«
Der wahre Grund dafür, warum diese Menschen so eifrig sind, liegt allerdings nur darin, daß sie nicht wissen, wann es für sie wichtig ist, eine Ruhepause einzulegen oder rechtzeitig darüber nachzudenken, was sie tun wollen und wie sie es am besten machen könnten.
Für sie ist es wichtig, ständig in Trab zu sein. Lassen Sie sie ruhig traben. Hüten Sie sich jedoch davor, sich von solchem Übereifer anstecken zu lassen. Sie schaden sich selbst dabei mehr, als Sie sich nützen. Letztlich nützen Sie auch dem anderen nicht. Vermutlich helfen Sie ihm viel mehr, wenn Sie ihn seine Schwierigkeiten selbst ausbaden lassen. Vielleicht denkt er dann darüber nach, was er falsch gemacht hat.
Wenn Sie Ihre eigene Zeit und Energie für ihn opfern, wird er Ihnen nachher auf die Schulter klopfen und sagen: »Du bist ein feiner Kumpel.« Als Dank dafür wird er das nächste Mal, wenn er wieder in Bedrängnis ist, neuerlich Ihre Hilfe in Anspruch nehmen. Sie selbst haben ihn dazu ermuntert. Er weiß, daß Sie bereit sind, für seine Probleme auf etwas zu verzichten, was Ihnen selbst wichtig erscheint.
Sie allein sind es, der mit den Schwierigkeiten, die sich daraus ergeben, fertig werden muß. Es bleibt Ihnen weniger Zeit für die Dinge, die Ihnen wichtig sind. Sie opfern Ihre Zeit der Entspannung für die Unfähigkeit anderer.
Wenn Sie solchen und weiteren sich daraus ergebenden Schwierigkeiten aus dem Wege gehen wollen, kann Ihnen nur ein klares

Konzept für die Beurteilung der Wichtigkeit einer Sache helfen.
Das Konzept:
Wichtig für mich ist in erster Linie das, was ich selbst für wichtig halte, und nicht das, was andere mir als wichtig darstellen, weil es ihnen gerade nützt.
Zugegeben, das ist keine Richtlinie für Menschen, die ihr Glück in selbstloser Nächstenliebe suchen. Es ist allerdings die Voraussetzung dafür, die Wichtigkeit der Dinge in Ihrem Leben selbst zu bestimmen. Statt es anderen zu überlassen.

Warum es besser ist, sich zehn unnütze Freunde vom Hals zu schaffen, ehe man einen neuen gewinnt

Sie kennen sicher auch ein paar von diesen Leuten, die alles, was sie tun, für grenzenlos wichtig halten. Sie haben sich Dutzende von Geschäften, Funktionen und Verpflichtungen aufgehalst. Nach dem Grundsatz: Je mehr ich tue, um so wichtiger bin ich. Das Gegenteil ist der Fall.
Je mehr wir tun, um so weniger Zeit haben wir für das, was wirklich wichtig ist.
Wer nie Zeit hat, wer ständig beschäftigt ist, wer nie ausspannen kann, hat es vermutlich nur dem einen Umstand zuzuschreiben: Er redet sich ein, hundert Nebensächlichkeiten könnten eine einzige für ihn wichtige Sache ersetzen.
Sicherlich ist Ihnen der weitverbreitete Ratschlag bekannt: »Lerne jeden Tag einen neuen Menschen kennen, und mache ihn zu deinem Freund.« Wenn Sie zu den Leuten gehören, denen nichts wichtiger ist, als bei aller Welt beliebt zu sein, sollten Sie diesen Rat befolgen.
Nach einem Jahr werden Sie, wenn alles gutgegangen ist, 365 Freunde haben. Und Sie werden täglich einen weiteren dazugewinnen. Jeden Mittag müssen Sie mit einem essen gehen, den Sie schon gewonnen haben, damit Sie bei ihm nicht in Vergessenheit geraten. Abends bleibt Ihnen dann noch Zeit, sich mit den guten alten Freunden zu beschäftigen, die von Ihnen nicht vergessen werden wollen.
Wenn dieses erste Jahr also vorüber ist, entsinnen Sie sich vielleicht wieder des folgenden Satzes: Es ist wichtiger, sich zehn unnütze Freunde vom Hals zu schaffen, ehe Sie einen neuen Freund gewinnen.
Die völlig unrealistische Vorstellung von der edlen Freundschaft

um der Freundschaft willen ist eine jener Illusionen, denen sich ungezählte Menschen in naiver Weise hingeben. Genauso wie der Sehnsucht nach der großen, reinen Liebe.

Im Zusammenhang mit solchen Begriffen gilt es als höchst verwerflich, die nüchterne Frage zu stellen: »Was nützt es mir?« Lassen Sie mich eines ganz deutlich sagen: Es muß die Liebe geben. Wie wir auch ein paar gute Freunde brauchen, mit denen wir alles das tun können, was uns allein nur halb soviel Freude machen würde. Das sollte uns jedoch nicht daran hindern, jede einzelne dieser auf Liebe oder Freundschaft aufbauenden Beziehungen auf ihren Wert zu untersuchen.

Wenn uns jemand andauernd mit Ermahnungen in den Ohren liegt: »Du liebst mich eben nicht wirklich« oder »Wenn du ein wahrer Freund wärst, würdest du mir das nicht antun«, will er uns damit nur erpressen. Er möchte, daß wir ihn um seiner selbst willen lieben oder als Freund akzeptieren und nicht nach dem Nutzen dieser Beziehung forschen. Dabei könnten wir nämlich zu dem Ergebnis kommen, daß wir in diese Beziehung mehr investieren, als wir dabei herausbekommen.

Solche Überlegungen will der andere verhindern. Er möchte, daß wir jederzeit bereit sind, alles für ihn zu opfern, ohne nach dem Sinn zu fragen. Liebe und Freundschaft gehören, wie Treue, Ehrlichkeit und Bewunderung, zu jenem Instrumentarium der Manipulation, mit dem wir für die Realität der Dinge blind gemacht werden sollen.

Diesem Ziel dienen wohlklingende Phrasen wie:

- »Ein wahrer Freund hilft, ohne lange zu fragen.«
- »Ein wirklicher Freund ist immer für dich da.«
- »Wer wirklich liebt, für den sind die Fehler der Geliebten liebenswerte Eigenschaften.«
- »Für die wahre Liebe sollte uns kein Opfer zu groß sein.«

In Wahrheit ist es so, daß Gefühle allein, gleichgültig ob echt oder nur geheuchelt, auf lange Sicht keine befriedigende Verbindung aufrechterhalten können. Wer das nicht erkennt, darf sich nicht wundern, wenn er immer wieder Enttäuschungen erlebt, die ihn belasten.

Freundschaft und Liebe bedürfen der dauerhaften Absicherung durch den realen Nutzen, den beide Teile daraus ziehen. Wenn Sie mit jemandem gut befreundet sind, besteht der Nutzen dieser Verbindung in erster Linie in einer gestärkten Vertrauensbasis.

Wenn Sie jemanden, der von Ihnen eine Leistung verlangt, nicht gut genug kennen, werden Sie sich absichern müssen, um eine adäquate Gegenleistung zu erhalten. Wenn eine starke Vertrauensbasis zu ihm gegeben ist, fällt dieses Mißtrauen weitgehend weg. Sie können Probleme offener mit ihm besprechen. Eine Einigung wird schneller und flexibler zustande kommen.

Deshalb erscheint es notwendig, jede Beziehung zu anderen Menschen, egal wie nahe sie uns stehen, auf diese gegenseitige Vertrauensbasis hin zu überprüfen. Wenn sich jemand, den Sie lieben oder mit dem Sie befreundet sind, nur auf *Sie* verlassen kann, Sie aber nicht auf *ihn*, wird das für Sie bald zu einer Belastung werden.

Es ist vorteilhafter, Sie beenden dieses einseitige Verhältnis, noch ehe für Sie Schaden entsteht. Das mag sehr nüchtern klingen. Noch viel ernüchternder jedoch ist meistens das Ende einer einseitigen Gefühlsbindung, die auf die Hoffnung baut, der andere werde sich schon irgendwann ändern.

Er wird sich nicht ändern, weil für ihn gar kein Grund dazu besteht. Wenn er erst einmal Geschmack daran gewonnen hat, Ihre Gefühle auszunützen und nichts dafür geben zu müssen, ist das für ihn der bequemste Weg, Vorteile zu erzielen. Welchen Grund sollte es für ihn geben, von sich aus darauf zu verzichten? Ohne die Harmonie von Leistung und Gegenleistung können weder Liebe noch Freundschaft dauerhaft sein. Das ist der

Maßstab, nach dem wir Liebe und Freundschaft messen sollten. Ganz von selbst ergeben sich daraus Fragen wie:

- »Was nützt mir die Freundschaft mit X? Was investiere ich, und was investiert er?«
- »Ist meine Liebe zu Y durch eine gegenseitige Vertrauensbasis abgesichert? Oder investiere ich nur meine Liebe in der vagen Hoffnung, daß ich irgendwann etwas dafür bekomme?«

Auf Grund solcher Überlegungen sollten Sie schließlich zu der Erkenntnis gelangen: Weniger Freunde, bei denen Geben und Nehmen in Harmonie sind, sind wichtiger als viele Freunde, deren Gegenleistung ich mir nicht sicher sein kann.
Jede Freundschaft schafft von vornherein die Verpflichtung, sich als Freund verhalten zu müssen. Wenn ein Freund Sie anruft und etwas von Ihnen verlangt, werden Sie Hemmungen haben, es abzulehnen. Auch dann, wenn Sie ganz genau wissen, daß das, was er will, für Sie von Nachteil ist. Sie werden schuldbewußt nach einem Kompromiß suchen, um ihn nicht zu verletzen. Dieser Kompromiß wird vielleicht für Sie geringere Nachteile bringen. Aber er wird trotzdem für Sie eine Belastung sein.
Je weniger Freunde Sie haben, die Sie in solche zwiespältige Situationen bringen, um so leichter ist es für Sie, nein zu sagen, wenn Sie Wichtigeres vorhaben, als jemandem einen Gefallen zu tun.
Viele Männer leben in der Vorstellung, sie müßten ihren Frauen ihre Liebe ständig neu beweisen. Solche Liebesbeweise, die sich seltsamerweise häufig in materiellen Opfern manifestieren, sind Ausdruck des Schuldgefühls, nicht ehrlich und stark genug zu lieben.
Dieses Schuldgefühl des Mannes ist der Ausgangspunkt eines raffinierten Spieles, das viele Frauen mit ihren Männern spielen. Sie werden nicht müde, den Vorwurf vorzubringen: »Ich habe

dich aus Liebe geheiratet. Aber du wolltest nur eine Hausfrau und eine Mutter für deine Kinder.«

Ein Mann, der in diese Falle geht, wird tausend beschwichtigende Argumente suchen, um sie seiner Liebe zu versichern. Er wird sich dabei schuldig fühlen, weil er ganz genau weiß, daß ihr Vorwurf stimmt. Damit hat er das Spiel bereits verloren. Jede geschickte Frau wird es immer dann wiederholen, wenn sie einen Vorteil aus ihrem Mann herausholen will.

Frauen sind bei diesem Spiel im Vorteil, weil sie es besser verstehen, ihre Beziehung zum Mann als selbstlose Hingabe darzustellen. Männer hingegen sind in dieser Hinsicht viel weniger begabt.

Ein Mann, der dieses Spiel rechtzeitig durchschaut, wird von vornherein erkennen, daß die Beziehung zu seiner Frau in der Harmonie zwischen Gefühlen und gegenseitigem Nutzen besteht. Nüchtern wird er überprüfen:

- »Stimmt in diesem Verhältnis die langfristige Vertrauensbasis?«
- »Welchen realistischen Nutzen ziehe ich aus diesem Verhältnis?« Aber auch: »Welchen Nutzen zieht meine Frau daraus?«

Diese Überlegungen werden ihn in den meisten Fällen davor bewahren, Schuldgefühle zu haben, die zu seinem Nachteil ausgenützt werden können.

Das angeführte Beispiel einer Ehesituation gilt in ähnlicher Weise für jede Art freundschaftlicher Beziehung. Wie immer Sie es auch betrachten, Sie werden immer wieder bei der Erkenntnis landen: Wichtig ist nicht, daß wir unsere Liebe ständig neu unter Beweis stellen. Oder daß wir möglichst viele Freunde haben. Wichtig ist vielmehr, daß zwischen Geben und dem, was wir dafür erhalten, eine Harmonie besteht, die im Einklang mit unseren Bedürfnissen ist. Es kann sich bei jeder Prüfung nach den voranstehenden

Gesichtspunkten durchaus ergeben, daß etliche sogenannte gute Freunde für uns nichts weiter sind als Verpflichtungen, die in keinem realistischen Verhältnis zu dem stehen, was sie uns bringen.
Es liegt an Ihnen, die Konsequenzen daraus zu ziehen.
Um es konkreter auszudrücken: Es wird vielleicht für Sie in Zukunft wichtiger sein, etwas anderes zu tun, als mit ein paar Freunden in einem Lokal zu sitzen, nur um ihnen zu beweisen, was für ein großartiger Kumpel Sie sind.

Nichts sollte uns davon abhalten, zu allen wichtigen Dingen in unserem Leben Stellung zu beziehen und eigene Wertmaßstäbe zu entwickeln

Wer es nicht versteht, die Dinge des Lebens, von den ganz großen bis zu den unbedeutenden, nach der Wichtigkeit einzuordnen, die sie für uns haben, geht der Auseinandersetzung aus dem Wege, aus der unser ganzes Leben nun einmal besteht.
Er beraubt sich selbst der Chance, alles das zu verwirklichen, was ihm Befriedigung verschafft. Er hetzt von einer Sache zur anderen. Er wendet für unwichtige Dinge mehr Zeit und Kraft auf, als ihnen zukommt. Statt sich seine Kräfte richtig einzuteilen:

- Den größten Aufwand an Zeit und Energie für das, was für mich am wichtigsten ist.
- Weniger Aufwand für das, was für mich weniger wichtig ist. Auch, wenn andere es für viel wichtiger halten.
- Auf das verzichten, was mir überhaupt nichts bringt.

Um zu erkennen, was für uns wichtig, was weniger wichtig oder was nutzlos ist, müssen wir zu allem, was in unserem Leben eine Rolle spielt, eindeutig Stellung beziehen. Unabhängig von den Wertmaßstäben anderer müssen wir unsere eigenen Wertmaßstäbe finden.
Dabei ist es unvermeidlich, daß wir von den anderen, deren Maßstäben wir uns nicht unterordnen, in die Position eines Außenseiters gedrängt werden. Dies ist das Schicksal jedes Menschen, der seine eigenen Interessen für wichtiger hält als die Interessen anderer.
Die Aussicht darauf, als Egoist und damit als Außenseiter zu gelten, hält viele Menschen davon ab, eigene und auf ihre persönlichen Bedürfnissen zugeschnittene Wertmaßstäbe zu ent-

wickeln. Sie geben sich damit zufrieden, in ihrem Leben nur das zu verwirklichen, was bei anderen nicht auf Widerstand stößt. Ihre Entscheidungen werden zu Kompromissen, sie nehmen auf andere mehr Rücksicht als auf sich selbst. Damit weichen sie jeder echten Herausforderung aus, deren Bewältigung ein Höchstmaß an Befriedigung bringen könnte.

- Wenn man jemandem nur oft genug eingeredet hat, Liebe allein sei die wichtigste Voraussetzung für eine glückliche Ehe, wird er sich krampfhaft um diese Liebe bemühen. Wenn seine eigenen Gefühle nicht der romantischen Traumvorstellung entsprechen, die man ihm vorgaukelt, ist er davon überzeugt: »Ich bin eben keiner wirklichen Liebe fähig. Das Schicksal hat mich benachteiligt.«

Selbst in der Ehe wird er noch immer von der großen Liebe träumen, die angeblich so wichtig ist, die ihm aber vorenthalten bleibt. In diesem Zwiespalt zwischen unerfüllter Sehnsucht und der nüchternen Realität des Ehealltags kann er niemals wirkliche Befriedigung finden.
Er kommt dabei gar nicht auf den Gedanken, die Klischeevorstellung von der großen, wahren Liebe abzuschütteln und einen eigenen Wertmaßstab dafür zu finden. Ehen auf dem Boden der Realität haben den Menschen noch immer dauerhafteres Glück gebracht als solche, die auf den vorbeiziehenden Wolken der »wahren Liebe« geschlossen wurden.

- Wenn man jemandem, der sich nach den Maßstäben anderer orientiert, sagt: »Mittags ist Essenszeit«, wird er mittags mit allen anderen zum Essen gehen. Gleichgültig, ob er tatsächlich hungrig ist oder nicht. Er wird trinken, weil andere auch trinken, und nicht, weil er durstig ist.
- Wenn er nachts nach einem sexuellen Traum erwacht, erfüllt

von dem Wunsch, den neben ihm schlafenden Partner zu lieben, wird er diesen Wunsch unterdrücken. Er denkt: »Wenn ich ihn jetzt aufwecke, wird er wütend sein.« Die Vorstellung allein, daß der andere ungehalten sein könnte, ist der Wertmaßstab, dem er sich unterordnet. Statt Vorstellungen zu entwickeln, wie er den anderen in seine Wunschvorstellung einbezieht, indem er sich fragt: »Was muß ich tun, damit der andere genauso gerne mit mir zusammen sein möchte wie ich mit ihm?«

- Menschen dieser Art neigen dazu, ehrfürchtig alles zu bewundern, von dem man ihnen sagt, es sei Kunst oder Kultur. Auch dann, wenn sie selbst nicht die geringste Beziehung dazu haben. Lieber heucheln sie verständnisvolle Anteilnahme, als einzugestehen: »Mir gibt das überhaupt nichts.« Und sich Dingen zuzuwenden, die für sie wichtiger sind, weil sie sich damit identifizieren können.

Statt sich selbst aktiv mit Gesang oder Malerei, mit Schreiben oder irgendeiner anderen Entfaltungsmöglichkeit zu beschäftigen – gleichgültig, ob die Ergebnisse anderen gefallen oder nicht –, bewundern sie andere, die angeblich auf diesen Gebieten Meister sind.

Damit reihen sie sich in das Heer gedankenloser Bewunderer ein, die nichts in ihrer Überzeugung erschüttern kann, Kunst sei nur das, was einige wenige Privilegierte produzieren. Und Kultur sei etwas Erhabenes, von dem sie selbst ausgeschlossen sind. Deshalb ist unsere Welt auch voller Menschen, die nichts für wichtiger halten, als vergangene Kultur zu konservieren, statt selbst Kultur zu verwirklichen.

Es besteht nicht der geringste Zweifel, daß die wenigen, die als privilegierte Künstler abgestempelt werden, davon profitieren. Was allerdings profitieren ihre zahllosen Bewunderer? Sie begnügen sich mit der Überzeugung, daß für sie nichts wichtiger sei, als dabeizusein und so zu tun, als seien sie von dem, was sie aus großer Distanz miterleben dürfen, zutiefst bewegt.

Wer die Kunst, ein Egoist zu sein, in seinem Leben verwirklicht, ist auf dem Wege, seine eigene Persönlichkeit immer mehr zu entdecken und zu entwickeln. Dazu bedarf es der eigenen Wertmaßstäbe.

Die Veränderung nimmt ihren Anfang, indem wir Wertungen, die andere für uns vorfabriziert haben, immer wieder in Frage stellen. Statt uns diesen Maßstäben kritiklos anzupassen, passen wir die Wertungen den eigenen Fähigkeiten, Möglichkeiten und Bedürfnissen an.

Diese Überzeugung zwingt uns zur ständigen aktiven Bewältigung des Lebens, weil uns nur das wirklich Befriedigung verschafft, was wir selbst bewältigt haben. Wer sich anpaßt, für den ist im Grunde genommen nichts wichtiger als diese Anpassung. Wer sein Leben selbst gestaltet, für den wird das bloße Dabeisein nicht mehr befriedigend sein.

Für ihn ist Liebe keine romantische Illusion, sondern eine Realität, bei der er selbst bestimmt, welche Wertigkeit sie in seinem Leben hat.

Kultur und Kunst sind für ihn nicht etwas, das andere für ihn produzieren. Das Dichtern, Schauspielern oder Dirigenten vorbehalten ist. Nichts, das man aus einer unüberwindbaren Distanz miterlebt. Sondern ein wichtiger Teil seines eigenen Lebens.

Kultur ist für ihn alles das, was er bewußt selbst gestaltet. Die Selbstverwirklichung jedes einzelnen nach seinen eigenen Vorstellungen, die er in die Tat umsetzt. Bewußt zu essen, bewußt zu lieben, bewußt zu leben. Alles tun, was für ihn wichtig ist, und nichts tun, was für ihn in Wahrheit ohne Bedeutung ist.

Alles das ist Kultur. Sie entsteht aus der individuellen Entfaltung des einzelnen und nicht aus der Anpassung an das, was andere uns vormachen.

Man kann sagen: Nichts besitzt für uns Wichtigkeit, mit dem wir uns nicht selbst wirklich identifizieren und das wir nicht durch eigene Erfahrung erleben und mitgestalten.
Eine Hausfrau, die das Abendessen in Folie verpackt im Geschäft kauft, um es daheim nur aufzuwärmen und auf den Tisch zu stellen, wird keine Beziehung zu ihrer eigenen Leistung haben. Wenn ihr Mann oder die Gäste die Mahlzeit loben, wird die Hausfrau aus diesem Lob keine Befriedigung gewinnen. Es ist nichts, was sie selbst gestaltet hat und mit dem sie sich identifizieren könnte.

»Bring die kleinen Dinge in Ordnung, und die großen folgen ganz von selbst«

Wahrscheinlich geht es Ihnen nicht viel anders als mir: Es gibt ein paar Begegnungen in meinem Leben, die meine Einstellung zu bestimmten Dingen maßgeblich bestimmt haben. Noch heute, viele Jahre später, orientiere ich mich an ihnen.
Als ich mit 20 Jahren zum ersten Mal in einer Zeitungsredaktion arbeitete, hatte ich einen Vorgesetzten, den ich hundertmal in Gedanken zum Teufel wünschte. Ein einziger Satz, den er mir immer wieder sagte, trieb mich fast zur Verzweiflung. Es war der Satz: »Bring die kleinen Dinge in Ordnung, und die großen folgen ganz von selbst.«
Wenn ich beispielsweise bei ihm mit drei Manuskriptseiten anrückte, auf denen ich den meiner Meinung nach interessanten Hergang eines Verkehrsunfalles beschrieb, sagte er: »Sehr schön, aber viel zu lang. Schreiben Sie jetzt das Ganze in zehn Zeilen, dann drucken wir es.«
Wenn ich aufbegehrte und ihm klarzumachen versuchte, wie gut meine Story sei und warum man sie unbedingt in aller Ausführlichkeit bringen müsse, dann sah er mich lächelnd an und belehrte mich: »Lernen Sie erst einmal, wie man eine kleine Meldung schreibt, dann werden Ihre großen Reportagen ganz von selbst besser.«
Solche Erfahrungen halfen mir im Laufe der Zeit, die Bedeutung der kleinen Dinge nicht zu unterschätzen, ehe ich mich an größere heranwagte.
Wir alle neigen dazu, uns für das Große so sehr zu begeistern, daß wir die kleinen Details, die auf dem Weg zu seiner Verwirklichung zu bewältigen sind, nur mehr als notwendige Übel abtun. Wir sagen etwa: »Das Wichtigste in meinem Leben ist, glücklich zu sein.« Ein großes Ziel. Dabei übersehen wir

jedoch sehr oft, daß es nur erreichbar ist, wenn wir die ungezählten kleinen Hindernisse bewältigen, die ihm im Wege stehen.
Wenn viele Eheleute an dem Punkt anlangen, wo sie einander fragen: »Wir wollen doch beide nichts anderes, als gemeinsam glücklich zu sein, warum schaffen wir es nicht?«, dann liegt es vielfach daran, daß sie an den unscheinbaren Kleinigkeiten scheitern.
Solange diese kleinen Dinge noch leicht zu bewältigen sind, schieben wir sie achtlos beiseite. Bis dann viele solcher unbewältigter Kleinigkeiten ein großes Problem ergeben, das uns schwer zu schaffen macht.
Oder wir nehmen uns nicht die Zeit, ein kleines Problem sofort und ein für allemal zu lösen. Wir lösen es nur für die nächsten vierzehn Tage. Dann taucht es wieder auf. Etwas größer, etwas schwieriger geworden, mit anderen ungelösten kleinen Problemen im Gefolge. Was wir vierzehn Tage vorher noch in zehn Minuten hätten klären können, nimmt jetzt vielleicht schon zwei Stunden in Anspruch. Vorausgesetzt, wir lösen es jetzt wirklich vollständig.
Wenn viele Details einmal zu einem großen Problem angewachsen sind, steigt unsere Tendenz, ihm erst recht aus dem Wege zu gehen. Wir sagen: »Jetzt habe ich dafür keine Zeit. Das erledige ich, wenn ich nicht so beschäftigt bin wie gerade jetzt.« Wir treffen eine oberflächliche Entscheidung, um wenigstens im Augenblick Ruhe zu haben. So stopfen wir Löcher, indem wir andere aufreißen.
Wir sollten wissen: Unser Leben wird nicht von einem einzigen großen Ereignis bestimmt, sondern davon, wie wir jeden einzelnen Tag verbringen. Wie wir ihn einteilen, wie wir die vielen kleinen Probleme lösen, die er mit sich bringt. Wie wir ihn beenden. Ob wir sagen können: »Es war ein wunderbarer Tag, an dem ich alles getan habe, was ich tun wollte.« Oder ob wir uns

mit dem Trost zufriedengeben müssen: »Er war furchtbar. Hoffentlich wird morgen alles anders.«

Wenn wir an den meisten Tagen einer Woche sagen können, daß es glückliche Tage waren, können wir sagen, daß es eine glückliche Woche war. Deshalb sollten wir jeden einzelnen Tag so wichtig nehmen, als wäre er der wichtigste unseres Lebens. Oder um es anders auszudrücken: Jede befriedigende Lösung eines Problems besteht aus der konsequenten Bewältigung der Teilprobleme, aus denen es sich zusammensetzt.

So betrachtet, hängt das Glück Ihrer Ehe vielleicht von dem Streit ab, den Sie gestern abend mit dem Partner wegen einer schlechten Note Ihres Kindes für seine Klassenarbeit hatten.

Lassen Sie uns auf diesen Fall etwas näher eingehen:

Die Auseinandersetzung begann damit, daß die Standpunkte über das Zustandekommen der schlechten Note aufeinanderprallten. Sie sagte: »Das kommt davon, daß du zuwenig entschlossen durchgreifst.« Er sagte: »Ich kann sagen, was ich will, du nimmst das Kind ja doch immer in Schutz.«

Bereits zu diesem Zeitpunkt hatte der eigentliche Anlaß des Gesprächs, nämlich die schlechte Note des Kindes, seine Bedeutung verloren. Statt in aller Ruhe für dieses Detailproblem eine Lösung zu finden, stritten die Eltern sich um das Prinzip ihrer Kindererziehung. Es ist nicht verwunderlich, daß sie damit zu keiner Lösung kamen, die dem Kind in irgendeiner Weise geholfen hätte.

Wie hätte das Ganze aussehen können, wenn das Elternpaar nach dem Motto vorgegangen wäre: »Bring die kleinen Dinge in Ordnung, und die großen folgen von selbst«? In diesem Falle hätten sie das Detailproblem »Klassenarbeit« in den Mittelpunkt ihrer Diskussion gestellt und nicht die Frage »Wer macht welche Fehler bei der Kindererziehung?«

Die Vorteile dieses Vorgehens wären gewesen:

- Sie hätten darüber reden können, ohne sich selbst gegen die Angriffe des anderen verteidigen zu müssen. Es wäre ein sachliches Gespräch geworden mit der Zielsetzung: »Wie helfen wir dem Kind am besten, sich auf die nächste Klassenarbeit vorzubereiten, damit es dann eine bessere Note bekommt?«
- Die Konzentration auf das Detailproblem »nächste Klassenarbeit« hätte sie daran gehindert, sich in allgemeine Geplänkel über die Unfolgsamkeit des Kindes und ähnliches zu verlieren, die doch wieder zu nichts führten.
- Sie hätten sich auf dieser Ebene beispielsweise darüber einigen können, daß vor der nächsten Klassenarbeit täglich eine Woche lang der Vater abends eine Stunde mit dem Kind lernt. So würde dem Kind das Gefühl gegeben, daß sich seine Eltern mit ihm nicht erst beschäftigen, wenn es eine schlechte Note nach Hause gebracht hat. Die Maßnahme wäre also dem großen Problem »Kindererziehung« förderlich gewesen.
- Die Einigung über das kleine Problem »nächste Klassenarbeit« hätte in weiterer Folge auch die Beziehung zwischen den Eltern positiv beeinflußt. Die Auseinandersetzung hätte nicht mit verhärteten Standpunkten geendet, wobei jeder den anderen beschuldigt und sich selbst verteidigt. Bei beiden wäre der Eindruck entstanden: »Wir haben gemeinsam ein Problem gelöst. Wir können miteinander reden. So sollten wir es beim nächsten Mal wieder machen.«

Warum werden solche Probleme nicht viel öfter auf diese Weise gelöst? Ich will es Ihnen sagen: Weil viele Leute ihre Auseinandersetzungen führen, ohne auch nur einen einzigen Gedanken darauf zu verwenden, daß die Einigung beim konkreten kleinen Problem viel leichter ist als beim großen allgemeinen.

Sie lassen das Geplänkel, das um eine Kleinigkeit entbrennt, sofort zu einer großangelegten Feldschlacht ausarten, in der die ganze Basis ihres Zusammenlebens in Frage gestellt wird. Ein Streit beginnt um die versalzene Suppe, aber er endet damit, daß der Mann sagt: »Dann esse ich eben in Zukunft im Gasthaus, wenn du unfähig bist, mir eine anständige Suppe auf den Tisch zu stellen.« Und die Frau bricht in Tränen aus, zutiefst in ihrer Hausfrauenehre gekränkt, und redet davon, sich scheiden zu lassen, weil sie es hier nicht mehr aushalten könne.

Wenn sie sich dann müdegeschimpft, sich beleidigt, gedemütigt und alles Vertrauen zueinander auf ein Minimum reduziert haben, gibt es für einige Zeit überhaupt keine Grundlage einer Einigung mehr. Es hätte vermieden werden können, wenn sie die kleine Sache »versalzene Suppe« in Ordnung gebracht hätten. Kleine Dinge lassen sich nun einmal einfacher bewältigen, solange sie noch klein sind. Wer sich in diesem Sinne verhält, wird sehr bald feststellen, daß sich große Probleme von selbst lösen – weil sie erst gar nicht zustande kommen.

Alles hat seine Zeit, alles braucht seine Zeit. Wer sich danach richtet, hat es leichter im Leben

Es gibt in der Medizin den Ausdruck »Syndrom«. Man versteht darunter das Krankheitsbild, das sich aus dem Zusammentreffen verschiedener Anzeichen ergibt.
Vielleicht gehören auch Sie zu den vielen Menschen, an denen folgende Anzeichen festzustellen sind:

- Sie erledigen viele Dinge, die Sie sich vorgenommen haben, aus Zeitmangel gar nicht oder nur teilweise.
- Sie setzen sich manchmal in den Kopf, eine bestimmte Sache müsse unbedingt sofort erledigt werden, koste es, was es wolle. Dabei stellen sich Ihnen unüberwindbare Hindernisse in den Weg. Sie wissen ganz genau, daß es besser wäre, aufzugeben und die ganze Sache zu einem günstigeren Zeitpunkt noch einmal zu versuchen. Trotzdem vergeuden Sie Zeit und Energie, nur um sich selbst oder anderen zu beweisen, was für ein Kerl Sie sind.
- Andererseits wissen Sie oft ganz genau, daß eine Sache sofort getan werden müßte. Trotzdem sagen Sie: »Ach was, ich verschiebe es auf später.«
- Es kommt immer wieder vor, daß Sie für die Erledigung einer weniger wichtigen Aufgabe ein Vielfaches der Zeit aufwenden, die ihr ihrer Bedeutung nach zukommt. So bleibt Ihnen für andere, viel wichtigere Aufgaben nicht mehr genügend Zeit.
- Wenn Sie eine Arbeit beendet haben, bleibt Ihnen keine Ruhepause, um sich zu entspannen. Denn schon wartet etwas anderes auf Sie, das unbedingt sofort in Angriff genommen werden muß.

Alle oder mehrere dieser Anzeichen zusammen sind typische Hinweise auf das »Keine-Zeit-Syndrom«.

Es gehört zu den Zeiterscheinungen, mit dem sich sehr viele Menschen als notwendigem Übel abgefunden haben. Nicht wenige sind sogar froh darüber. Es dient ihnen als Alibi, vieles von sich abzuwälzen, dem sie sich nicht gewachsen fühlen.

Ich arbeitete einige Zeit lang mit einem Mann zusammen, den wir alle »Mister Wann-Denn« nannten. Immer, wenn ihm jemand sagte, er solle dieses oder jenes machen, bekam sein Gesicht einen gequälten Ausdruck. Dann entrang sich seinen Lippen ein vorwurfsvolles, gequältes: »Wann soll ich denn das machen? Ich bin doch voll ausgelastet.«

Dieser Mann war aus Gründen, die mir verborgen blieben, in eine Stellung gelangt, der er einfach nicht gewachsen war. Seine Aufgabe bestand darin, täglich vier oder fünf an einen bestimmten Termin gebundene Dinge zu erledigen. Hätte er sich diese Arbeit richtig eingeteilt, wäre ein Zeitaufwand von nicht mehr als fünf Stunden nötig gewesen.

Er jedoch brachte es fertig, acht Stunden am Tag wie ein Eichhörnchen herumzuspringen und ununterbrochen darüber zu jammern, wie schwierig das alles sei und wie wenig Zeit er dafür zur Verfügung habe. Allabendlich verließ er seinen Arbeitsplatz und war völlig erschöpft.

Das hervorstechendste Merkmal des »Keine-Zeit-Syndroms« besteht darin, sich ununterbrochen einzureden, man hätte keine Zeit. Vor allem keine Zeit für die wirklich wichtigen Dinge. Aus Angst davor, sie nicht bewältigen zu können, schafft man als Alibi sinnlosen Aufwand bei Nebensächlichkeiten.

Wenn Sie an diesem Syndrom leiden, gibt es Möglichkeiten, sich davon zu befreien. Vor allem muß gesagt werden, daß tatsächlich nur Sie selbst sich davon kurieren können.

Es hilft Ihnen nicht, wenn Sie ständig anderen Leuten mit Ihrem Wehklagen in den Ohren liegen. Aus Mitleid nimmt Ihnen vielleicht jemand ein Stück Ihrer Arbeit ab. Aber damit schadet er Ihnen mehr, als er Ihnen nützt. Wenn Sie sich nämlich einmal daran gewöhnt haben, nie genug Zeit für wichtige Dinge zu haben, ändert sich an Ihrer Einstellung nichts, wenn die Arbeit vorübergehend weniger wird.

Außerdem gehört zu den Folgeerscheinungen des »Keine-Zeit-Syndroms«, daß Sie ständig mit einem schlechten Gewissen herumlaufen. Ihr Wehklagen ist ja nichts anderes als der Ausdruck dieses schlechten Gewissens, das als Ersatzbefriedigung für das entgangene Erfolgserlebnis Anteilnahme bei anderen sucht.

Eine Ersatzbefriedigung löst jedoch nicht Ihr Problem. Genausowenig wie es Ihnen hilft, wenn Sie sich mit allerlei kleinen Gefälligkeiten bei anderen Mitleid erkaufen wollen. Solche Bemühungen gehören bloß zu den Nebensächlichkeiten, mit denen Sie Zeit vergeuden und den wichtigen Aufgaben aus dem Wege gehen.

Ich habe viele Menschen kennengelernt, die täglich in einer bestimmten Zeit ein bestimmtes Maß an Arbeit zu erledigen hatten. Während meiner Jahre in den Redaktionen von Tageszeitungen gehörte das zu der dort üblichen Arbeitsweise. Um die Mittagszeit gab es eine Konferenz. Dabei wurden die Themen an die Mitarbeiter verteilt. Zur Erledigung hatten sie dann fünf Stunden Zeit.

Es war für mich immer wieder höchst interessant, ein Schauspiel zu beobachten, das sich bei manchen der Kollegen Tag für Tag auf ähnliche Weise wiederholte:

Wenn sie ihren Auftrag erhalten hatten, sahen sie zuerst einmal auf die Uhr. Man konnte förmlich hören, was sie in diesem Augenblick dachten. Nämlich: »Fünf Stunden Zeit. Da kann ich noch in Ruhe einen Kaffee trinken gehen.« Das taten sie dann auch.

In der Kantine trafen sie regelmäßig einige Leute, die ebenso wie

sie vor Arbeitsbeginn »noch schnell einen Kaffee trinken« wollten. Es ließ sich nicht vermeiden, daß es in dieser Runde zu angeregten Diskussionen kam.
Ab und zu blickte der eine oder andere auf die Uhr und wurde unruhig. Man konnte deutlich sehen, daß er eigentlich gehen wollte. Dennoch blieb er sitzen und bestellte noch etwas bei der Kellnerin. Schließlich sprang einer auf und zeigte sich sehr ungehalten, wenn er nicht augenblicklich bezahlen konnte. Er verabschiedete sich bei den anderen meist mit den Worten: »Ich muß jetzt gehen. Ich habe heute furchtbar viel zu tun.«
Er stürmte in sein Büro und wechselte hastige Worte mit anderen Mitarbeitern. So, als käme er nicht aus der Kantine, sondern aus einer bedeutenden Konferenz. An seinem Schreibtisch angelangt, riß er erst einmal das Telefon an sich und rief zu Hause an. Es wurde ein knappes Gespräch, dem man entnehmen konnte, wie vertieft er in seine Arbeit war. Er teilte mit, daß er am Abend spät nach Hause käme, weil er so beschäftigt sei.
Er sprang dann noch einmal auf und lief auf die Toilette. Die Spannung, die sich seiner bemächtigt hatte, schlug auf die Blase. Auf dem Rückweg kam er vor der Tür mit jemandem ins Gespräch. Er ließ sich darauf ein, obwohl er voller Unruhe war. Er wußte ganz genau, daß inzwischen die Zeit für die Arbeit, die er abzuliefern hatte, äußerst knapp geworden war.
Irgendwann ging es dann tatsächlich los. Er rauchte hektisch und war ungehalten, wenn jemand auch nur zur Tür hereinschaute. Manchmal kam es vor, daß er dabei Kollegen mit beleidigenden Worten bedachte, ohne es eigentlich zu wollen. Nach solchen Zwischenfällen saß er ein paar Minuten ganz still und starrte an die Wand. Zweifellos suchte er jetzt nach allerlei Entschuldigungen für sein Verhalten.
Er mußte sich nicht nur damit und mit seiner Arbeit auseinandersetzen, sondern auch mit der Angst, die Arbeit nicht rechtzeitig fertigzustellen. Ganz verständlich, daß nicht nur die Qualität

seiner Leistung darunter litt, sondern auch seine körperliche und geistige Verfassung. Kein Wunder auch, daß er hinterher fix und fertig war.
Ich weiß das alles deshalb so genau, denn ich gehörte früher auch einmal zu diesen Leuten. Bis ich beschloß, mich von dieser sinnlosen und kräftemordenden Arbeitsweise loszusagen. Ich entwickelte eine Therapie für mein »Keine-Zeit-Syndrom«. Sie bestand aus folgenden einfachen Maßnahmen:

- Ich beschloß erst einmal, nie wieder zu sagen, ich hätte für etwas keine Zeit, das ich tun wollte oder tun mußte.
- Wenn gleichzeitig mehrere wichtige Dinge auf mich zukamen, teilte ich sie nach ihrer Bedeutung ein, um in dieser Reihenfolge eines nach dem anderen zu erledigen.
- Dann machte ich es mir zur Gewohnheit, jede Sache, die ich gerade erledigte, als die absolut wichtigste zu betrachten. Wie schwierig die anderen Aufgaben auch sein mochten, ich schob jeden Gedanken an sie vorerst einmal beiseite. Ich erlaubte mir nicht einmal den Gedanken: »Wirst du das überhaupt schaffen?« Er hätte mich nur von dem abgelenkt, was ich vorher zu Ende bringen wollte.
- Für alles, was ich tat, legte ich einen Termin der Fertigstellung fest. Das zwang mich, mich damit auseinanderzusetzen, wieviel Zeit eine Aufgabe »wert« war.
- Endlich beschloß ich, von dem Augenblick an, wo klar war, was ich zuerst tun und wie lange ich mich damit beschäftigen wollte, nichts anderes mehr für wichtiger zu halten. Ich hörte auf, mir zu sagen: »Ich muß vorher noch unbedingt einen Kaffee trinken, um mich aufzumuntern.« Kein Gespräch, kein Telefonanruf war wichtiger, als mit der Arbeit zu beginnen.

Wenn ich mich an meinen Schreibtisch setzte, war ich meistens schon so sehr auf meine Aufgabe fixiert, daß es mir leichtfiel,

Ablenkungen jeder Art abzuwehren. Ich brauchte keine Anlaufzeit mehr. Ich mußte nicht erst die Gedanken an irgendwelche vorangegangenen Gespräche abschütteln. Meine Gedanken waren auf die zu erwartende Arbeit eingespielt.
Eine andere Nebenerscheinung war, daß sich meine Kollegen schnell an mein neues Verhalten gewöhnten. Sie fragten mich erst gar nicht: »Gehst du mit auf einen Kaffee?« Ich stellte bald fest, daß mir die Aufenthalte in der Kantine nicht fehlten. Ich hatte plötzlich viel Zeit, kam mit meiner Arbeit rascher voran als je zuvor. Die Hast fiel fort. Auch die Angst, nicht rechtzeitig fertig zu werden. Die Qualität meiner Arbeit nahm zu. Ich hatte mehr Spaß daran.
Wenn ich später neben meiner Arbeit bei der Zeitung auch noch Drehbücher für Fernsehsendungen, Werbetexte oder Bücher schrieb, wenn ich mit einem Male mehr Zeit für meine Familie hatte, weil ich abends rechtzeitig nach Hause kam, dann ist das auf nichts anderes zurückzuführen als auf meine Therapie gegen die »Keine-Zeit-Krankheit«. Eine Wundermedizin? Keineswegs. Jeder kann sie für sich finden und anwenden.
Sicherlich, ich verlor damals den engen Kontakt zu manchen Leuten, mit denen ich täglich in der Kantine gesessen hatte. Aber das lag nun einmal daran, daß ich erkannt hatte, was für mich wirklich wichtig war. Und was nicht.

9

Wer sich nicht Zeit nimmt, jeden kleinen Schritt zu genießen, der zur Erreichung großer Ziele führt, geht am wirklichen Glück des Lebens vorbei. Ähnlich geht es den Menschen, die alles mit der Kraft ihres Willens erreichen wollen.
Willenskraft ist nichts weiter als ein protziges Symbol für sinnlosen Zwang, den wir uns selbst auferlegen. Wer sich zur Verwirklichung eines Wunsches zwingen muß, kann niemals Freude daran haben. Zwanghaft ist für viele Menschen auch die anerzogene Unterwürfigkeit Personen gegenüber, die einen Autoritätsstatus besitzen. Nur weil sie mehr Macht, mehr Geld, eine bessere Position oder auf bestimmten Gebieten mehr Wissen besitzen. Wer jemandem blinden Respekt entgegenbringt, darf sich nicht wundern, wenn er von ihm ausgenützt wird.
Drei Prinzipien können das verhindern:

1. Ich bin für jedermann ein gleichgestellter Partner.
2. Niemand ist der liebe Gott. Es gibt für alles und jeden eine Alternative. Ich suche sie mir, statt mich abhängig zu machen.
3. Statt sie wegen ihres Status zu bewundern, verlange ich von Respektspersonen für ihr Handeln Rechenschaft.

Die Strategie der kleinen Schritte, um ein großes Ziel zu erreichen

Als ich noch nicht zwanzig Jahre alt war, hatte ich das Glück, eine sehr kluge Frau kennenzulernen. Sie war Witwe und wesentlich älter als ich. Um es ganz offen zu sagen: Ich ging an dieses Verhältnis heran mit der arroganten Überheblichkeit eines jungen Stiers, dem die Natur noch keinerlei Einschränkungen auferlegt. Ihr Mann war, als er mit sechzig Jahren starb, zwei Jahrzehnte älter als sie gewesen. Das veranlaßte mich zu der Annahme, diese Frau müßte sich jetzt überglücklich schätzen, mich als Freund zu haben. Ich war kräftig und ungestüm, und eigentlich hätte ich erwartet, daß sie mir irgendwann einmal versichern würde, um wieviel besser als ihr verstorbener Mann ich als Liebhaber sei.

Sie mußte meine Gedanken erraten haben. Denn eines Tages erteilte sie mir eine Lehre, die mein übertriebenes Selbstbewußtsein dämpfte.

Sie sagte mir: »Ich mag dich sehr gern, Kleiner. Aber über eines möchte ich dich doch nicht im unklaren lassen. Ehe du ein so guter Liebhaber bist, wie mein Mann es noch mit sechzig war, mußt du ein paar wichtige Dinge in der Liebe lernen. Das wichtigste ist, daß kein Glück so schön ist wie jenes, zu dem man in vielen kleinen Schritten gelangt.«

Das verletzte natürlich meinen Stolz zutiefst. Obwohl ich anfangs gar nicht recht wußte, was sie mit den kleinen Schritten meinte. Da aber unsere Beziehung noch längere Zeit andauerte, ergab sich manche Gelegenheit, bei der sie nichts unversucht ließ, mein Wissen darüber zu vertiefen.

Erst viel später wurde mir bewußt, daß wir nur ganz selten das Glück haben, entscheidende Erfahrungen unseres Lebens auf eine so angenehme Weise zu machen wie ich in diesem Falle.

Natürlich weiß heute jeder, der auf diesem Gebiet etwas auf sich hält, daß in der Liebe ein schnell erlangter Höhepunkt nicht die erwartete Befriedigung bringt. Trotzdem bleibt für viele das intime Beisammensein ein Kraftakt mit vorgegebenem Leistungsziel.

Die Strategie der kleinen Schritte zum großen Ziel besteht nicht darin, die Spannung eines natürlichen Ablaufs gewaltsam zu verzögern. Sie besteht vielmehr darin, an jedem einzelnen kleinen Schritt so viel Freude zu haben, als wäre er das große Ziel.

Lassen Sie mich versuchen, dies an einem Beispiel zu verdeutlichen: Sie können Wein auf zweierlei Art trinken. Erstens: Sie nehmen einen Schluck aus dem Glas und lassen ihn gedankenlos durch die Kehle auf schnellstem Wege in den Magen rinnen. Dieser Schluck wird Ihnen nichts bedeuten. Er ist nur ein unbeachteter Schluck von vielen, die Sie irgendwann getrunken haben.

Die andere Art: Sie schlürfen den Schluck genußvoll aus dem Glas und behalten ihn im Mund. Sie drücken ihn mit der Zunge einige Male gegen den Gaumen, um den Geschmack ganz auszukosten. Dann lassen Sie durch die zu einer engen runden Öffnung geformten Lippen etwas Luft über den Wein streichen, um dadurch Ihre Geschmacksempfindung noch weiter zu erhöhen. Schließlich befördern Sie den Wein in zwei, drei kleinen Schlucken in den Magen. Dadurch wird nicht nur jeder einzelne Schluck, sondern jede Phase des Auskostens zu einem eigenen freudigen Erlebnis. Wenn Sie jemals einem Genießer zugesehen haben, wie er den Wein trinkt, werden Sie auch bemerkt haben, daß solche Menschen selten betrunken werden.

Sie haben es nicht nötig, die Qualität des Vorgangs durch Quantität zu ersetzen. Genausowenig wie sich ein wirklich guter Liebhaber seiner Potenz zu rühmen braucht.

Wenn wir in einem vorangegangenen Kapitel darüber gesprochen haben, wie wichtig es ist, den Erfahrungen im Leben nicht aus dem Wege zu gehen, dann macht die Strategie der kleinen Schritte jede dieser Erfahrungen zu einer Kette glückbringender Erlebnisse.

Sie können auch sagen: Es ist die Entscheidung für Qualität an Stelle von Quantität. Für Vertiefung statt Oberflächlichkeit. Die Entscheidung dafür, möglichst viel von dem, was wir tun, zu genießen und möglichst wenig von vornherein als notwendiges Übel abzutun.

Das ist nicht eine Frage des Wissens, das man aus Büchern erwerben kann. Oder der Befolgung hochwissenschaftlicher Erkenntnisse. Oder irgendwelcher anderer Fähigkeiten, die man hat oder nicht hat. Es ist vielmehr eine persönliche Entscheidung, die jeder selbst fällen kann, um damit seiner Einstellung zum täglichen Leben eine Wendung zum Besseren zu geben.

Jeder kann sagen:

- »Von heute an trinke ich den Wein so, daß mir jeder einzelne Schluck Genuß bereitet. In der Liebe verfahre ich auf ähnliche Weise.«
- Oder: »Bei allem, was ich tue, genieße ich jeden einzelnen Schritt, der notwendig ist, um das gesteckte Ziel zu erreichen.«
- Oder: »Ich fahre am nächsten Sonntag nicht einfach los, um auf schnellstem Wege ans Ziel zu kommen. Ich lasse mir vielmehr Zeit, um unterwegs alles das zu genießen, was mir gefällt.«

Die Entscheidung für die Strategie der kleinen Schritte als grundlegender Lebenseinstellung ist mehr als nur ein Rezept, wie man etwas anders machen kann als bisher. Sie ist der Anfang dafür, Verhaltensweisen, die durch jahrelange Gewöhnung schon längst eintönig geworden sind, immer wieder neu zu beleben.

Wenn ein Mann mit einer Frau mit dem Vorsatz ins Bett geht: »Ich möchte, daß sie zweimal einen Orgasmus hat, ehe ich einen habe«, mag das lobenswert sein. Der Frau wird es vielleicht sogar imponieren. Aber es erhöht keineswegs seine eigene Freude. Denn alles, was er unternimmt, um die angestrebte Leistung zu erbringen, ist auf dieses begrenzte Ziel ausgerichtet. Immer wieder wird er sich fragen: »Ist sie schon soweit? Was muß ich noch alles tun?«

Wie jede Handlung, die unter Leistungszwang steht, wird auch diese zu Verkrampfungen führen und keine volle Befriedigung bringen.

Im Grunde genommen ist es nämlich völlig gleichgültig, was dieser Mann alles unternimmt, wenn er nur jedem einzelnen Schritt soviel Befriedigung als möglich abgewinnt, ehe er zum nächsten übergeht.

Damit Sie mich nicht mißverstehen: Es geht hier nicht darum, den ungezählten Anleitungen zur Erlangung sexueller Befriedigung eine weitere hinzuzufügen. Dieses Gebiet ist nur eines von vielen, auf denen wir durch die bewußte Beachtung der Strategie der kleinen Schritte unser Leben reicher gestalten können.

Wer die Willenskraft überschätzt, kennt die Macht der geduldigen Beharrlichkeit nicht

Manche Menschen, die vieles nicht erreichen, was sie sich vornehmen, resignieren in der Überzeugung: »Mir fehlt eben die Willenskraft. Ich bin nun einmal nicht zum Kämpfen geboren.« Fortan ist das ihre Entschuldigung, alles leichtfertig wieder aufzugeben, was sich nicht einfach und schnell verwirklichen läßt.

Die Willenskraft gehört zu jenen Begriffen, denen wir immer wieder begegnen. Als Schüler rügt man uns schon: »Strenge dich doch an. Du mußt nur den Willen zum Lernen haben, dann schaffst du es.« Bewundernd sagt man von Leuten, die es wenigstens dem Anschein nach zu etwas gebracht haben: »Er hat den starken Willen gehabt, sich durchzusetzen.«

Der starke Wille gilt als ein Symbol der Kraft, den wir uns aneignen müssen, wenn wir im Leben bestehen wollen. Wer ihn besitzt, wird beneidet und anderen als Vorbild hingestellt. Jemand, der vor neun Uhr früh nicht aus dem Bett kommt, gilt von vornherein als willensschwach. Wer schon um fünf Uhr aufsteht und sich sofort in die Arbeit stürzt, ist ein Mensch mit Willenskraft.

Ich zählte in der Schule eher zu den faulen als zu den fleißigen Schülern. Die Ermahnung »Du hast zwar Talent, nur der Wille fehlt dir« war die düstere Begleitmusik meiner ganzen Schulzeit. Als ich eines Tages neugierig einen meiner Lehrer fragte, wie ich denn zu diesem so vielgerühmten Willen kommen könne, gab er mir zur Antwort: »Mach dir keine übertriebenen Hoffnungen. Den hat man, oder man hat ihn nicht.«

Ich lebte also ein paar Jahre in der Überzeugung, daß ich vom Schicksal benachteiligt sei. In einem Jahreszeugnis, das ich bis heute aufgehoben habe, steht der Vermerk: »Der Schüler ist bemüht, besitzt jedoch nur unterdurchschnittliches Durchsetzungsvermögen.«

Dabei hatte ich immer die feste Absicht, mich vor jeder Prüfung oder Klassenarbeit hinzusetzen und mich gründlich vorzubereiten. Aber jedesmal spielte sich in schöner Regelmäßigkeit folgendes ab:

- Der Gegenstand, mit dem ich mich beschäftigen sollte, interessierte mich nicht. Er interessierte mich allerdings deshalb nicht, weil ich mich nicht genug damit beschäftigte. Meine Lehrer waren auch nicht imstande, mein Interesse für die Dinge, die sie lehrten, zu wecken. Mir selbst war das eine willkommene Entschuldigung, sagen zu können: »Der Gegenstand ist uninteressant. Die Lehrer langweilen mich. Mir hängt die ganze Schule zum Halse heraus.«
  Ich mußte mich also zum Lernen zwingen.
- Die Vorstellung des Zwanges verstärkte meine Abneigung gegen diese Tätigkeit noch mehr. Selbst wenn ich es fertigbrachte, mich mit meinen Büchern zu beschäftigen, war ich nur halb bei der Sache. Die andere Hälfte meiner Gedanken drehte sich nur um die Frage: »Wozu das alles, wenn ich doch nur wieder versage?«
- Meistens schob ich das Lernen bis zum letzten Augenblick auf. Noch am Abend vor einer Prüfung sagte ich mir in verzweifelter Entschlossenheit: »Morgen stehe ich schon um sechs Uhr auf und lerne.« Aber am nächsten Morgen hatte sich in mir bereits alles so verkrampft, daß ich mich mehr auf mein Versagen konzentrierte als auf die Lösung des Problems.

Wenn dann wieder einmal alles schiefgelaufen war, konnte ich nur feststellen: »Der Wille, etwas zu tun, wäre ja vorhanden gewesen. Ich habe es aber nicht geschafft.« Ich weiß bis heute nicht, wie ich es schließlich doch fertigbrachte, von der Schule mit einem Reifezeugnis abzugehen. Es war ganz bestimmt nicht meine Willenskraft.

Diese Willenskraft, der wir soviel Bedeutung beimessen, die wir so sehr bewundern, die mit Stärke, Durchsetzungsvermögen und noch vielen anderen heldenhaften Attributen versehen wird, ist uns in Wahrheit bei unserer Entfaltung nur hinderlich. Denn schon der Gedanke, etwas tun zu *müssen*, löst vorerst nichts anderes aus als Abwehr, Verkrampfung und Angst, es nicht zu schaffen.

Die Ursache dafür, warum viele Menschen Außergewöhnliches erreichen, ist deshalb keineswegs ihr Wille, sondern die Angst zu versagen. Diese Angst zu versagen als Motiv unseres Handelns löst Folgeerscheinungen aus, die sich nicht nur auf uns selbst, sondern auch auf unsere Mitwelt verhängnisvoll auswirken. Vermutlich liegt darin der Kern aller Intoleranz, mit der so viele Menschen sich selbst und andere zwingen, Dinge zu tun, die sie nicht tun wollen.

- Es beginnt mit dem vielgerühmten Willen, sich durchzusetzen. Er ist mit der Vorstellung verbunden: »Ich muß es tun. Koste es, was es wolle.« Und: »Ich darf nicht versagen.«
- Wer selbst unter dem Zwang steht, etwas tun zu müssen, wer kein anderes Motiv für sein Handeln hat als den Willen, sich unter allen Umständen durchzusetzen, wird dabei auch auf andere keine Rücksicht nehmen. Wer nicht für ihn ist, wird damit automatisch zu seinem Feind.
- Wer unter dem Zwang des Willens und der Angst zu versagen handelt, für den gibt es keine Alternativen. Er kann sich den Luxus nicht leisten zu fragen, ob das, was er tun will, auch richtig ist. Wer sich ihm in den Weg stellt, muß aus dem Wege geräumt werden. Denn der Zwang des Willens und der Angst kennt nur das eine Ziel: Sieg unter allen Umständen.
- Es ist selbstverständlich, daß aus solchen Motiven unseres

Handelns weder Freude noch Glück oder wirkliche Befriedigung erwachsen kann. Es entsteht nur der Zwang zu weiteren Willensanstrengungen und zu noch mehr Gewalt.

Denn jeder Gegner, auf den wir in irgendeiner Weise Zwang ausüben, wird dadurch zur Gegenwehr gedrängt. Wenn er uns vielleicht heute unterliegt, wird er morgen seinerseits versuchen, uns in die Knie zu zwingen. Oder übermorgen. Bis wir uns schließlich einmal eine Blöße geben.
Unsere Welt ist voller Menschen, deren Leben aus nichts anderem besteht als aus Angst und Zwängen, die sie zu größten Willensanstrengungen treiben. Sie meinen, sie müßten immer nur siegen und dürften nie nachgeben.
Welche Alternative gibt es?
Es gibt die Alternative der Befriedigung ohne Zwang. Sie allerdings geht nicht davon aus, daß wir mit der Kraft eines starken Willens uns selbst und anderen Zwänge auferlegen, um ein Ziel zu erreichen. Die Fähigkeiten, die dazu führen, sind vielmehr Geduld und Beharrlichkeit. Die Geduld, heute nicht zu erzwingen, was sich zu einem anderen Zeitpunkt von selbst ergibt. Die Beharrlichkeit, alle Voraussetzungen zu schaffen, *damit* es sich von selbst ergibt.
Im Grunde genommen ist diese Alternative nichts anderes als die logische Folgerung aus der Beschäftigung mit der Kunst, ein Egoist zu sein.

- Wer sich mit Zielsetzungen anfreunden kann, die ihm unangenehm sind und vor denen er Angst hat, braucht sich nicht mehr dazu zu zwingen, sie zu erlangen.
- Wer ein Ziel in kleinen, glückbringenden Schritten zu erreichen versucht, verwirklicht damit Geduld und Beharrlichkeit ganz von selbst.

Wer seine wahren Wünsche erkennt und ihre Verwirklichung

bewußt und systematisch plant, gewinnt automatisch Freude daran. Je mehr er sich mit dem identifiziert, was er erreichen möchte, um so geringer wird die Angst zu versagen.

Wie überhaupt die Angst in dem Maße abnimmt, in dem wir Sicherheit durch die ständige Beschäftigung mit uns selbst gewinnen.

Warum es keinen Grund gibt, irgend jemanden mehr zu respektieren als uns selbst

Bei der Erziehung, der wir von Kindheit an ununterbrochen ausgesetzt sind, wird sehr viel Mühe darauf verwendet, uns Respekt vor allen möglichen Dingen einzuflößen. Respekt vor Autoritäten. Respekt vor Leuten, die auf irgendeinem Gebiet mehr wissen als wir. Respekt vor Titeln, Vorgesetzten, Macht und Geld. Es ist deshalb nicht überraschend, wenn wir im Laufe der Zeit einem Ritual der Unterwerfung unterliegen, aus dem andere Menschen Vorteile ziehen.

Für jeden, der andere in irgendeiner Weise ausnützen will, ist dieses Ritual der Unterwerfung ein bequemes Instrument zur Ausübung von Macht. Er wird alles daransetzen, daß er dieses Instrument in seiner Hand behält. Je unterwürfiger andere sind, um so leichter ist es für ihn, sie auszunützen.

Die Menschen, die bei Behörden in Reih und Glied warten, bis sie vorgelassen werden, erhalten mit diesem Akt der Demütigung die Botschaft: »Du bist nichts weiter als ein kleines Würstchen. Wenn du der Behörde nicht den notwendigen Respekt erweist, bekommst du nie, was du gerne haben möchtest.«

Aus Angst davor, schikaniert zu werden, zollen die Bittsteller dem Amt Respekt, obwohl es eigentlich umgekehrt sein sollte. Es gehört zum Ritual der Unterwerfung, daß Wartende vor einer Amtsstube nur einzeln eintreten dürfen. Sie sollen sich einsam und verlassen fühlen. Mit keinem anderen Menschen an seiner Seite, der ihm beistehen könnte. Hilflos dem Beamten ausgeliefert, der seine ganze Überlegenheit im Umgang mit dem Machtinstrument Bürokratie ausspielen kann.

Von ihm allein hängt es ab, ob unsere Angelegenheit schnell erledigt wird oder erst in zwei Jahren. Er kann uns einen Tip geben oder eine Falle stellen, wenn er möchte, daß wir stolpern. In

ungezählten Variationen wiederholt sich täglich überall, was ich kürzlich auf einer Straße in Wien erlebte. Ein Polizeibeamter hielt ein Auto an, weil der Fahrer ein Verkehrszeichen nicht beachtet hatte. Nicht, daß er vielleicht zu ihm sagte: »Sie haben das und das gemacht, das kostet Sie soundsoviel.« Nein, er wollte sich eine kleine Ersatzbefriedigung verschaffen, indem er das Ritual der Unterwerfung mit dem Fahrer zelebrierte.
Als er ausgestiegen war, blickte der Polizist ihn im Bewußtsein seiner ganzen Überlegenheit an und fragte: »Warum glauben Sie wohl, daß ich Sie angehalten habe?«
Der Fahrer antwortete: »Ihrer Dienstvorschrift entsprechend haben Sie mich zuerst zu grüßen. Tun Sie das.«
Er grüßte verdutzt.
Dann sagte der Fahrer: »Ich verlange von Ihnen, daß Sie mich über den Grund der Amtshandlung informieren. Da Sie weder den Charme noch die Intelligenz eines Hans-Joachim Kulenkampff besitzen, habe ich nämlich keine Lust, mit Ihnen als Quizmaster ein Ratespiel zu machen.«
Das alles und noch einige Bemerkungen verletzten den Beamten natürlich zutiefst in seiner Ehre. Es ergab sich ein längeres Gespräch, an dessen Ende der Beamte eröffnete: »Das haben Sie nun davon. Wenn Sie mir nicht widersprochen hätten, dann hätte ich Sie auch nicht angezeigt.«
Es ist kein Zufall, daß die meisten Ärzte großes Interesse an überfüllten Wartezimmern haben. Das erzieht die Wartenden zu jenem Respekt, den der Arzt von ihnen erwartet. Die Zeit des Wartens, die düsteren Gesichter der Herumsitzenden, die Krankheitsgeschichten, die sie einander erzählen, und dann die Ehrfurcht, mit der sie zur Tür gehen, wenn sie respektgebietend aufgerufen werden: alles das schafft den gewünschten Abstand zwischen Arzt und Patient.
Wer in das Allerheiligste vorgelassen wird, soll gar nicht erst auf den Gedanken kommen, er dürfe Zeit und Mühe der Respekts-

person länger in Anspruch nehmen, als es gewünscht wird. Ärzte erwecken den Eindruck, als wüßten sie tatsächlich immer genau, was einem Patienten fehlt. Sie verschreiben selbst die nutzlosesten Medikamente so, als wären es Wundermittel. Wenn sie nicht helfen, überspielt das der Arzt so gekonnt, daß seine Autorität vor dem Patienten unangetastet bleibt.

Wir erfahren allwöchentlich aus den Zeitungen die Statistiken über die Autounfälle am Wochenende. Bei besonders schweren Fällen werden sogar die Namen und Adressen der Schuldigen veröffentlicht. Haben Sie schon einmal gehört, daß irgendwo Statistiken über die Sterbefälle veröffentlicht wurden, die durch größere Sorgfalt der Ärzte hätten vermieden werden können? Mit Namen und Adressen der Schuldigen in besonders schweren Fällen?

Solche Statistiken gibt es nicht. Und zwar aus dem einfachen Grund, weil Autofahrer, die durch ihre Nachlässigkeit den Tod anderer Autofahrer verursachen, nicht als Respektspersonen angesehen werden. Ärzte, die durch ihre Nachlässigkeit den Tod von Patienten verursachen, sind hingegen Respektspersonen. So entscheidet der Respekt, den manche Bevölkerungsgruppen genießen, darüber, ob sie der öffentlichen Verachtung preisgegeben werden oder nicht.

Natürlich gibt es Patienten, die nicht in Wartezimmern herumzusitzen brauchen. Sie sind telefonisch angemeldet und werden direkt vorgelassen. Oder sie werden in den Privatabteilungen der Professoren behandelt. Ihr Privileg besteht darin, daß sie genügend Einfluß oder Geld besitzen, dem der Arzt seinerseits Respekt zu zollen hat.

Respektspersonen haben in ihren Wirkungsbereichen ganz bestimmte Anordnungen installiert, die erkennen lassen, wie groß der Respekt sein muß, der ihnen erwiesen werden soll. Dies drückt sich etwa durch die Dauer der Wartezeit aus, ehe man vorgelassen wird. Oder durch die Zwischenstationen und

Vorzimmer, die zu überwinden sind. Deshalb residieren führende Leute, die es sich leisten können, in möglichst großen Räumen hinter riesigen Schreibtischen, die möglichst weit von der Tür entfernt stehen, durch die jeder Besucher eintreten muß.

Die Länge des Weges und die Möglichkeit, die prunkvolle Einrichtung zu betrachten, sollen dem Eintretenden schon Respekt einflößen, noch ehe er mit der Respektsperson auch nur ein Wort gesprochen hat. Man kann auch sagen: Mit Hilfe verschiedener Unterwerfungsrituale soll dem anderen klargemacht werden, wie klein er und wie groß die Respektsperson ist.

Es wäre unrealistisch, den Versuch unternehmen zu wollen, dieses System der ständigen Unterwerfungsversuche zu ändern. Die Erfahrung zeigt, daß jedes neue System auch wieder nur nach derselben Gesetzmäßigkeit funktioniert. Jeder von uns ist schließlich ein Bestandteil dieses Systems. Er ist bestrebt, darin seine Position zu verteidigen oder auszubauen. Er unterwirft sich seinem Vorgesetzten oder einem Arzt oder Beamten, um von ihm einen Vorteil zu erlangen. Andererseits versucht er, Untergebene zu unterwerfen.

Ob es uns gefällt oder nicht, das System besteht. Jedem einzelnen steht es allerdings frei, die für ihn beste Einstellung dazu zu finden. Denn es ist ein entscheidender Unterschied, ob wir anderen Leuten Vorteile überlassen, nur weil sie es verstehen, uns einzuschüchtern. Oder ob wir wenigstens gleiche Chancen für eine Konfrontation mit ihnen schaffen.

Es geht also darum, unser Revier zu verteidigen. Und Sie wissen: Je entschlossener wir dazu bereit sind, je überlegter wir vorgehen, um so besser können wir die Möglichkeiten nützen, auch gegen scheinbar übermächtige Angreifer zu bestehen.

Wer sein Revier nicht abgesteckt hat, wird in seiner Unsicherheit ständig versucht sein, sich durch Unterwürfigkeit wenigstens ein Minimum an Vorteilen zu sichern.

Dieses Minimum ist allerdings auch noch vom Wohlwollen anderer abhängig.

Die Überzeugung »Ich bin für jeden, egal, welche Art von Autorität er für sich in Anspruch nimmt, ein gleichwertiger Partner und lasse mich durch kein Ritual der Unterwerfung einschüchtern« ist *eines von drei Prinzipien,* die uns davor bewahren können, von anderen benachteiligt zu werden.

Das *zweite Prinzip* lautet: »Für jeden und alles, was sich mir als einzige Autorität auf irgendeinem Gebiet anbietet, suche ich nach Alternativen.« Dies bedeutet, daß wir Respekt durch Respektlosigkeit ersetzen und von der Überlegung ausgehen: »Ich brauche mich niemandem unterzuordnen, wenn ich für ihn eine gleichwertige oder bessere Alternative finde. Ich muß mich nur der Mühe unterziehen, sie zu suchen.«

Wenn der Fleischer in meiner Straße behauptet, er verkaufe die besten Hammelkeulen der Stadt, deshalb seien sie so teuer, kann ich mich natürlich diesem Autoritätsanspruch unterwerfen. Ich kann aber auch zu einem anderen Fleischer gehen, der billigere Hammelkeulen verkauft. Vielleicht sind sie wirklich nicht so gut wie die anderen. Aber das ist vermutlich wirklich nur eine Entscheidung zwischen einer Geschmacksnuance und dem billigeren Preis.

Viele Menschen unterwerfen sich willig allen möglichen Diktaturen, nur weil sie zu bequem sind, nach Alternativen zu suchen. Sie schimpfen, aber kaufen. Sie jammern, aber liefern sich doch ohne Gegenwehr den Leuten aus, die sich diese Abhängigkeit zunutze machen. Statt zu sagen: »Lieber esse ich eine nicht ganz so gute Hammelkeule, ehe ich mir vom Fleischer einen Preis diktieren lasse, den ich nicht für gerechtfertigt halte.«

Das *dritte Prinzip* schließlich lautet: »Ich verteidige mich gegen die Unterwerfungsversuche von Autoritätspersonen durch umfassende Information.«

Einer der wesentlichsten Gründe, warum sich Menschen mit Respekt umgeben, ist: Sie wollen unantastbar sein. Sie möchten tun, was ihnen nützt, ohne irgend jemandem Rechenschaft ablegen zu müssen. Vor allem nicht jenen Leuten, die von ihnen ausgenützt werden.
Der einfachste Weg ist, jemanden als unwissend hinzustellen. Dabei ist immer nur der unwissend, der sich damit zufriedengibt, es zu sein, und vor anderen nur deshalb vor Ehrfurcht zerfließt, weil sie auf irgendeinem Gebiet mehr verstehen als er.
Gleichgültig, was wir sind und welche Schulbildung wir haben, niemand kann uns daran hindern, beispielsweise den Zahnarzt aufzufordern, uns die Details eines Röntgenbildes zu erklären, ehe er unsere Zähne behandelt.
Ich selbst saß zwanzig Jahre lang immer wieder mit feuchten Händen in Behandlungssesseln, voll Respekt vor dem Können der Spezialisten. Sie machten Röntgenaufnahmen meiner Zähne, aber keiner von ihnen fand es der Mühe wert, mir zu erklären, was er dort sah, ehe er den Bohrer ansetzte.
Später geriet ich dann an einen Dentisten, der mir an Hand der Röntgenaufnahmen meiner Zähne deutlich machte, was seine von mir so respektierten Kollegen an meinem Gebiß verdorben hatten. Bei drei Wurzelbehandlungen waren die Wurzeln so oberflächlich gefüllt worden, daß sich Jahre später Entzündungen bildeten, die in den ganzen Körper ausstrahlten. Unter einer sündteuren Brücke war durch unsachgemäße Vorarbeit ein Eiterherd entstanden.
Alles das konnte ich selbst auf dem Röntgenbild erkennen. Aus solchen Erfahrungen sollten wir lernen, warum Respektspersonen so erpicht darauf sind, uns so viel Ehrfurcht einzuflößen, daß wir es nicht wagen, von ihnen Rechenschaft zu fordern.
Wir sollten es trotzdem beharrlich tun. Bei Chefs und Handwerkern, bei Ärzten und in Ämtern. Denn keiner von ihnen ist unersetzlich. Manche von ihnen wären sicher schon längst ersetzt,

wenn ihre Untergebenen, Kunden oder Patienten sie für ihr Handeln zur Rechenschaft gezogen hätten.

Deshalb sollten wir jedem, der uns einen Preis einreden will, respektlos erklären: »Ich komme auf Ihr Angebot zurück, wenn ich die Ware nicht irgendwo anders günstiger bekomme.«

Wir sollten Ärzte fragen: »Warum verschreiben Sie mir dieses Medikament?« Oder: »Erklären Sie mir, wie Sie zu dieser Diagnose kommen.« Oder wenn ein Medikament nicht geholfen hat, sollten wir Rechenschaft darüber verlangen, warum er es uns verschrieben hat.

Weil so viele Menschen andere zuviel und sich selbst zuwenig respektieren,

- sind ungezählte Ehefrauen nichts weiter als die Nutznießer ihrer Männer, die sich abrackern, um ihren ewig unzufriedenen Frauen einen bequemen Lebensunterhalt zu sichern;
- degradieren kaum weniger Ehemänner ihre Frauen zu Hausmütterchen, die zu nichts anderem gut sind, als ihnen den Haushalt zu führen und die Kinder zu erziehen; ansonsten aber sollen sie vor ihren Männern in Ehrfurcht zerfließen;
- sitzen ganze Heerscharen von Bürokraten selbstherrlich hinter Schreibtischen, überzeugt davon, daß wir für sie da sind und nicht sie für uns;
- fällen Politiker Entscheidungen in der Gewißheit, daß keiner von denen, deren Interessen sie vertreten sollen, sie zur Rechenschaft ziehen wird. So groß der Schaden auch ist, den sie angerichtet haben.

Keine noch so militante Revolution ist denkbar, die uns mehr nützt als die Revolution der entschlossenen Selbstbehauptung jedes einzelnen von uns. Nach seinen Möglichkeiten. Nach seinen Fähigkeiten. Nach dem Stand seiner Kenntnis über die Zusammenhänge, die zur bestmöglichen Selbstentfaltung führen.

Weil niemand daran interessiert ist, uns die optimalen Voraussetzungen für die Selbstentfaltung zu schaffen, muß jeder einzelne es selbst tun.

Weil niemand für unser Glück die Verantwortung übernehmen kann und will, müssen wir sie selbst übernehmen.

Weil es uns nicht weiterbringt, ständig anderen die Schuld für unser Unglück und unsere Unzufriedenheit in die Schuhe zu schieben, sollten wir unser Leben selbst in die Hand nehmen.

Am besten beginnen wir mit dieser Revolution schon heute. Um nie wieder damit aufzuhören.

Nachwort

Dieses Buch erhebt keinen Anspruch darauf, das vorliegende Thema vollständig zu behandeln. Wer es gelesen hat, kann nicht von sich behaupten: »Jetzt weiß ich alles über die Kunst, ein Egoist zu sein.« Im Gegenteil: Er steht damit vielleicht erst am Anfang dessen, was er über sich selbst wissen sollte.

Dieses Buch ist deshalb, und das kann gar nicht oft genug betont werden, eine Anregung, sich gründlicher, beharrlicher und bewußter mit sich selbst zu beschäftigen.

Sehr viele Menschen engagieren sich unentwegt für irgendwelche Theorien, Methoden und Allheilmittel, die ihnen Lösungen für ihre Probleme versprechen. Die Flucht in solche Engagements ist meist der sicherste Weg, sich von der Praxis der besseren Selbstentfaltung immer weiter zu entfernen.

So kann es passieren, daß sich Frauen so sehr mit der Durchsetzung der Emanzipation beschäftigen, daß darüber das Glück ihrer Ehe in die Brüche geht. Oder daß Eltern über das eifrige Studium der neuesten Theorien der Kinderpsychologen ganz vergessen, was ihren Kindern viel mehr fehlt als Psychologie. Nämlich Anteilnahme, Zeit und das ständige Gespräch.

Ähnlich verhält es sich, wenn viele Männer so intensiv damit beschäftigt sind, ihren Familien ein sorgenfreies Leben leisten zu können. Dabei bürden sie sich Sorgen auf, die niemanden wirklich glücklich machen.

Im Grunde genommen ist es völlig gleichgültig, ob Sie von sich sagen können: »Ich beherrsche jetzt die Kunst, ein Egoist zu sein« oder »Ich bin ein perfekter Egoist«. Entscheidend ist allein, wie glücklich Sie an jedem einzelnen Tag Ihres Lebens sind.

Seltsamerweise ist die Voreingenommenheit weit verbreitet, jemand, der sich mehr um sich selbst kümmert als um andere, könne kein guter Familienvater, keine gute Hausfrau oder kein guter Kollege sein. Nichts ist einfacher, als diese Ansicht zu widerlegen.

Wer selbstbewußt lebt und sich glücklich verwirklicht, kann aus seinem besseren Selbst-Verständnis auch seine Mitmenschen besser verstehen. Wer imstande ist, seine Wünsche befriedigend zu verwirklichen, fällt seiner Mitwelt nicht mit seinen Ersatzbefriedigungen zur Last. Wer die richtige Einstellung zu seiner Arbeit gefunden hat, läßt seine Frustration nicht an seiner Familie aus.

Die größte Befriedigung für jemanden, der die Kunst, ein Egoist zu sein, in seinem Leben zu verwirklichen versucht, wird es deshalb sein, wenn ihn jemand fragt: »Du strahlst neuerdings soviel Zufriedenheit aus. Wie machst du das nur?« Und man kann ihm antworten: »Ich kümmere mich mehr um mich als um andere.«

Unsere Zufriedenheit kommt nicht durch die perfekte Beherrschung irgendwelcher Anleitungen, sondern durch die Erfahrungen, die wir machen. Und was wir daraus machen.

Wenn ich betone, daß dieses Buch das Thema keineswegs vollständig behandelt, dann liegt es daran, daß dieses Thema niemals vollständig zu erfassen ist. Es entwickelt sich von Tag zu Tag, an dem wir uns damit beschäftigen. Und es entwickelt sich entsprechend der Intensität, mit der wir uns damit beschäftigen.

Die in diesem Buch beschriebenen Erkenntnisse, Erfahrungen und Beispiele – auch das muß noch einmal betont werden – sind nicht das Ergebnis irgendwelcher wissenschaftlicher oder pseudowissenschaftlicher Arbeiten. Dieses Buch ist vielmehr das Resultat meines bisherigen Lebens und des Versuches seiner Bewältigung. Jeder kann sich diesem Prozeß der bewußten Beschäftigung mit sich selbst und seiner Mitwelt unterziehen.

Einigen Menschen bin ich zu besonderem Dank verpflichtet, daß ich viele nutzbringende Erfahrungen machen und dieses Buch

schreiben konnte. Dazu gehören meine Eltern, die stets dafür Verständnis zeigten, daß ich, während ich noch in ihrer Obhut war, ein Leben führen wollte, das nicht immer ihren eigenen Vorstellungen entsprach. Dazu gehört auch meine Frau Christa, die manchmal darunter zu leiden hatte, wenn ich mich nächtelang an die Schreibmaschine zurückzog. Meinem langjährigen Partner Dr. Sepp Gasser habe ich für die Recherchen und Unterlagen zu danken, die er mir zur Verfügung stellte.
Vor allem jedoch bin ich Herrn Dr. Peter Eisler zu Dank verpflichtet, ohne dessen Ermunterungen, wertvolle Anregungen und ständige kritische Überprüfung des vorliegenden Materials dieses Buch vermutlich nie zustande gekommen wäre.

Erich J. Lejeune
Lebe ehrlich - werde reich!

Motivation ist alles

Seine unternehmerischen Erfolge verdankt der Unternehmer Erich J. Lejeune harter Arbeit, Kreativität, Mut zur Ehrlichkeit und einem hohen Maß an Optimismus – jetzt liegen seine wertvollen Erfahrungen und Erkenntnisse endlich als Taschenbuch vor.

Erich J. Lejeune leitet das größte freie Microchip-Handelshaus Europas, *ce Consumer Electronic*, das 1998 mit überwältigendem Erfolg an die Börse ging. Seine Management-Kurse sind berühmt, er gilt als der große »Motivator« unserer Zeit.

Knaur

Josef Kirschner
Die hundert Schritte zum Glücklichsein

Wie Sie aus eigener Kraft Ihr Leben verändern

»Wer selbstbewusst lebt, braucht niemandem etwas zu beweisen.«

Sie leben stets so, wie Ihr Umfeld es von Ihnen erwartet? Angepasst und voller Rücksicht auf alle anderen, nur nicht auf sich selbst? Sie wollen Ihr Leben aber lieber aus eigener Kraft nach Ihren eigenen Ideen führen?

Brechen Sie aus aus der Abhängigkeit und werden Sie Ihr eigener Lebenstrainer!

Glücklichsein kann man trainieren wie jede andere Fähigkeit auch. Glück ist lernbar – Josef Kirschner zeigt, wie's geht: In 100 Schritten führt er Sie aus der Abhängigkeit von anderen hinein in Ihr eigenes, selbstbestimmtes und erfülltes Leben.

Knaur

200 Seiten, ISBN 3-7766-2112-5

Josef Kirschner

Die Egoisten-Bibel

Die Formel für Glück und Erfolg

Kirschner zieht das Resümee seiner Lebenserfahrung und gibt griffige Antworten auf die wirklich wichtigen Lebensfragen: Dreißig Fähigkeiten, die unser Leben bestimmen. Neun Techniken, unsere Persönlichkeit zu stärken. Drei Übungen, sich zu verwirklichen. Vier Künste, unserem Leben einen Sinn zu geben.

Herbig